Economic
Research

第三辑 日本经济研究

主　编 陈子雷
副主编 姜咪红 刘　莹

上海社会科学院出版社
SHANGHAI ACADEMY OF SOCIAL SCIENCES PRESS

目　　录

前　　言

在《日本经济研究》第一辑和第二辑相继出版后,地理上一衣带水的中日两国之间的经济交流和贸易合作仍在未间断地进行着。作为世界上重要经济体的中日两国,与经济贸易相关的政策的出台和变化一直是两国政界、企业界和学术界持续关注的焦点。在瞬息万变的国际局势下,对中日经济关系、中日贸易、国际视野下的经贸研究和中日经贸相关制度比较等方面,进行逻辑梳理和思考辨析的阶段性整理是十分必要且有意义的。

《日本经济研究》(第三辑)仍然依托于上海对外经贸大学日本经济研究中心。上海对外经贸大学日本经济研究中心一直潜心于日本经济和中日贸易等方面的研究,拥有优良的人才储备和丰厚的研究基础,在研究日本经济和中日经贸等领域有着杰出的研究成果。书中集合国内外日本经济和中日贸易等领域的知名专家,以及优秀的中青年学者和研究员,针对日本经济的改革进程、区域合作、中日贸易等热点问题、日本经济政策相关问题以及中日经济贸易相关社会层面的制度改革问题,进行探讨和研究。

本书按章节构成,主要按以下的逻辑顺序编纂而成。

第一部分主要关注“一带一路”框架下中日区域经济及贸易以及相关政策的分析和实证研究,由第一到第二章组成。

第一章“‘一带一路’框架下中日经济合作的前瞻性研究:基于‘特朗普冲击’与新冠疫情的双重效应叠加”。在新冠疫情袭来及在全球范围持续扩散以及2017年初即开始启动的美国政府在全球范围内倡导贸易保护主义和经济单边主义的“特朗普冲击”的大背景下,对正处于“重回正轨”的中日政经关系影响进行理论分析,探讨日本对华战略为何逐渐转型,由务虚的研究探讨转为务实的实施部署。这一章从日本国内观察中美关系的基本面分析出发,深入研究日本对华战略思维变化的客观事实,并在此基础上,结合日本政府积极推进并落实海外供应链的战略调整,勾勒出未来中日经贸关系的可能性框架。

第二章"'一带一路'框架下中日第三方市场合作研究"。分析了面对低迷的全球市场,中国提出"一带一路"倡议的作用,以及中国创造性地提出了"第三方市场合作"的新理念如何加强"一带一路"框架下国家间的经济合作。此外,还梳理了随着中日政治和经济关系的回温,在日本国内利益集团的推动及"一带一路"建设机遇的吸引下,日本政府最终改变对"一带一路"倡议的排斥和猜忌,转而适度参与"一带一路"项目,以及双方政府正式签署了关于在第三方市场合作的协议并打造出了一系列典型项目的过程。论述得出中日双方仍面临着政治关系不稳定,相关合作机制和合作项目的争议,美国的干预,非传统安全的影响以及专业人才的短缺等诸多挑战。并提出中日应增强政治互信,加强国家战略层面对接,做好第三方市场的调研和风险预案并建立高效、长效机制,加大金融支持和人才培养,打造示范区,稳步推进在第三方市场的全面合作的建议。

第二部分,主要关注于中国和日本宏观的政治外交和经济贸易政策,由第三到第五章组成。

第三章"区域主义视域下日本对华经贸政策刍议"。界定"印太战略"概念,把其定义为日本在国际秩序主要是中美"一进一退"和中国被认为通过"一带一路"等举措主导亚太及印太秩序构建的现实刺激下,由传统地缘政治思维发酵而催生的一种区域战略,其涵盖政治、安全、经济等诸多方面,是日本追求大国路线的重要载体;在美国也接纳这一概念后,美国自动成了"印太战略"的主导者,日本实质上成为美国地区战略的一环,并在安全与政治领域亦步亦趋地跟随美国,唯有经济领域还能在"美主日从"的基本架构内呈现出一定的战略自主性。本章提出中国既要对日本在推行"印太"过程中给中日关系造成的矛盾有充分心理准备,也要注重在矛盾中找寻推动两国合作的战略机遇,努力推动两国能共同为地区乃至世界的和平与发展事业发挥积极作用。

第四章"政府开发援助与日本的印太区域竞争策略"。对国际发展援助的产生进行溯源,并分析由日本政府主导的国际发展援助即"政府开发援助"(ODA),是日本赢得国际声誉、提升国家地位、充当经济方略的重要"外交武器"。探讨日本经济实力提升与其政府开发援助扩张之间呈正相关关系的合理性,指出 GDP 同比下降,然而日本 ODA 的贷款额度在东南亚、南亚地区及非洲东部沿海国家不降反升的反常现象，以及这一现象在日本政府于 2016 年正式提出"印太战略"后愈演愈烈。

第五章"安倍政府的对美政策评析及日美关系展望"。主要聚焦在菅义伟作为自民党总裁任职新一任首相即"后安倍时代"开始的背景下，尽管 2021 年前后日美两国均迎来了首脑更替，但由于"后安倍时代"的日美两国在制衡中国的问题上存在高度共识，菅义伟政府将基本延续安倍政府规划好的既定路线，在积极配合拜登政府对华制衡政策的同时，进一步尝试提升日本的国际政治经济地位及战略自主性。受此影响，未来中日关系的不确定性将大幅上升，中日关系可能再度呈现"政冷经热"的局面。本章提出中国需要采取积极举措妥善处理对日、对美关系的建议，并从政治、经济、军事三个维度出发，梳理特朗普时期安倍政府的对美政策构成，并在此基础上探究安倍政府对美政策调整的动因，最后对"后安倍时代"的菅义伟政府对美政策进行前瞻性分析。

第三部分，主要聚焦国际上的经济协定和条约以及各种规制对中日经济贸易关系产生的影响以及相关研究，由第六到第七章组成。

第六章"RCEP 签署对中日经贸合作的影响研究"。阐明了 RCEP 协定的签署不仅标志着东亚地区的区域经济一体化进入全新阶段，作为中日之间首个自由贸易协定，还意味着中日之间有了正式稳定的经贸合作机制。本章进一步分析了中日经贸合作现状以及双方产业竞争优势，并通过 GTAP10.0 数据库以及一般均衡模型模拟了 RCEP 协定下的关税减让安排，结果显示，RCEP 的生效将会明显促进中日两国间的进出口贸易，扩大双方产业互补优势，并最终对两国宏观经济发展产生明显利好，提升中日两国总体的福利水平与居民收入水平。本章提出中国应借势 RCEP 继续推进自由贸易区战略，以及进一步加强与日本的经贸合作的建议。

第七章"欧盟碳边境调节机制与世贸规则之冲突及日本之因应"。分析了世界各国正为因应全球气候变化，相继根据各自的产业特点及经济条件制订环境保护措施，此举极有可能造成在采取环境保护措施时，对自由贸易产生扭曲甚至限制，造成新环境壁垒，进而引发国际贸易纠纷的可能性。在此背景下，欧盟率先发布了碳边境调节措施提案，WTO 各成员为达碳减排承诺义务，也各自出台规制之气候变化对策。本章在介绍欧盟碳边境调节措施基础上，尝试梳理其与 WTO 适用之冲突，分析日本对该机制之态度。

第四部分,主要围绕与日本经济贸易相关的社会各个层面的法律和制度改革进行论述和分析,由第八到第十一章组成。

第八章"新冠疫情时代日本女性就业困境及原因浅析"。以新冠疫情暴发后的日本劳动力市场为切入点,分析疫情以来日本就业人数的变化和分性别的正式员工及非正式员工的就业差异;在对近年来日本女性就业特征进行阐述的基础上,总结了造成日本男女雇用差异的主要原因。本章对新冠疫情给日本女性就业带来的影响进行了分析,提出了对日本女性相关的就业管理政策和制度的思考,为今后中日女性雇用政策的实施和法规的制定提供一定参考。

第九章"日本养老政策变迁的历程、逻辑和发展趋势及对我国的政策启示"。通过梳理日本养老政策变迁脉络,厘清养老政策的演化过程,以及不同老龄化阶段对应不同程度老龄化的养老政策体系和制度设计特点。进一步从宏观层面、中观层面和微观层面探究日本养老政策体系变迁的动力机制和基本逻辑,探究日本未来的养老政策调整和改革趋势;并在探析养老政策体系变迁基础上,判断未来日本养老政策体系变迁的趋势,以及可能遇到的问题和挑战;提炼出日本养老政策体系变迁对我国的政策启示,并提出政策性建议。

第十章"日本的农村振兴对策——六次产业化及其发展评价"。对现代日本农村振兴进行了溯源研究,分析六次产业化作为日本农村振兴的新路径,有力地促进了一二三产业的融合发展,还对农户收入稳定性的提高,有效避免因灾致贫,促进农产品的品牌化,增加农产品附加价值等方面有积极影响。本章提出了中国的三产融合作为解决"三农"问题的尝试之一,可以从日本的农业六次产业化发展中借鉴经验教训的。

第十一章"日本教育廉政文化研究"。在对日本教育廉政文化溯源的基础上,论证了廉政文化需要制度的完善与适应的社会文化。如何在制度的基础上,将本国的优秀传统文化与廉政文化相结合,使廉政意识成为普遍的社会义务和原则。本章提出了适合中国教育廉政文化建设和促进中国教育领域廉政风气形成的相关建议。

第一章 "一带一路"框架下中日经济合作的前瞻性研究:基于"特朗普冲击"与新冠疫情的双重效应叠加

陈友骏

2020年初新冠疫情的袭来及在全球范围的持续扩散,给全球政治、经济均造成难以估量的重大损失。与此同时,2017年初美国特朗普政府开始在全球范围内倡导贸易保护主义和经济单边主义,"特朗普冲击"不仅对美国的政治和经济、中美关系等造成影响,还对全球经济和国际政治构成了难以估量的负面影响,而且程度上或许较新冠疫情更甚。"特朗普冲击"叠加新冠疫情,对正处于"重回正轨"的中日政经关系波及巨大。政治方面,原定于2020年春的习近平主席访日计划被迫延迟,且后续具体安排仍难以确定。与此同时,日本国内的政治保守势力,尤其是自民党内的右翼势力却在"竭力"干扰或呼吁取消习近平主席的访日计划,以迫使中日关系重新跌入2015年前的僵持状态。经济方面,日本政府为了进一步确保国家经济的安全及产业链的连续性和安全性,积极鼓励相关企业回迁或转移生产基地,避免"所有鸡蛋都放入一个篮子"的风险,最终引致部分企业撤离中国,中日经济合作关系的纽带弱化。简言之,新冠疫情对日本政治、经济造成沉重打击,也对中日关系的向好走势造成了严重的负面影响;中日经济合作面临结构调整和方向转型,但不会爆发大规模的系统性风险。

本章从日本国内观察中美关系的基本面分析出发,深究日本对华战略思维变化的客观事实,在此基础上,结合日本政府积极推进并落实海外供应链的战略调整,勾勒出未来中日经贸关系的可能性框架。

第一节 日本对中美关系的基本态度

美国和中国分别是全球排名第一、第二的主要经济体,两国之间的经贸摩擦必然会对全球经济乃至全球政治产生巨大影响。日本作为全球第三大经济体,从一开始就极为关注中美间的经济摩擦,因为这不仅直接涉及日本的经济利益,更关乎其政治利益甚至是国家战略利益。2018 年 11 月,日本国内最大的经济团体组织——经济团体联合会(经团联)会长中西宏明就中美经贸摩擦指出,中美围绕贸易及通商领域的对立显现出长期化发展趋势,习近平主席与特朗普总统之间也很难在短期内达成妥协;日本经团联一贯支持维持并推进自由贸易;日本是资源贫乏的国家,一旦脱离自由贸易,则经济运营将难以为继。① 中西宏明会长的上述发言表明日本对未来中美经贸摩擦长期化、深度化、扩散化的担忧,更显露出日本对未来自身经济发展式微的焦虑。

客观而言,面对愈演愈烈的中美经贸摩擦,日本的位置和立场愈发尴尬。因第二次世界大战(简称二战)后日美安保协定的签署,日本与美国成为“安保盟友”,美国也随之成为日本国土安全的“守护国”。不仅如此,在外交方面,战后的日本实则也是完全依附于美国,基本抛弃了自身对外政策的独立性和自主性,简言之,“服务好美国的全球战略”成为日本外交的第一要务。鉴于此,在中美经贸摩擦问题上,日本彻底倒向美国也看似“情有可缘”。尽管如此,因近年来中日经贸合作关系的持续深化,日本在经济上逐步与中国形成“捆绑”之势,这就促使日本在经济问题上不敢轻易地放弃中国。于是乎,日本身处中美之间的“两难”境地,既不愿做出经济上的牺牲而完全放弃中国,彻底倒向美国而对华实施全面的遏制战略,更不愿在政治上挑战美国,转而与中国进一步推进在政治、经济领域的全面合作。或许是“两害相权取其轻”,在综合比较了安全、政治、经济等各方因素之后,日本实则正在偏向性地倒向美国,并在战略上和经济上逐步向美方靠拢,而透过系统梳理日本国内保守主义的舆论导向,可窥见日本偏向美国的内生动力所在。

---

① 一般社団法人 日本経済団体連合会「定例記者会見における中西会長発言要旨」,2018 年 11 月 19 日,http://www.keidanren.or.jp/speech/kaiken/2018/1119.html,2018 年 11 月 21 日。

　　第一，中美竞争的本质实则是"冷战思维"的延续，是两种制度的巅峰对决。日本学者渡边亮司指出，作为经济民族主义（Nationalist）代表的特朗普政府在 2018 年取得了主导权，改变了对华"接触政策"（Engagement Policy，関与政策），转为对华"遏制政策"（Containment，封じ込め政策），而且以中美经贸摩擦的进一步升级为开端，"中美冷战"将很快揭开帷幕。① 对此，国内的一些学者实则已经注意到了美方希望借经济外交来"改变中国"的战略意图，即，美国通过推行对华经济外交，意在实现"一箭双雕"的双重目的，一是进一步扩大美国的在华利益，为在华美企谋取更有利的投资政策和宽松的竞争环境，并不断在日益增长的中美贸易中获取更多实惠；二是促使中国改革开放的进程向着美国希望的方向发展，借助经贸往来以对华输出美国的意识形态和价值观，传播美国的民主模式，并使中国朝向美国指定的"民主化""自由化"方向发展。② 显然，中国始终坚持独立自主的发展战略，始终坚持在自己设定的发展道路上不断前进，这令美方极为失望，与此同时，由于中国市场的竞争性在不断加剧，在华美企并没有在中国的市场竞争中获取其期待的经济利益，这就加剧了美方对中国的不满，进而演变为意识形态上的剧烈冲突。日本右翼学者日高义树更是直言不讳地指出，美国特朗普总统及其周边人士是希望借助贸易战，对中国不公平的经济行为实施打击。③ 由此，中美对峙在部分日本保守势力看来，已悄然发生了质的变化，即由传统的经济矛盾转变成了意识形态的尖锐冲突，从美苏"冷战"终结后全球范围内再度兴起的一场"新冷战"。

　　第二，中国的迅速崛起是引发此轮中美全面对峙的根本性动因。日本学者大木博巳认为，中美围绕 5G 所进行的主导权争夺折射出的是国际关系因中国的崛起而进入大幅调整的前兆，而且，从历史经验来看，新兴国的崛起往往伴随着国际关系非稳定性问题的丛生。④ 换言之，中美对峙直观地反映出作为

---

　　① 渡辺亮司「保護主義に傾斜するトランプ政権、2019 年の米通商政策を占う」、『国際貿易と投資』2018 年 114 号、18 頁。

　　② 曾军：《中美经济外交研究》，博士学位论文，中共中央党校，2006 年 5 月，第 48 页。

　　③ 日高義樹「通商戦争から軍事対決へ：中国にアメリカと戦うだけの力はない」、『Voice』2018 年 6 月号、51～52 頁。

　　④ 大木博巳「5G でデジタル覇権を狙う中国：世界経済は巨大な調整期に突入」、『国際貿易と投資』2019 年 116 号、39 頁、http://www.iti.or.jp/kikan116/116oki.pdf、2019 年 9 月 24 日。

新兴大国的中国与作为守成大国的美国之间的实力对决。日本知名中国问题专家川岛真则较为系统地梳理了中美对峙发生的时代背景,指出从奥巴马政权的后半期开始,美国就已展现出对华强硬姿态,但 2018 年入夏之前美国对华强硬的姿态进一步凸显。不仅特朗普总统,就连民主党系列的国会议员及官僚等都用一种强硬的眼光来审视中国。美国政策圈内形成基本共识,即中国是既有秩序的挑战者,意图引领下一世代的技术革新,并对军事、经济乃至生活规范等多个方面产生影响。对此,美国感到极度不安,批判中国意图通过不公正的信息收集、剽窃知识产权等不当手段推进技术革新,在经贸领域存在"不公平行为",在军事安保方面采取积极行动等。由是观之,美国副总统彭斯在哈德逊研究所发表的演讲是华盛顿政策圈各种声音的集成。① 日本学者增田耕太郎指出,中美对立可能将长期化且愈演愈烈,短期内难以终止。② 宫家邦彦甚至极端地认为,中美经贸摩擦完全不同于日美经贸摩擦,因为前者缺乏安保盟友关系的有效支撑,所以未来的发展可能会失去方向,缺乏必要的可控性,不仅如此,日本完全没有取代美国霸权的野心,而中国显然隐藏着取代美国霸权的野心。③ 由此,日本保守势力将此轮中美对峙的根本动因归结于中国,而意图取代美国的传统霸权则是中国的"包藏祸心"。

第三,中美对峙将对传统的全球自由经贸秩序造成严重冲击,进而引申出基于实力为前提的全球发展新模式。日本国际贸易投资研究所理事长畠山襄就"中美经济脱钩"指出,世界经济被强迫分割为两极,对谁都没有胜负之分,全球(经济秩序——笔者加)将如同遭遇飓风一般被完全打乱。④ 不仅如此,以中国为"核心"的供应链不可避免地会受到中美对峙的影响。⑤ 安井明彦指出,中美贸易摩擦的本质是以实力竞争为背景的两国各自政策目标的"决斗",即,

① 川島真「日中関係『改善』への問い」,『外交』2018 年 52 号、31 頁。
② 増田耕太郎「主要企業の調達先からみたグローバル・サプライチェーン:米中対立がもたらす影響と今後の対応」,『国際貿易と投資』2019 年 117 号、51 頁、http://www.iti.or.jp/kikan117/117masuda.pdf、2019 年 9 月 24 日。
③ 宮家邦彦「激化する競争覇権どう決着するのか」,『中央公論』2018 年 9 月号、104～108 頁。
④ 畠山襄「期待される日本の役割」,『季刊国際貿易と投資』2019 年 116 号、第 1～2 頁、http://www.iti.or.jp/kikan116/116echo.pdf、2019 年 9 月 24 日。
⑤ 増田耕太郎「主要企業の調達先からみたグローバル・サプライチェーン:米中対立がもたらす影響と今後の対応」,『国際貿易と投資』2019 年 117 号、51 頁、http://www.iti.or.jp/kikan117/117masuda.pdf、2019 年 9 月 24 日。

美国自恃握有巨大的自由市场,实施进口限制措施,逼迫贸易伙伴国让步;而中国也倚重本国市场的魅力,在知识产权保护领域,要求希望在华开展业务的企业必须接受对中国较为有利的操作方式。① 鉴于此,中美贸易摩擦可能引发全球化发展方式的"变质",即,二战后的全球化发展方式是以规则为基础的,对所有参与方均产生相同的约束力,其主要代表就是 WTO 等相关国际合作机制,而中美贸易摩擦或许会以中美大国之间的交易而收场,但这最终将改变战后全球化一贯的发展方式,促使其演变为实力引导下的新发展模式。② 换言之,新的全球化发展方式将是"强国决定"模式,即回归至"谁强谁主导"的丛林法则模式,强国将引领或决定全球化发展的未来方向与具体规则。古城佳子则认为,世界第一和第二的经济大国之间出现政经对立的激化,这不仅不利于世界经济的发展,更可能导致 WTO 体制的崩溃;与此同时,中美对立将进一步加速从中国转移出生产据点的发展趋势。③

第二节　日本对华经济政策态度的因应嬗变

通过前文日本国内对中美对峙基本态度的分析,不难发现,日本实则已经觉察到"新冷战"的政治气氛,同时在对华问题上,也逐步融入了"意识形态对立"的尖锐视角。受其影响,日本对华经济战略的基本态度逐渐显现出"化虚为实"的典型特征。

所谓"化虚为实",主要是指日本对华经济合作尤其是转移部分在华投资的基本战略思路,由"务虚"的路线探讨逐步转变为"务实"的政策部署,出现化"应然"为"实然"的战略趋势。

实际上,关于是否转变对华经济合作战略方针,一直是困扰日本国内保守主义战略思维的一大内心纠结。早在 21 世纪初,日本国内保守势力就大肆炒

---

① 安井明彦「トランプ支持者も鞭打つ諸刃(もろは)の経済制裁」,『中央公論』2018 年 9 月号、118 頁。

② 安井明彦「トランプ支持者も鞭打つ諸刃(もろは)の経済制裁」,『中央公論』2018 年 9 月号、118～119 頁。

③ 古城佳子「長期化する米中対立がサプライチェーンに落とす影」『外交』、Vol. 59 Jan. /Feb. 2020、45～47 頁、http://www. gaiko-web. jp/test/wp-content/uploads/2020/01/Vol59_p42-47_Shadow _cast_on_supply_chains. pdf、2020 年 4 月 5 日。

作"中国威胁论",一度甚嚣尘上,对此后中国日关系的正常发展造成一定负面影响。尽管如此,无奈日本经济在经历泡沫破灭之后,始终未能找寻到重新复苏的内生性原动力,同时,中国经济持续高速发展的客观事实又为日本经济的再度复苏提供了绝佳的外部性公共产品。以此为背景,日本国内权衡利弊之后,决定扩大对华经济合作,并将实现自身经济复苏与扩大对华经济合作二者牢固绑定在一起。事实证明,日本的这一战略决策是正确的,中国经济的高速发展为日本提供了规模庞大的海外出口市场,更创造出难以估量的外部性效应,成为日本经济实现持续复苏的主要外部动能之一。

尽管如此,随着中国国内市场竞争的加剧及包括用工、用地等生产成本的急剧上升,部分在华日企陆续遭遇竞争不利的局面。由此,退出中国市场或转移生产基地等,成为部分在华日企的战略性选择。日本国内的保守政治势力也借机宣传所谓的"中国＋1"战略,以避免日本对华经济的绝对性依赖。因此可以说,转变积极的对华经济合作战略,弱化中日间的经济合作等,类似上述的观点表述在日本国内一直具有相当的市场。受此影响,加之中美对峙及新冠疫情等外部环境的嬗变,加剧了日本对华经济合作战略的因应而变,由此,"撤离中国、回归本土"等弱化中日经济合作关系的现实性战略逐渐成为日本乃至安倍政府对华经济政策的首要选项。

日本学者斋藤尚登就直白地指出,新冠疫情并非是中国一国的问题,其事态发展更为严峻;欧洲主要国家纷纷采取措施,关停了除生活必需品之外的店铺,同时控制人员流动,必引致 2020 年 3 月之后世界的需求减少,这对号称"世界工厂"的中国经济恐将造成不良影响。[①] 日本企业充分考虑到生产据点过度集中于一国的风险,不断推进"中国＋1"战略,受此次新冠疫情的影响,今后日本企业的生产据点或将更为分散,并可能出现向日本回归的强趋势;与此同时,随着中美摩擦的尖锐化、长期化发展,对于在中国生产并对美出口商品的企业而言,在中国进行生产的比较优势将大幅降低,鉴于此,扩大在 ASEAN 等地区的生产能力,增加在这些地区的绿色投资的企业将逐步增多,这其中并

---

① 齋藤尚登「中国・新型コロナウイルス−感染症拡大の経済的影響」、『外交』2020 年 60 号、20 頁、http://www.gaiko-web.jp/test/wp-content/uploads/2020/03/Vol60_p18-23_EconomicimpactofthespreadofChinasnovelcoronavirus.pdf、2020 年 4 月 5 日。

不仅仅局限于日本企业。① 与此同时，日本学者大木博巳也认为，新冠疫情在
全球扩散对中国的生产和需求造成三方面的影响：①对中国经济发展的认知
变化，即尽管关闭的工厂最先重开，但因需求停滞，全球的消费及投资出现减
退，中国经济很难恢复至之前的发展轨道；②受世界经济长期停滞、中国巨大
的生产力引发生产过剩等因素影响，贸易摩擦激化，世界贸易保护主义进一步
加剧；③因医疗品获取困难，全球都感受到中国作为世界工厂、供应链核心的
巨大风险，因此，将逐步修正过高的对华贸易依存度，构建即使发生全球性传
染，也不会被中国所左右的新供应链体系。② 斋藤尚登与大木博巳的上述观点
较为全面地反映了日本经济界对未来中国经济及日企布局中国市场的切实担
忧，更详细地概述了日本的主要应对策略，即大幅调整若干重要产业的海外供
应链，鼓励部分在华日企将生产基地撤回至日本本土、抑或是转移至东南亚国
家，以避免对华经济的绝对性"押宝"。

综上所述，中美对峙叠加新冠疫情等外部环境的剧变，引致日本对华经济
政策及战略的加速转变，进而促使日本政府鼓励"撤离中国"的政策由虚转实，
化"应然"为"实然"。

第三节　日本对华竞争态势逐渐升格

日本在政治及战略上加强了对华竞争意识，制衡中国的举措更为多元化，
甚至部分有违政策底线。

首先，日本国内保守势力在"习近平主席访日"问题上始终紧咬不放，意图
通过搅局甚至是迫使日本政府放弃"习近平主席访日"，来干扰中日关系正常
发展的有序节奏。2020 年 7 月 3 日，在日本自民党外交小组和外交调查会的
高层会议上，汇总了要求安倍政府停止习近平主席作为国宾访日计划的谴责

---

① 齋藤尚登「中国・新型コロナウイルス-感染症拡大の経済的影響」、『外交』2020 年 60 号、
23 頁、http://www.gaiko-web.jp/test/wp-content/uploads/2020/03/Vol60_p18-23_Economicimpacto-
fthespreadofChinasnovelcoronavirus.pdf，2020 年 4 月 5 日。

② 大木博巳「コロナ禍と対中依存リスク：中国をサプライチェーンのハブにしたのが賢い選択
だったか」、『国際貿易と投資』2020 年 120 号、1 頁、http://www.iti.or.jp/kikan120/120oki.pdf，2020
年 7 月 29 日。

决议案。之后不久的 7 月 8 日,官房长官菅义伟在官邸与自民党外交小组组长中山泰秀会面,接受了写进要求取消习近平主席作为国宾访日的对华谴责决议。这一恶性事件的发生,对原定的"习近平主席访日"计划的实施带来了一定的不确定性,中日关系未来发展势必也将产生极其恶劣的影响,同时也可能迫使原本已"重回正轨"的中日关系"再度脱轨"。

其次,日本开始公然插手中国香港、台湾问题,挑战中国的政策底线。据日本共同社的报道,2020 年 5 月 25 日,日本官房长官菅义伟在记者会上,就中国全国人民代表大会正在审议的在香港建立国家安全法律制度以及香港的抗议活动表示"抱有强烈关切,正在关注";关于中美两国围绕该法律制度陷入对立,菅义伟指出"两国推进构建关系,从地区和国际社会的和平与稳定的观点来看十分重要",强调不希望中美对立进一步尖锐化;就中国公务船多次驶入钓鱼岛附近日本领海问题,菅义伟强调将坚决应对,"在坚决守护我国(日本——笔者加注)领土、领海、领空的方针下,相关省厅间将开展合作,确保警戒监视万无一失"。① 2020 年 5 月 28 日,日本政府就中国在中国香港建立国家安全法律制度"深表忧虑"(官房长官菅义伟语),外务事务次官秋叶刚男在外务省召见中国驻日大使孔铉佑,传达了日本的这一立场。② 日本在中国香港问题上所表现出的异常反应,表明其意图借助香港问题制衡中国的战略意图,并试图将其与台湾问题挂钩,制造港台问题上对华的"双牵制"。

2020 年 5 月 20 日,蔡英文宣誓开启中国台湾地区领导人的第二任期。对此,日本政府官房长官菅义伟在当日的记者会上竟公然表示祝贺,并声称台湾与日本共享基本的价值观,③以此暗示台湾是日本价值观外交的良好伙伴。此举显然有违中日就台湾问题达成的基本共识。日本主流媒体之一的《朝日新闻》发表题为《新冠和台湾 学习民主的成功》的社论,公然宣称台湾所谓的民主体制是其战胜新冠疫情的关键,并提出台湾抗疫的经验值得世界各国学习

---

① 共同网:《日本官房长官表示"强烈关切"香港局势》,2020 年 5 月 25 日,https://china.kyodonews.net/news/2020/05/e2ed64ffea94.html,2020 年 5 月 25 日。

② 共同网:《详讯:日方召见中国大使对香港局势"深表忧虑"》,2020 年 5 月 28 日,https://china.kyodonews.net/news/2020/05/d66ff633e517.html,2020 年 5 月 29 日。

③ 共同网:《详讯:日官房长官祝贺蔡英文开启总统第二任期》,2020 年 5 月 20 日,https://china.kyodonews.net/news/2020/05/f98deb4fe38d.html,2020 年 5 月 20 日。

和分享,以此支持台湾成为 WHO 观察员。① 日本另一主流新闻媒体《东京新闻》竟然以《台湾总统第二任期 挑战中国的"竞争优势"》为题发表社论,鼓吹蔡英文当局在应对新冠疫情时对策得当,成效显著,提升了台湾在国际社会中的存在感。② 日本主流媒体纷纷就台湾议题发表内容不同但主旨统一的社论,反映了日本社会意图利用"台湾牌"来牵制中国的叵测用心,其大肆宣传台湾所谓的"国际地位",为台湾拓展国际空间"摇旗呐喊",与日本政府支持台湾加入 WHO、意图操纵台湾问题形成呼应。

再次,在钓鱼岛问题上,无视领土争端的现实矛盾,与中方形成"对攻之势"。2019 年中日两国共同宣布习近平主席原定的 2020 年春访日计划之后,日方就一再强调要为习近平主席访日构建良好的外部环境,而日方在这里所提的外部环境,实际上就特指钓鱼岛问题。一言以蔽之,日方希望中国能减少对钓鱼岛海域的巡航次数和频率,当然,最好是放弃巡航钓鱼岛,以使钓鱼岛问题回到日方所认为的"搁置争议"的原始状态。对此,日本的多位政治高层已在不同场合发声,既表明了日方在钓鱼岛问题上的"鸵鸟战略",对钓鱼岛领土争端的现实矛盾视而不见,也说明日本并不愿意在这一问题上进行对华妥协。2020 年 6 月 2 日,在日方统计我公务船连续 50 天在钓鱼岛附近海域巡航之时,日本官房长官菅义伟在记者会上表示:"极其遗憾。认为这很严重。想冷静、坚决地应对。"③之后的 6 月 25 日,菅义伟就中国发布 50 处东海海底地理实体名称指出,此举含有中方基于对尖阁诸岛(中国称钓鱼岛,下略)单边主张的内容……即使对附近海底地理实体赋予名称,也不会改变尖阁诸岛(中国称钓鱼岛)是日本固有领土的事实。④紧接着 7 月 3 日,菅义伟再次在记者招待会上重申,"已强烈要求立即停止此类举动并迅速离开日本领海……将继续冷静坚决地采取应对"。⑤ 此外,2020

---

① 「(社説)コロナと台湾 民主の成功に学びたい」,『朝日新聞』2020 年 5 月 25 日、https://www.asahi.com/articles/DA3S14487802.html? iref=pc_rensai_long_16_article、2020 年 5 月 26 日。

② 「台湾総統 2 期目 中国「優位性」への挑戦」,『東京新聞』2020 年 5 月 25 日、https://www.tokyo-np.co.jp/article/2585? rct=editorial、2020 年 5 月 27 日。

③ 共同网:《菅义伟称将冷静坚决应对尖阁附近中方船只》,2020 年 6 月 2 日,https://china.kyodonews.net/news/2020/06/dbe9c9217907.html,2020 年 6 月 2 日。

④ 共同网:《详讯:日本就中国公布东海海底名称提出强烈抗议》,,2020 年 6 月 25 日,https://china.kyodonews.net/news/2020/06/7939bb471ced.html,2020 年 6 月 25 日。

⑤ 共同网:《日本就中国公务船试图接近日渔船提出强烈抗议》,2020 年 7 月 3 日,https://china.kyodonews.net/news/2020/07/1403264db217.html,2020 年 7 月 3 日。

年6月17日,日本海上保安厅长官奥岛高弘在记者会上强调:"将根据国际、国内法律,为牢固守护领土、领海,冷静坚决地应对。"不仅如此,奥岛还确认了中方船只的大型化及武装化等问题,称"形势不容乐观,处于严峻状况"。① 除官房长官和海上保安厅长官之外,日本防卫大臣河野太郎也"不甘示弱",多次意图在钓鱼岛问题上放狠话,或以"习近平主席访日计划"为要挟,迫使中方在钓鱼岛问题上作出让步或妥协。上述三人的表态基本代表日本政府及日本保守势力的主流意见。除此之外,日本地方政府也与中央政府合流,意图共同在钓鱼岛问题上对中国形成掣肘。2020年6月9日,日本冲绳县石垣市市长中山义隆在当天举行的市议会6月例会上,提交了把该市行政区划所含的尖阁诸岛(中国称"钓鱼岛")地址的名称由"登野城"改为"登野城尖阁"的议案。② 同月22日,日本冲绳县石垣市议会以多数赞成通过了上述议案。③

除政治及安保问题上,日本增加了对华平衡的强度,在对外经济战略上,尤其是对华经济战略上,日本实则已在逐步改变之前的合作方针,并积极调整海外供应链的布局与范围,在对外产业发展整体收缩或"内向化"的大背景下,尽可能地实现减少对华经济过度依赖的战略目标。

根据图1-1不难发现,从有统计数据的1990年起,日本的GVC参与率基本处于持续上升趋势,1997年因亚洲金融危机的影响,一度出现急剧下跌,次年即1998年遂攀升至40%分割线的上方,此后持续攀升,2008年日本的全球价值链参与率达到历史峰值(超过50%),表明日本对形成当时全球价值链的贡献度达到最大值。2009年受全球金融危机的影响,日本的GVC参与率再度出现严重下滑,之后这一贡献率数值虽一度急速攀升,但基本呈现逐渐衰减的趋势。与此同时,剖析日本GVC参与率的组成结构,前向参与的比重在全球金融危机之后就呈现显著的递减态势,2018年基本停留在阶段性低点,表明日本本土生产的零部件或提供的服务在他国的生产过程中使用强度降低,

---

① 共同网:《日海保长官称将依法守护尖阁诸岛》,2020年6月17日,https://china.kyodonews.net/news/2020/06/cbb10cd0ac7c.html,2020年6月18日。

② 共同网:《冲绳石垣市长提交尖阁行政区划更名议案》,2020年6月9日,https://china.kyodonews.net/news/2020/06/8c683f13bce0.html,2020年6月9日。

③ 共同网:《详讯:石垣市议会通过尖阁行政区划更名议案》,2020年6月22日,https://china.kyodonews.net/news/2020/06/b43a357a0a05.html,2020年6月22日。

这或许是因为他国生产过程中使用了替代产品及服务或日本本土企业的外迁造成出口减少等。与之相比,后向参与的比重基本保持阶段性稳定,数值方面变化不大,但中长期来看却是明显增加,说明日本的生产过程中融入他国生产的产品或提供的服务的强度在逐渐递增,或许是因为日本企业回迁至本土,并将原先主要布局在海外的零部件组装等生产环节一并带入日本本土的缘故。总体来看,日本在全球价值链分工体系中的参与率逐年降低,说明日本经济发展的"内卷化"趋势较为明显,未来本土制造、本土组装的比重或将进一步增加。简言之,就是"内向型"经济特征将愈发突出。

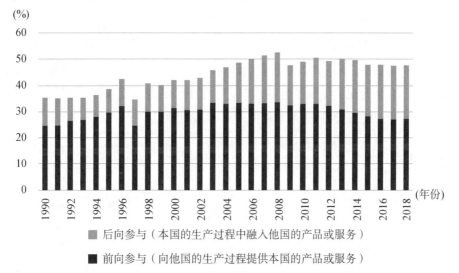

图 1-1 日本的 GVC(全球价值链)参与率(1990—2018 年)

注:GVC 参与率是表示以附加价值为基准的出口参与全球价值链比重的数值,这一比率越高,则对形成全球价值链的贡献度越大。

资料来源:経済産業省『2020 年版通商白書』(概要)、2020 年 7 月、33 页。

在此基础上,根据图 1-2 可知,从 2005 年至 2019 年的 15 年间,日本对外直接投资(FDI)从 454.61 亿美元猛增至 2 486.75 亿美元,增长了约 4.5 倍。从国别和地区分布来看,日本对美 FDI 居首,从 2005 年的 121.26 亿美元增长至 2019 年的 482.69 亿美元,增加了 3 倍多,其中,2016 年创阶段性最高,达到531.02 亿美元,之后出现 V 字形变化特征;对华 FDI 从 2005 年的 65.75 亿美元增加至 143.71 亿美元,增加 1 倍多,尽管在 2013 年(91.04 亿美元)出现过巨幅下跌(因 2012 年 9 月日本对钓鱼岛进行所谓"国有化"操作,年末安倍晋三重新担任日本首相后参拜靖国神社等问题的频发,致使中日政治、经济关系在 2013 年跌入恢复邦交正常化后之后的历史最低点),但之前及 2013 年之后总体上基本保持了上涨的趋势,且 2019 年同比还增加了近 20%,表明日本对华经济合作的信心仍在不断增大;对马来西亚、泰国、印度尼西亚、菲律宾等 ASEAN4 的投资基本与中国的走势相当,尽管其中在 2012 年发生了巨幅的 V 形波折,但基本保持了增长的态势,较 2005 年的 42.76 亿美元,2019 年日本对 ASEAN4 的 FDI 增加至 159.17 亿美元,是 2005 年的约 4 倍;与之相比,日本对 ASEAN 整体的 FDI 却发生了巨幅的增量变化,从 2005 年的 50.02 亿美元增加至 2019 年的 347.45 亿美元,不仅远超对华的 143.71 亿美元,更是逼近对美的 482.69 亿美元,说明日本极为重视对 ASEAN 的经济开发,且除去对 ASEAN4 的数字之后,日本对越南、缅甸、老挝、文莱、柬埔寨、新加坡等东盟国家的 FDI 增量出现了更大幅度的增长,说明日本更为重视对上述国家的新增投资,且正在积极部署制造业等相关产业的基地建设。

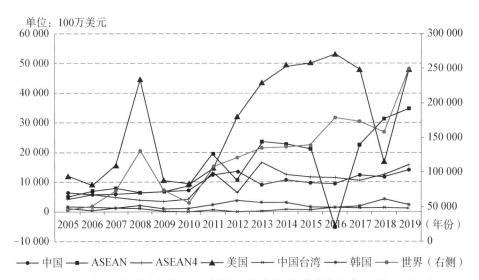

图 1-2 日本对主要国家及地区的对外直接投资(国际收支净流出,2005—2019 年)

注:ASEAN4 代表马来西亚、泰国、印度尼西亚、菲律宾四个国家。

资料来源:JETRO「直接投資統計」,https://www.jetro.go.jp/ext_images/world/japan/stats/fdi/data/country1_19cy.xls,2020 年 9 月 15 日。

观察图1-3不难发现，日企海外分布集中在东亚地区，尤其是中国和东盟10国。从2009年至2018年度日企在全球投资设点的变化趋势来看，主要呈现以下若干特征：①在全球范围内，海外日企主要集中在中国、东盟（ASEAN）、北美地区和欧洲四大板块，其中，2018年度中国和东盟的比重较为接近，约占总体的30％，而北美地区和欧洲的比重较为接近，占比略超10％；②自2009年度起，日企在中国投资设点的比例逐渐增加，一度攀升至33％，之后基本呈现逐年下跌的趋势，2018年度在华日企占海外日企总数的比重跌至29.6％，为近10年来统计数据的最低点，之后可能会延续下降的态势；③与对华投资减少的趋势正相反，日企在东盟投资设点的比例呈现清晰的逐年递增态势，自2009年度的23％一路增长至28.4％，表明日本资本在不断扩大对ASEAN的投资比重，预计今后还将继续保持增长态势；④在北美地区和欧洲的日企比重，也基本呈现逐年递减的趋势，前者的比重从2009年度的15.8％降至2018年度的12.5％，而后者的比重则从2009年度的13.9％降低至2018年度的11.2％，均创了10年来的新低。由此可见，日企在海外的布局正发生结构性变化，ASEAN正逐步取代中国，成为日企主要的集中投资目的地，也说明日本对ASEAN国家的经济重视度在持续上升，而中国将逐步退居第二，成为仅次于ASEAN的第二大日本集中投资目的地，此外，北美地区和欧洲的日企海外投资比重亦将进一步萎缩，表明日企实则也在逐渐转移对北美地区和

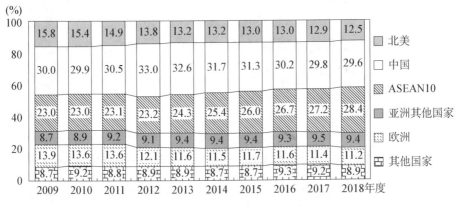

图1-3　日本企业海外地区性分布情况（2009—2018年）

资料来源：経済産業省　大臣官房調査統計グループ企業統計室「第49回　海外事業活動基本調査概要」，2020年5月27日，10頁，https://www.e-stat.go.jp/stat-search/file-download?statInfId=000031949178&fileKind=2，2020年9月15日。

欧洲的投资注意力。

综上所述,近些年来日企逐渐减少对华投资强度、扩大对东南亚国家的投资等已是不争的事实,这真实地反映出日本意图重新布局海外供应链、优化供应链竞争性结构的战略思路。受其影响,日本将部分生产成本较高、竞争力较弱的生产基地,通过转移生产或绿色投资的方式,逐步从中国移至限制相对较少、生产成本相对较低的东南亚地区,以形成分布相对分散且更具竞争优势的新供应链格局。

第四节　日本对华经济合作政策的不确定性日趋升格

大木博巳指出,新冠疫情在全球扩散,对中国的生产和需求造成三方面的影响:①对中国经济发展的认知变化,即尽管关闭的工厂最先重开,但因需求停滞,全球的消费及投资出现减退,中国经济很难恢复至之前的发展轨道;②受世界经济长期停滞、中国巨大的生产力引发生产过剩等因素影响,贸易摩擦激化,世界贸易保护主义进一步加剧;③因医疗品获取困难,全球都感受到中国作为世界工厂、供应链核心的巨大风险,因此,将逐步修正过高的对华贸易依存度,构建即使发生全球性传染,也不会被中国所左右的新供应链体系。[1] 此外,大木博巳指出,2007 年前后起,在中国的沿海地区就难以确保劳动力的供给,工资快速上涨,再加上人民币升值,致使中国的出口竞争力开始衰减;与此同时,劳动法的修订引发企业的社保负担加重,投资环境逐渐恶化。[2] 他还指出,已在中国构建巨大的生产体制,且从零件采购到组装加工的供应链一旦发生断裂,就会面临巨大的生产损失的风险,因此,"去中国化"是必然之举。[3]

---

[1] 大木博巳「コロナ禍と対中依存リスク:中国をサプライチェーンのハブにしたのが賢い選択だったか」,『国際貿易と投資』2020 年 120 号,1 頁,http://www.iti.or.jp/kikan120/120oki.pdf,2020 年 7 月 29 日。

[2] 大木博巳「コロナ禍と対中依存リスク:中国をサプライチェーンのハブにしたのが賢い選択だったか」,『国際貿易と投資』2020 年 120 号,17 頁,http://www.iti.or.jp/kikan120/120oki.pdf,2020 年 7 月 29 日。

[3] 大木博巳「コロナ禍と対中依存リスク:中国をサプライチェーンのハブにしたのが賢い選択だったか」,『国際貿易と投資』2020 年 120 号,19 頁,http://www.iti.or.jp/kikan120/120oki.pdf,2020 年 7 月 29 日。

大木博巳的观点代表了日本保守派的主流看法，即，日本在"做空"中国，希冀全球社会可以接受日本所积极倡导的"将生产基地搬离中国"的战略想法。

在政治及安保上逐渐显露出对华强硬的姿态之后，日本在对华经济政策尤其是在华企业的布局调整问题上也开始打起了"小算盘"，致使中日经济关系面临若干方面的压力。

第一，日本试图重塑在东亚地区的产业链结构体系，鼓励大批在华日企离开中国，将生产基地转移至日本本土或东南亚国家，进而使中日间的经济合作关系逐渐弱化（参见表1-2）。

表1-1　　新冠疫情期间日本对华政策嬗变过程（2020年1—6月）

时间		主 要 事 件
1月	21日	日本政府就中国湖北省武汉市等地的新冠肺炎疫情，召开商讨对策的相关阁僚会议，决定贯彻边境口岸对策，切实把握患者情况，彻底收集信息，向国民迅速提供准确信息
	24日	日本外务省针对包括发生新冠肺炎疫情的武汉市在内的中国湖北省，把传染病危险提醒级别上调至"三级"，建议国民暂勿前往。这是日本2015年采用四个级别的传染病危险信息以来，首次发出严重程度次高的"三级"提醒
	29日	① 206名日侨搭乘日本政府派出的全日空第一班撤侨包机从武汉抵达东京羽田机场 ② 日本第二架前往中国湖北省武汉市撤侨的包机29日晚9点55分前后从东京羽田机场出发
	30日	① 日本政府成立新冠对策本部 ② 厚生劳动省上午表示，1月29日从武汉撤回的日本侨民中发现3名乘客感染新冠肺炎
	31日	① 外务省上调了中国除湖北省以外全部地区的传染病危险提醒级别，升至呼吁不必要、非紧急情况下谨慎前往的"二级"。对于武汉市所在的湖北省，维持呼吁暂勿前往的"三级" ② 日本政府派赴发生疫情的中国湖北省武汉市接回日侨的全日空第三班包机于上午抵达东京羽田机场，有149名日侨搭乘 ③ 首相安倍晋三傍晚就新冠疫情表示，对于申请入境日本前14天以内曾在包括武汉市在内的中国湖北省逗留的所有外国人，将拒绝入境。作为罕见措施的拒绝入境将在2月1日凌晨0点生效

续表

时间		主 要 事 件
2月	5日	官房长官菅义伟在记者会上就中国国家主席习近平预计将于4月作为国宾访日一事表示:"现阶段想郑重推进按计划进行所需的准备工作。日方不打算请求延期。"
	11日	自民党国会议员决定一律从3月工资中扣除5000日元,支援中国防控疫情
	12日	首相安倍晋三在官邸召开全体阁僚出席的新型冠状病毒感染症对策本部会议,表示为了阻止疫情在日本国内扩大,除了迄今为止的中国湖北省外,对曾在浙江省逗留的外国人也将采取拒绝入境的措施。此举将于13日凌晨0点生效
	13日	日本政府公布第一轮新冠疫情紧急对策
	15日	国务委员兼外长王毅在出席第56届慕尼黑安全会议期间会见日本外相茂木敏充
	28日	日本首相安倍晋三在东京会见中共中央政治局委员、中央外事工作委员会办公室主任杨洁篪
	29日	杨洁篪同日本国家安全保障局局长北村滋举行第八次中日高级别政治对话,并会见日本外相茂木敏充。双方同意加强科技创新、第三方市场合作,为彼此企业赴对方国家投资兴业营造良好营商环境
3月	2日	首相安倍晋三在参议院预算委员会上表示,在考虑尽早修订相关法律,以便能够宣布进入紧急事态
	5日	① 日中两国政府宣布,原定4月的中国国家主席习近平作为国宾访日的计划延期 ② 首相安倍晋三主持日本政府的"未来投资会议",指出应该改变在中国集中投资的问题,将部分生产线撤回国内或转移至东南亚国家 ③ 日本宣布取消到3月底为止的对中国和韩国发放的未入境签证效力,并强化检疫工作,要求包括日本人在内的从中韩两国入境日本的人员全员到检疫所长指定地点隔离两周
	10日	日本公布第二轮新冠疫情紧急对策
	13日	日本参议院全体会议以多数赞成票表决通过《新型流感等对策特别措施法》修正案,旨在允许日本首相在疫情迅速蔓延时发布紧急事态宣言
	16日	① 七国集团(G7)领导人紧急召开视频会议(日本时间3月16日23时),共同商讨应对措施,就加速开发新冠特效药达成一致 ② 日本央行提前召开货币政策例会,决定通过扩大资产购买计划等手段进一步加大货币政策宽松力度,以应对新冠疫情对经济的冲击

续表

时间		主 要 事 件
	20日	应中方倡议，国务委员兼外交部长王毅同韩国外长康京和、日本外相茂木敏充举行中日韩新冠肺炎问题特别外长视频会议，三方在遏制疫情、产业链合作、药物研发、公共卫生合作等领域达成了广泛共识
	23日	日本政府为提前应对可能到来的"紧急事态宣言"，在内阁官房成立"对策室"
	24日	国际奥委会与东京奥组委发表联合声明，正式确认东京奥运会推迟至2021年举行
	27日	一般会计总额达102.658万亿日元(约合人民币6.7万亿元)的日本2020年度预算下午在参院全体会议上，凭借自民、公明两党等的多数赞成获得了通过，正式成立。作为原始预算，这是继2019年度之后再次超过100万亿日元大关
	28日	首相安倍晋三在傍晚举行记者会时指出，抗击新冠疫情扩散是一场持久战，并表示日本政府将制定规模超过雷曼危机时的紧急经济对策
4月	3日	首相安倍晋三就紧急经济对策表示，为了支援收入有一定程度减少的家庭，拟向每户家庭发放30万日元现金(约合人民1.97万元)
	6日	首相安倍晋三决定将发布紧急事态宣言
	7日	首相安倍晋三在新型冠状病毒感染症对策总部会议上，向7个都府县发布了紧急事态宣言。对象地区为东京、神奈川、埼玉、千叶、大阪、兵库和福冈7个都府县，持续时间约为1个月
	8日	总务省发布2025年在日本国内确立"6G"主要技术的战略目标
	9日	日本经济产业省公布了108万亿日元(约合9900亿美元)的经济刺激方案，以应对和减轻新冠肺炎疫情对经济的影响。108万亿日元的一揽子计划约占日本国内生产总值的20%，约为美国刺激计划规模的一半。根据文件细节，这项刺激方案中约23亿美元用于"改革供应链"，其中约20亿美元用于帮助企业将生产转回日本，约2.15亿美元用于帮助企业"寻求实现生产基地多元化
	13日	经济产业省公布《告受新冠疫情影响的经营业者》报告(后续不断更新)，表明将支持海外日企的供应链多元化发展，政府将提供相应的补助
	14日	东盟与中日韩发表抗击新冠肺炎疫情领导人特别会议联合声明
	16日	首相安倍晋三在新冠疫情对策总部会议上宣布，把紧急事态宣言的对象地区扩大至全国
	30日	日本2020年度补充预算在参院全体会议上，凭借执政党和主要在野党的多数赞成获得通过并成立。为了实施新冠疫情的紧急经济对策，一般会计总额达到25.6914万亿日元(约合人民币1.7万亿元)，创补充预算的历史新高

续表

时间		主 要 事 件
5 月	1 日	首相安倍晋三向经济再生担当相西村康稔下达指示,要求以面向全国的紧急事态宣言延长一个月左右为主轴调整对策
	4 日	首相安倍晋三在新型冠状病毒感染症的政府对策总部会议上,就紧急事态宣言称以所有都道府县为对象延长至 5 月 31 日
	8 日	日本新《外汇法》开始实施,旨在加强对外国资本投资日本重要行业的限制。[修订后,外国资本如果想取得日本安全保障相关行业企业 1%(原标准为 10%)以上的股份,需事先申报,接受有关方面审查;安全保障相关行业包括武器装备、飞机、太空开发、核能、石油、电力、燃气、通信、广播、供热、铁路、运输、网络安全等。]
	18 日	日本内阁府发布的 2020 年一季度(1 月至 3 月)国内生产总值(GDP、季节调整值)初值显示,剔除物价变动因素后的实际 GDP 比上季度下滑 0.9%,换算成年率为下滑 3.4%,4 年零 3 个月来首次连续两个季度呈现负增长
	19 日	官房长官菅义伟在记者会上称,"对中国台湾未能以观察员身份参加大会感到遗憾",对 WHO 根据中国意向的应对表示不快
	22 日	官房长官菅义伟在记者会上,关于中国在 2020 年预算案中列入较上年增长 6.6% 的 12 680 亿元国防费一事,称"高度关注其动向"。菅义伟还表示有意通过在安全领域的对话和交流,促使中国提高国防政策的透明度
	25 日	首相安倍晋三关于根据新冠疫情特别措施法发布的紧急事态宣言,宣布对北海道和首都圈东京、埼玉、千叶、神奈川总计 5 个都道县予以解除。紧急事态宣言 4 月 7 日以 7 个都府县为对象首次发布至今 49 天,包括已经解除的 42 个府县在内,针对所有都道府县的宣言全部结束
	28 日	日本政府就中国在香港建立国家安全法律制度"深表忧虑"(官房长官菅义伟语);外务事务次官秋叶刚男在外务省召见中国驻日大使孔铉佑,传达了日本的这一立场
6 月	12 日	旨在应对新冠疫情扩大的日本 2020 年度第二次补充预算在参院全体会议上获得通过,正式成立。一般会计支出总额为 31.911 4 万亿日元(约合人民币 2.11 万亿元),创补充预算之最;该预算将用于充实就业和房租方面的支援,预备费确保 10 万亿日元
	15 日	财务省修订《外汇法》,限制外国投资者出资的行业中分别启加了"对传染病的医药品"及"高度管理医疗器械"相关制造业;新规将从 7 月 15 日起适用
	18 日	关于对中国政府决定在香港建立国家安全法律制度的七国集团(G7)外长声明,日本官房长官菅义伟在记者会上表示"对于以声明这一形式加以明确,愿给予高度评价,希望继续与相关国家合作的同时妥善应对"。对于中方预计将反对的提问,菅义伟表示"与中国之间还存在各种悬而未决的问题",在此基础上称"愿切实阐述应有的主张,强烈要求中方积极应对"

资料来源:笔者根据各种资料整理编制。

2020年3月5日，日本首相安倍晋三在首相官邸主持第36届"未来投资会议"（安倍政府为制定经济政策而设立的主要咨询会议），在听取日本企业界和经济界对于经济前景，以及受新冠疫情影响的情况报告后，安倍指出中国等地向日本出口的产品供给减少，致使日本的供应链面临一定风险，鉴于此，针对那些对单一国家依存度较高且附加价值较高的产品，应积极促使其生产基地回归日本国内，抑或是促使其不要依存于单一国家，而向ASEAN各国转移，以实现生产据点的多元化。① 显然，安倍的讲话是在向日本企业传递信号，唆使后者改变在中国集中投资的战略，将一部分生产线撤回日本国内或转移至东南亚国家，以避免"鸡蛋都放在一个篮子"所带来的风险。

受其影响，2020年7月17日，日本经产省公布了首批57家补贴对象企业名单，总金额约为574亿日元，② 以帮助这些企业将生产基地从中国转移至日本本土；③ 是日，日本贸易振兴机构（JETRO）公布了海外供应链多元化支援事业名单，涉及大中小企业共30家，主要辅助这些对象企业在菲律宾、越南、泰国、越南、马来西亚、缅甸等东南亚国家兴建生产设施及开展相关业务。④ 显然，这是日本向多元化产业布局迈出的实质性一步，也是安倍政府自2020年3月明确提出"促使企业撤离中国"后首次公开表示明确的政策举措。⑤ 由此不难想象，随着日本产业布局的多元化进展，还会有大批在华日企逐步将生产基地转移出中国，即日本主导的供应链"去中国化"特征将更为突出。

第二，地区经济合作的主导权争夺问题。就当前中日之间共同涉及的自由贸易框架而言，主要是RCEP、中日韩自贸区等，此外，日本还独辟蹊径，在

---

① 首相官邸「未来投資会議」，2020年3月5日、http://www. kantei. go. jp/jp/98_abe/actions/202003/05miraitoushi. html、2020年3月6日。

② 経済産業省「サプライチェーン対策のための国内投資促進事業費補助金の先行審査分採択事業が決定されました」，2020年7月17日、https://www. meti. go. jp/press/2020/07/20200717005/20200717005. html、2020年7月22日。

③ 経済産業省「サプライチェーン対策のための国内投資促進事業費補助金（令和2年5月公募（先行審査分））採択事業者一覧」，2020年7月20日更新、https://www. meti. go. jp/press/2020/07/20200717005/20200717005-1. pdf、2020年7月22日。

④ 日本貿易振興機構「海外サプライチェーン多元化等支援事業　第一回公募（設備導入補助型（一般枠・特別枠））における採択事業者について」，2020年7月17日、https://www. jetro. go. jp/services/supplychain/kekka-1. html、2020年7月22日。

⑤ 参见：首相官邸「未来投資会議」，2020年3月5日、http://www. kantei. go. jp/jp/98_abe/actions/202003/05miraitoushi. html、2020年3月6日。

美国退出 TPP 的情况下,主导性地促成了 TPP 的落地实施。未来,中日在维护全球自由贸易理念、扩大亚太经济一体化进程方面,实则存在共同利益。

尽管如此,中日间围绕地区经济主导权的现实矛盾依旧难以调和。除上述提及的 TPP 之外,日美贸易协定、日欧经济合作协定以及日英经济合作协定等,均显现出日本在努力推进对外经济合作及构建一体化经济体问题上的"雄心"。更为重要的是,这些既有的合作协定也为日本参与接下来的亚太经济一体化的协定谈判奠定了重要基础,增强了其对华要价的砝码。换言之,日本希望将符合自身国家利益的战略理念直接融入未来覆盖亚太地区的经济合作协定之中,同时依托"高质量、高标准"的规则框架设计,意图主导性地推动亚太地区经济一体化的实现。鉴于此,对于当前的 RCEP 及中日韩自贸协定而言,日本主导性的政治意图并不是一个利好消息,因为中日间的主导权之争并不仅仅是一个单纯的领导权问题,更关系到合作协定的准入门槛,对于包括中国在内的亚太发展中国家而言,日本所期待的"高质量、高标准"的制度框架是根本无法接受的。

与此同时,在谈及包括印度在内的 RCEP 谈判问题上,显然,日本存有借故等待印度回归谈判桌为由,故意拖延 RCEP 达成最终协议的时间,并迫使中方延缓或放弃在亚太经济一体化问题上的既定推进战略的嫌疑。对此,应予以一定的关注和准备。

第三,现有的合作机制发生停滞,没有发生较好的延续性效果。就中日双边性质的现有经济合作机制来看,主要分为四个板块:

① 中日高层经济对话。应该说,中日高层经济对话是现行中日两国间的最高层级经济合作对话机制,对其他双边性质及中日共同参加的多边性质的经济合作机制发挥指导功能及重要影响。

2007 年 4 月 12 日,中日双方达成共识,统一启动"中日高层经济对话";同年 12 月 1 日,首次中日经济高层对话在北京人民大会堂举行。首次中日经济高层对话的中方团长为国务院副总理曾培炎,中国外交部、发展改革委、财政部、农业部、商务部、环保总局和质检总局负责人出席;日方团长为外务大臣高村正彦,财务省、经产省、农水省、环境省、内阁府等 6 位部长参加。此后,2009 年 6 月 7 日、2010 年 8 月 28 日分别举行了第二和第三次中日高层经济对话,后因种种原因,这一对话机制被迫中止近八年时间,于 2018 年 4 月 16 日重启,中日双方共同举行了第四次高层经济对话。

2019 年 4 月 14 日,中国国务委员兼外交部长王毅在北京与日本外相河野太郎共同主持第五次中日经济高层对话。本次对话进行了建设性讨论,在迄今合作基础上形成诸多共识。中日从宏观经济政策交流入手,就以 WTO 为代表的多边自由贸易体制及地区合作的重要性等议题交换意见,同时就双边性质的经济合作及第三方市场合作等广泛议题进行交流。①

② 中日经济伙伴关系磋商。继 2017 年 11 月 17 日中日双方在北京举行第 12 次中日经济伙伴关系磋商副部级会议之后,②2019 年 4 月 3 日,第 13 次中日经济伙伴关系磋商副部级会议在京举行。中国商务部副部长钱克明与日本外务省外务审议官山崎和之(副部级)共同主持会议。中方代表团由商务部、外交部、发展改革委、财政部、工业和信息化部、生态环境部、农业农村部、人民银行、海关总署、市场监督管理总局、中央网信办、银保监会、证监会等组成,日方代表团由外务省、经济产业省、财务省、总务省、农林水产省、国土交通省、环境省、金融厅及日本驻华使馆等组成。双方就世界及两国宏观经济形势,中日经济高层对话,两国在贸易、投资、第三方市场、创新、金融、环保、养老、旅游等领域合作,《区域全面经济伙伴关系协定》、中日韩自贸区、世贸组织改革、二十国集团会议等区域及多边合作议题交换了意见。③

③ 第三方市场合作。2018 年 9 月 25 日,首届"推动中日民间商务第三方合作相关委员会"在北京举行,为中日共同合作开发第三方市场进行了相应的政治性磋商;同年 10 月 26 日,两国在北京举行了首届中日第三方市场合作论坛,并签署合作备忘录,其中涉及 52 个具体的合作项目。④

④ 中日创新合作对话。2018 年 10 月,日本首相安倍晋三访华之际,中日

---

① 外務省「第 5 回日中ハイレベル経済対話の開催(結果)」、https://www.mofa.go.jp/mofaj/a_o/c_m2/page4_004899.html、2020 年 6 月 25 日。

② 外務省「日中経済パートナーシップ協議(次官級会合)の開催(結果)」、https://www.mofa.go.jp/mofaj/press/release/press4_005279.html、2020 年 6 月 25 日。

③ 中华人民共和国商务部:《第 13 次中日经济伙伴关系磋商副部级会议在京举行》,2019 年 4 月 3 日,http://www.mofcom.gov.cn/article/ae/ai/201904/20190402849519.shtml,2020 年 6 月 25 日。

④ 経済産業省「第 1 回「日中第三国市場協力フォーラム」開催にあわせて日中の政府関係機関・企業・経済団体の間で協力覚書が締結されました」、2018 年 10 月 26 日、https://www.meti.go.jp/press/2018/10/20181026010/20181026010.html、2020 年 6 月 25 日。

双方签署《关于建立中日创新合作机制的备忘录》，基于此，2019 年 4 月 2 日，中日创新合作机制第一次会议在北京召开。合作机制中方牵头人中国国家发展改革委副主任林念修、商务部副部长钱克明，日方牵头人日本外务省外务审议官山崎和之、经济产业省经济产业审议官寺泽达也出席会议，中国国家发展改革委副秘书长任志武主持会议。第一次会议主要达成三个方面的重要成果，包括：相互介绍两国的创新政策，并就完善与市场创造相关的标准统一（新能源汽车的充电规格、氢能源相关的标准和规定的协调）、创新企业交流、在 G20 框架下进行智慧城市的合作等交换意见；相互介绍各自的知识产权保护政策，并就商业秘密的保护、避免强制技术转移及打击盗版政策等交换意见；就在现有框架下加强大学及研究机构的合作交流等交换意见。①

尽管现行的中日间经济合作机制较为充实②，同时在过去的较长一段时间内也取得了相当的成果，但受政治、安全等各种因素的干扰，以及中美对峙、新冠疫情的外部环境变化的制约，上述的中日经济合作机制基本完全停滞，并没有在中日经济关系中发挥必要的桥梁纽带作用。

第四，受美国政策的威逼和利诱，日本在中美之间倾向性倒向美国的风险在逐渐提高，这极易引致日本在对华政治与经济问题上构建"双压制"政策态势。尽管中美博弈发生至今，日本政府并没有在任何场合公开表态支持美国对中国采取的"非公平经贸措施"，同时，更是通过高举反对贸易保护主义的大旗，来变相地对美国的经济霸权主义进行批判与反驳。但是，日本对华政策尤其是经济政策却在逐渐暴露出"对美倾斜"的迹象和趋势。举例而言，在美国对华为 5G 相关产品进行打压及封锁的同时，日本国内 NTT 都科摩、KDDI、软银等主要电信公司迅疾做出回应，或中止或推迟销售华为的相关电子类产品；③东芝公司同步性地暂停了部分面向华为的电子零部件出口；④此外，一般

---

① 外务省「第 1 回日中イノベーション协力对话の开催（结果）」，2019 年 4 月 2 日、https://www. mofa. go. jp/mofaj/press/release/press4_007276. html、2020 年 6 月 25 日。

② 除中日双边合作机制之外，以中日韩 FTA 谈判为代表的多边机制也暴露出不同问题，致使谈判也转入僵持期，被寄予厚望的中日韩 FTA 协定也始终未能尘埃落定。

③ 共同网：《NTT 社长批评同行发售新款华为手机》，2019 年 8 月 6 日，https://china. kyodonews. net/news/2019/08/406dda3d62ae-ntt. html，2019 年 8 月 7 日。

④ 共同网：《详讯：东芝暂停向华为出货以检查是否抵触美禁运措施》，2019 年 5 月 23 日，https://china. kyodonews. net/news/2019/05/97947b4772e0. html，2019 年 5 月 23 日。

财团法人安全保障贸易情报中心(CISTEC)更是将华为技术列入限制信息名单，①这显然不利于日本企业与华为及其他中国电子类企业开展技术出口等合作。

另一方面，不可否认的是日本实则成为美国打压华为的最大受益方。受美国打压华为 5G 技术的影响，英国等西方国家纷纷在"华为问题"上倒向美方，且不约而同地选择了在本国的信息基础设施建设中减少或清除对华为的技术依赖。以此为背景，日本的通信技术就成为最为优先的替代项之一，而NEC 等日本电子通信类企业自然就成为这些国家的首要合作对象。②

结　论

综上，中美对峙与新冠疫情所制造的双重叠加效应的综合影响下，日本对华战略实则开始逐渐转型，并由务虚的研究探讨转为务实的实施部署，这主要表现为安保上的正面对峙、政治上的逐渐疏远和经济上的弱化合作等。这里需要强调的是，中日经济合作的弱化尤其是在华日企大量转移生产基地等，其直接动因并非是中美对峙与新冠疫情的发生，但两者却加速了日本政府及日本企业意图转移在华生产基地的战略走势。

尽管如此，未来日本"去中国化"的意图可以走多远，或许取决于以下若干方面的影响：第一，日本战略意图的坚定性及政府愿意在这一战略实施进程中的资源投入；第二，中美对峙的发展前景及中美完全"脱钩"发生可能性；第三，日美同盟关系的走势及日本对外政策的独立性走势等；第四，新冠疫情的动态变化及全球经济所面临的可能性影响。

---

① 日经中文网：《日本民间团体将华为列入风险提示名单》，2019 年 6 月 7 日，https://mp. weixin. qq. com/s? __biz=MjM5MDI3Mzc0MA==&mid=2651862789&idx=2&sn=e9aedae9268f37e3db1a3 109b1f2cf0d&chksm=bda3cea68ad447b03fe8abd7016da4fa2aa3ec56771f4bc55f17839b104820d5f16ff58a 2bd3&scene=0&xtrack=1#rd，2019 年 8 月 30 日。

② 共同网：《英方磋商 NEC 进驻 5G 市场　欲降低对华为依赖》，2020 年 6 月 4 日，https://china. kyodonews. net/news/2020/06/1a46b02cbdf5-nec5g-. html，2020 年 6 月 5 日。

第二章　"一带一路"框架下中日第三方市场合作研究

李广民　周洪林

自"一带一路"倡议提出至今已有9年。在中国国家主席习近平的亲自谋划和指导下,丝路基金、亚洲基础设施投资银行(简称亚投行)、亚洲金融合作协会以及发改委"一带一路"建设促进中心等相继成立,第一、二届"一带一路"国际合作高峰论坛顺利举行,"一带一路"倡议从无到有、铢积寸累、成就斐然。推进"一带一路"建设工作领导小组办公室在 2020 年 9 月发布的消息称,中国已经和世界上 138 个国家、30 个国际组织签署了 200 份关于"一带一路"倡议的合作文件,促成了 2 000 多个合作项目,"一带一路"建设已经从总体布局阶段转变为落实落细阶段,而中日第三方市场合作正是落细"一带一路"建设的重要一环。2018 年中国国务院总理李克强访问日本,直接促成两国政府在第三方市场的正式合作,仅仅两年多的时间,在"一带一路"建设的推动下,中日两国在第三方市场合作领域取得了斐然的成绩,但是双方在第三方市场的合作仍然存在诸多挑战。由此,国内外学者纷纷在"一带一路"框架下展开了对中日第三方市场合作现状、原因、困境和纾困之道的研究。

国内方面,王竞超对"一带一路"框架下中日第三方市场合作的提出与发展过程进行了简要的梳理,并指出中日两国已经建立了跨部门、多层级、多主体的合作机制和确立了优先合作区域、重点领域。[①] 刘红分析了中日政治关系的持续回暖、"一带一路"建设的吸引力和发展潜力、亚洲基础设施建设展现出

---

① 王竞超:《中日第三方市场合作:日本的考量与阻力》,《国际问题研究》2019 年第 3 期,第 81—93+138 页。

巨大的投资需求等促进中日展开第三方市场合作的因素。① 徐梅认为中日在基础设施建设领域、金融领域、物流领域、能源环保领域、第三方医疗支援、智能城市化以及其他领域存在巨大的第三方市场合作空间。② 陈友骏认为中日展开合作的原因为两国的政治引领，美国的经济政策令日本大失所望，日本欲借区域经济合作推动自身战略部署等。③ 施锦芳和李博文将中日与"一带一路"沿线国家的经贸状况做了全方位的对比，认为虽然中日在"一带一路"沿线国家贸易与投资存在一定的竞争性，但是两者之间的互补性更加突出，两者在"一带一路"沿线国家进行协调合作将会是未来的主流方向。④ 张微微和赵天鑫指出中日两国都极度重视东南亚地区的高铁合作项目，两者已经在多个东南亚国家的高铁项目上展开了全面且激烈的竞争，这有可能对"一带一路"倡议在东南亚的推进产生严重的冲击。⑤ 马文秀和王惜墨发现中国对东盟的基建出口规模已经逐渐超过日本并且差距呈现逐渐扩大趋势，在出口增速上中国遥遥领先于日本，在出口结构上中日主要出口产品一致，在主要出口市场上高度趋同，这些现实导致中日在东盟面临着不可避免的竞争。⑥ 王厚双和张霄翔分析了"一带一路"框架下中日加强在东盟合作主要特点、影响因素和潜在利益，提出了发挥多方合作平台作用，加强在基础设施、金融、海运及数字经济等领域合作的建议。⑦ 尹刚同样分析了中日在东盟合作的基础条件、面临的机遇、存在的挑战等，并认为相关三方应加强政策沟通、创新金融支持模式、注重社会贡献和建立长效机制等。⑧ 孙丽和张慧芳通过对中日第三方市场合作的

---

① 刘红：《"一带一路"框架下中日合作路径探析》，《东北亚论坛》2019 年第 3 期，第 90—101＋128 页。

② 徐梅：《从"一带一路"看中日第三方市场合作的机遇与前景》，《东北亚论坛》2019 年第 3 期，第 55—67＋127 页。

③ 陈友骏：《中日加强区域及双边经济合作的动态及动因分析》，《日本研究》2019 年第 2 期，第 23—33 页。

④ 施锦芳、李博文：《中日在"一带一路"沿线国家贸易与投资现状评析——兼论推进中日经贸合作新思路》，《日本问题研究》2019 年第 2 期，第 56—63 页。

⑤ 张微微、赵天鑫：《对东南亚高铁输出的中日竞争状况研究》，《现代日本经济》2019 年第 1 期，第 58—66 页。

⑥ 马文秀、王惜墨：《"一带一路"框架下中日对东盟基建关联产业出口竞争状况分析——基于显性比较优势指数与转移份额分析方法》，《日本问题研究》2019 年第 2 期，第 34—44 页。

⑦ 王厚双、张霄翔：《"一带一路"框架下中日加强在东盟第三方市场合作的对策思考》，《日本问题研究》2019 年第 2 期，第 23—33 页。

⑧ 尹刚：《中日在东盟第三方市场合作的前景分析》，《国际经济合作》2018 年第 12 期，第 33—36 页。

博弈分析,提出了四种合作模式构想,即借力国际组织从外部推动、建立中日自贸区合作大框架、探索具有示范性的中日企业合作方式、中方资金与日方技术合作。[①]

国外方面,Trinidad 以东南亚学者的身份,从国际政治经济学角度出发,认为中日两者之间的对外援助在亚洲乃至国际上都形成了竞争的局面,但是两者之间优势互补的局面明显。[②] 东乡和彦从美、中、日三方内部与外部环境的相对变化出发,分析了日本政府对"一带一路"倡议转变看法的原因和与中国展开第三方市场合作的经济意义,并指出在古代丝绸之路中孕育共有文化与历史记忆的中日两国,或能以"一带一路"为契机在当代实现从经济交流至文明互鉴的良性外延。[③] 河合正弘提出中日开展第三方合作不仅有利于双方发挥比较优势形成协同效应,还能够促使中国按照国际标准与规则行动,进而发挥回应国际社会对"一带一路"实施方式与标准提出的质疑这一效应。[④] 大西康雄以中日在印度尼西亚已经推进的 Deltamas City 城市合作项目为例,探求了中日两国展开第三方市场合作的理想方式。[⑤]

第一节 中日第三方市场合作的提出

一、提出背景

(一)全球经济低迷不振,"逆全球化"愈演愈烈

2007—2009 年爆发的世界级金融危机,致使全球经济萎缩、增长乏力。尽管后期全球经济缓慢复苏,但是从 2018 年以来,"逆全球化"浪潮席卷全球,以

---

① 孙丽、张慧芳:《"一带一路"框架下中日第三方市场合作的可行性与模式选择》,《日本问题研究》2019 年第 2 期,第 13—22 页。

② Dennis D. Trinidad, "China and Japan's Economic Cooperation with the Southeast Asian Region: The Foreign Aid of a Rising and a Mature Asian Power", The Japan Institute of International Affairs, 2012.

③ 東郷和彦「『一帯一路』構想と日本外交」,『京都産業大学世界問題研究所紀要』2018 年 30 号、53～67 頁。

④ 国立研究開発法人科学技術振興機構中国総合研究・さくらサイエンスセンター『一帯一路の現況分析と戦略展望』,2019 年。

⑤ 同上。

美国为首的部分国家罔顾国际道德与正义,大搞单边主义和贸易保护主义,以保持自身的经济增长为核心而毫不顾忌其他国家的生存与发展权益。欧洲、亚洲及南美洲等地区的国家由于受"逆全球化"的影响,经济增长"踟蹰不前",有些发展中国家甚至出现金融动荡、发展倒退等情况,这些都给全球经济增长蒙上了阴影。

(二)"一带一路"倡议的提出与落实,为全球经济发展贡献了突出的力量,展现出巨大的潜力和吸引力

2013 年,习近平主席在出访哈萨克斯坦和印度尼西亚时,分别首倡共建"丝绸之路经济带"和"21 世纪海上丝绸之路",这两项倡议合称为"一带一路"倡议(简称"B&R")。"一带一路"倡议作为中国的顶级合作倡议,坚持共商、共享、共建原则,得到了国际社会广泛认同,一系列国家纷纷加入建设"一带一路"的行列,取得的成果令人瞩目。在 2017 年 5 月举办的第一届"一带一路"国际合作高峰论坛上,有 29 个国家的核心领导人参加了会议,1 500 多名国家或国际组织代表莅临现场,这次会议取得涵盖"一带一路"五通的 76 大项、270 多项代表性成果。"一带一路"倡议的落实速度快、力度强,为萎靡的世界经济提供了新的增长极,已经成为符合世界各国共同利益的高质量合作平台和大受国际社会欢迎的公共产品。

(三)中日政治和经济关系的升温为开展第三方市场合作奠定了基础

日本领导人的强推"钓鱼岛国有化"、插手中国南海问题、修改和平宪法、参拜靖国神社等一系列挑战中日共识的行为,致使中日政治经济关系一度跌入冰谷。但从 2017 年以来,中日两国的政治和经济关系均持续向好发展。两国的贸易领域不断拓展,贸易额止跌回升,双边投资稳步增长,相关合作机制逐渐完善,中日两国的区域经济合作不断向深层次发展。

(四)日本对"一带一路"倡议的看法改观

"一带一路"倡议提出的初期,日本将其称作中国追求"一家独大"的地缘战略和侵害他国经济权益的陷阱,认为中国的"一带一路"组织缺经验、运营不

透明、制度不公正,不仅会使参与国深陷泥潭,还会挤占日本的发展空间。所以,日本先是漠视并加以谨慎对抗,在拒绝加入和不断诋毁中国领衔发起的亚投行的同时,推行日本版"丝绸之路"和宣扬自由开放的"印太战略",企图对中国的"一带一路"倡议进行围追堵截甚至是"扼杀"。后来,由于日本内外交困、"一带一路"倡议的包容性以及"一带一路"建设取得巨大成就,日本意识到"推进'一带一路'经济方面的合作关系,不仅可以缓解中日之间多方面的紧张关系,还可以为将来解决中日之间的难题打下基础,这是一件十分具有意义的事情",①所以日本表现出了积极参与合作的愿望,并进入和中国的探讨合作期,这为中日开展第三方市场合作开辟了道路。

二、提出与发展过程

"一带一路"倡议提出后,就如何在"一带一路"框架下开展更高效、更便捷的经济合作,中国创造性地提出了第三方市场合作这一国家间合作的新路径。"第三方市场合作是指中国企业(含金融业)与有关国家企业共同在第三方市场开展经济合作"②,这种新型的合作方式可以加快中国企业走出去的步伐,在合作中实现与国外企业的取长补短,从而为国内外企业创造新的经济发展点,同时还可以带动投资对象国的经济发展和社会进步,从而实现"三赢"的效果。

在"一带一路"框架下,第一个确认与中国政府在第三方市场进行合作并签署相关文件的是法国,之后又有数个国家与中国签署了相关文件,而日本相对较晚。2015年6月国务院总理李克强访问法国,中法两国正式发表了《中华人民共和国政府和法兰西共和国政府关于第三方市场合作的联合声明》,"第三方市场合作"这一概念被正式提出。此后,中国分别与韩国、加拿大、葡萄牙、澳大利亚、新加坡签署了在第三方市场进行合作的协议并与其中的部分国家建立了专门的合作机制。因此,大量第三方市场合作文件的签署和众多第三方市场合作平台的建立,为中日在第三方市场的合作奠定了信心,提供了经验。

---

① 東郷和彦「『一帯一路』構想と日本外交」『京都産業大学世界問題研究所紀要』2018 年 30 号、61 頁。

② 中华人民共和国国家发展和改革委员会:《国家发展改革委发布〈第三方市场合作指南和案例〉》, 2019 年 9 月 4 日,https://www.ndrc.gov.cn/fzggw/jgsj/wzs/sjjdt/201909/t20190904_1037022.html,2020 年 8 月 10 日。

随着日本对中国"一带一路"倡议看法的改观,第三方市场合作这种新型且高效的合作方式进入到双方政府的视野,中日官方和民间都展开了密集的互动交流。2017 年 5 月,日本自民党干事长二阶俊博携带着安倍晋三首相的亲笔信赴中国参加第一届"一带一路"国际合作高峰论坛,作为日本自民党内地位仅次于总裁安倍晋三的二号人物,其代表首相表达了日本欲在"一带一路"框架下展开与中国合作的愿望,这向中国发出了积极的信号,同时习近平主席对此积极回应并表示"一带一路"倡议可以成为两国进一步合作的桥梁。7 月 8 日,中日双方领导人在汉堡峰会上共同表示要进一步加强双方在经贸、文化、金融、旅游等方面的合作,并就共同参与"一带一路"建设的相关问题交换了意见。① 11 月 11 日,在亚太经合组织越南峰会期间中日双方领导人再次确认要尽快推动落实"一带一路"框架下的合作。② 11 月 30 日,驻日本大使程永华、日本前首相福田康夫等数十名中日政要和学者就中日在"一带一路"框架下的合作发表了积极的观点,其间相关日本学者倡议成立"一带一路"日本研究中心。③ 12 月 4 日,安倍晋三首相在相关会议上指出日本可在"自由开放的印度太平洋战略"下与提出"一带一路"倡议的中国进行大力合作,并重申今后要在第三国展开与中国的商务合作。④ 12 月 28 日,在中日执政党交流机制第七次会议上,双方表示要积极推动中日两国企业在第三方市场进行广泛的合作,并表示以具有地理位置优势的中国福建省为突破点,寻求"一带一路"框架下双方可以开展的具体合作项目。⑤ 2017 年,是中日政治经济关系回暖和持续升温的一年,也是中日政府不断摸索双方如何在"一带一路"框架下展开

---

① 新华网:《习近平会见日本首相安倍晋三》,2017 年 7 月 8 日,http://www.xinhuanet.com//world/2017-07/08/c_1121286706.htm,2020 年 8 月 10 日。

② 新华网:《习近平会见日本首相安倍晋三》,2017 年 11 月 11 日,http://www.xinhuanet.com/2017-11/11/c_1121941111.htm,2020 年 8 月 10 日。

③ 中华人民共和国驻日本国大使馆:《驻日本大使程永华出席"一带一路"亚洲环境能源合作国际研讨会》,2017 年 11 月 30 日,https://www.fmprc.gov.cn/ce/cejp/chn/tpxw/t1516081.htm,2020 年 8 月 10 日。

④ 首相官邸「第 3 回日中企業家及び元政府高官対話(日中 CEO 等サミット)歓迎レセプション」,2017 年 12 月 4 日,https://www.kantei.go.jp/jp/98_abe/actions/201712/04taiwa_kangei.html、2020 年 8 月 10 日。

⑤ 中国一带一路网:《中日执政党交流机制第七次会议举行 积极探讨"一带一路"具体合作项目》,2017 年 12 月 28 日,https://www.yidaiyilu.gov.cn/xwzx/gnxw/41391.htm,2020 年 8 月 10 日。

第三方市场合作一年。

2018 年,对于中日两国来说意义非凡,其既是中国改革开放 40 周年,也是《中日和平友好条约》缔结 40 周年,作为中日关系压舱石和助推器的经贸关系被摆在了更突出的位置,中日两国政府也于当年正式签署了关于在第三方市场合作的协议。5 月 8 日,李克强总理的首度访日直接推动中日两国签署了《关于中日企业开展第三方市场合作的备忘录》,双方共同承诺建立推进中日第三方市场合作的相关工作机制,并在未来创建和举办中日第三方市场合作论坛,以此为两国间的企业牵线搭桥和推动相关合作项目的拓展与落实。[①] 这不仅标志着"一带一路"框架下中日第三方市场合作正式在中日政府间落地,也代表着中日高层互访机制的完全恢复,中日政治和经济关系因此获得"双丰收"。为进一步落实李克强总理访日的成果,中日第三方市场合作工作机制迅速形成,并在第一次会议中探讨了在第三方市场的合作方向、政策、具体合作项目的推动等事项,并表示要齐心协力办好第一届中日第三方市场合作论坛。[②] 10 月 26 日,日本首相安倍晋三对中国进行访问并出席了第一届中日第三方市场合作论坛,此次论坛规模大、效率高、成果多,共接待了来自中日两国的 1500 多位政要、优秀企业主和社会团体人员等,签署了 52 份、总金额超过180 亿美元的合作协议。这向世界传达出中日两国能够在第三方市场实现趋利避害、优势互补,携手开辟出更为广阔的合作领域,最终实现多方共赢的信号。[③] 由此,中日已经构建起跨部门、多层次的合作机制,即负责两国第三方合作顶层设计、宏观政策沟通的"推进中日第三方市场合作工作机制"和探讨双方具体合作项目顺利落地的"中日第三方市场合作论坛"机制。

2019 年,中日第三方市场合作持续向稳、向好、向细发展。4 月 2 日,中日在泰国曼谷举行的研讨会上表示,希望双方加强在泰国东部经济走廊地区的

---

① 中华人民共和国国家发展和改革委员会:《国家发展改革委签署中日第三方市场合作备忘录》,2018 年 5 月 10 日,https://www.ndrc.gov.cn/fzggw/wld/hlf/lddt/201805/t20180510_1166893.html,2020 年 8 月 10 日。

② 中国一带一路网:《中日第三方市场合作工作机制第一次会议在北京举行》,2018 年 9 月 26 日,https://www.yidaiyilu.gov.cn/xwzx/gnxw/67217.htm,2020 年 8 月 10 日。

③ 中华人民共和国中央人民政府:《首届中日第三方市场合作论坛上,李克强和安倍都说了什么?》,2018 年 10 月 27 日,http://www.gov.cn/guowuyuan/2018-10/27/content_5335045.htm,2020 年 8 月 10 日。

合作,努力将其打造成合作示范区,实现中日泰的"三赢",①这为中日在东南亚地区的合作进一步指明了方向。4月25—27日,日本首相特使、自民党干事长二阶俊博再次带着安倍晋三首相的亲笔信赴中国参会,并表示"一带一路"倡议是一个有巨大发展潜力的宏伟构想,希望就此加强合作。6月15日,中日专家学者在首届"一带一路"东京论坛上呼吁日本尽快转变观念并全面参与到"一带一路"建设中,会议通过的《东京宣言》指出中日应进一步加强在第三方市场的合作,为消除贫困和保护环境等全球性可持续发展事业做出贡献。② 12月2日,中日企业第三方市场合作交流会总结了可进行推广的中日第三方市场合作模式,包括日本企业为中国企业的海外项目提供高端设备和先进技术、中国企业以项目总包商的方式承接日本的海外项目、中日企业在第三方国家成立合资公司进行项目投资等。③

2020年初,新冠疫情暴发,世界各地均出现类似病例。世卫组织总干事谭德塞在2020年1月30日宣布新冠疫情构成"国际关注的突发公共卫生事件"。鉴于新冠疫情的迅猛发展势头,许多国家针对中国设置旅行禁令,因人员、物资流动受阻,中国在"一带一路"框架下与其他国家的合作被迫推迟、中止甚至"流产"。中国面对新冠疫情,采取了果断、有力的措施,逐渐实现了对新冠疫情的控制,并于3月份已经开始有序推动全国复工复产,同时稳步推进"一带一路"建设。在中国恢复经济发展活力的同时,国外的新增确诊病例呈指数级增长。"一带一路"沿线国家因新冠疫情不得不扩大财政支出,而一些经济体量较小的国家只能向国际货币基金组织借款,这使"一带一路"建设的相关大小项目被迫中断,④这不仅严重阻碍了世界经济的恢复,也给中日第三方市场合作带来了重重困难。6月18日,习近平主席向"一带一路"国际合作高级别视频会议发表书面致辞,呼吁各国"把'一带一路'打造成团结应对挑战

---

① 中国一带一路网:《中日第三方市场合作研讨会在曼谷举行》,2019年4月3日,https://www.yidaiyilu. gov. cn/xwzx/hwxw/84604. htm,2020年8月10日。

② 中国一带一路网:《首届"一带一路"东京论坛召开学者呼吁日本广泛参与"一带一路"建设》,2019年6月16日,https://www. yidaiyilu. gov. cn/xwzx/hwxw/93868. htm,2020年8月10日。

③ 中国一带一路网:《中日企业第三方市场合作交流会在北京举行》,2019年12月6日,https://www.yidaiyilu. gov. cn/xwzx/gnxw/111854. htm,2020年8月10日。

④ 酒向浩二「ポストコロナの中国『一帯一路』伝統型インフラから新型インフラ重視に変容」、みずほ総合研究所『調査リポート』、2020年10月19日。

的合作之路、维护人民健康安全的健康之路、促进经济社会恢复的复苏之路、释放发展潜力的增长之路"①,这为疫情之下如何共建"一带一路"指明了方向。新冠疫情防控期间,世界各国及时向中国伸出了援手,中国也积极向 100 多个"一带一路"合作伙伴提供了力所能及的医疗援助,向 20 多个国家派遣了医疗队,展示出世界各国唯有团结合作才能战胜疫情。与此同时,与会各国一致同意继续推进政治、经济、人文等领域的双边、三边和多边合作,这也为中日在疫情防控期间的第三方市场合作奠定了基调。7 月 9 日,日本第 47 回经济协作基础设施战略会议召开,会议的分发材料《基础设施体系输出战略第 8 次跟进》和决定事项《基础设施体系输出战略(令和二年改订版)》《基础设施海外展开相关新战略的要点》均包含了第三方市场合作的内容。会议指出日本面临基础设施建设项目日趋大型化、复杂化、风险深化与投资竞争激化等风险,需要通过与第三国合作提升竞争力,并列举了中日已完成的和正在推进中的第三方市场合作项目。② 8 月 24 日,习近平主席提出"要推动形成以国内大循环为主体、国内国际双循环相互促进的新发展格局。这个新发展格局是根据我国发展阶段、环境、条件变化提出来的,是重塑我国国际合作和竞争新优势的战略抉择"③。其也是中国应对新冠疫情冲击、促进经济稳步增长的良方,更是中国应对百年未有之大变局和实现"两个一百年"奋斗目标的战略选择,为新形势下中国参与国际合作与竞争提供了坚定的方向。8 月 28 日,安倍晋三首相召开记者会正式宣布因旧疾复发而辞去日本首相职务,随后内阁官房长官菅义伟当选为日本首相。9 月 25 日,习近平主席同菅义伟首相进行了约 30 分钟的电话会谈,双方一致同意加强两国的经济贸易合作和维护地区产业链供应链的畅通,携手抗击新冠肺炎,推动新时代下的中日关系更上一层楼,④这为

---

① 新华社:《习近平向"一带一路"国际合作高级别视频会议发表书面致辞》,2020 年 6 月 18 日,http://www. xinhuanet. com/politics/leaders/2020-06/18/c_1126132341. htm,2020 年 9 月 29 日。

② 首相官邸「インフラシステム輸出戦略(令和 2 年度改訂版)」,2020 年 7 月 9 日、https://www. kantei. go. jp/jp/singi/keikyou/dai47/gijisidai. html,2020 年 9 月 28 日。

③ 中华人民共和国中央人民政府:《习近平主持召开经济社会领域专家座谈会并发表重要讲话》,2020 年 8 月 24 日,http://www. gov. cn/xinwen/2020-08/24/content_5537091. htm? gov,2020 年 9 月 29 日。

④ 新华社:《习近平同日本首相菅义伟通电话》,2020 年 9 月 25 日,http://www. xinhuanet. com/politics/leaders/2020-09/25/c_1126542052. htm, 2020 年 10 月 18 日。

中日第三方市场合作的稳步推进提供了坚定的信心和良好的政治基础。

第二节 中日进行第三方市场合作的动因

一、中日进行第三方市场合作的必要性因素

（一）政治与经济利益的双重需要

安倍晋三上台执政后，大力推行"安倍经济学"，重视缔结"经济伙伴关系协定"，强力拓展海外市场，如签署日欧经济伙伴关系协定、美国初步贸易协定、《全面与进步的跨太平洋伙伴关系协定》等，日本经济由此得到稳定发展。但是其经济政策后期效能减弱，经济增长乏力，众多经济目标均无法实现，包括安倍晋三首相提出的 2％通胀率、GDP600 万亿日元等，在这种情况下，日本必须进一步拓展海外市场以寻求新的经济增长点。如果日本积极主动地加入"一带一路"建设的行列，那日本将会获得巨大的现实利益及潜在利益，如果日本继续漠视甚至持续抵制"一带一路"建设，那么日本将会丧失进一步拓展海外市场的机遇。[①] 2020 年初新冠肺炎疫情暴发，迅速席卷全球，日本也成为重灾区之一，致使即将举办的 2020 年东京奥运会被迫延期，这不仅使日本错失了一个提振经济的机遇，还使日本承受了无法估量且难以挽回的经济损失。疫情时代下，日本已无法企及原定的经济目标，日本政府在 7 月份发布的最新预测中指出 2020 年度日本的 GDP 将下降 4.5％—5％，同时国际货币基金组织也发布报告称日本 2020 年经济将下滑 5.8％。反观中国，由于中国政府迅速而有效的应对措施，经济已经开始逆势增长，国际货币基金组织发布的报告称在 2020 年中国将是世界主要经济体中唯一保持正增长的国家，所以日本在经济上需要搭乘中国的"便车"。另一方面，安倍晋三执政的后期面临政治窘境，"森友学园"等国内问题持续发酵，日美关系走低，安倍晋三为了摆脱困境，巩固政治根基，也必须在经济上迅速有所建树以巩固自己的政治地位，而"一带一路"框架下的中日第三方市场合作便是一条可行的捷径。新上任的菅义

---

① 杨伯江、张晓磊：《日本参与"一带一路"合作：转变动因与前景分析》，《东北亚学刊》2018 年第 3 期，第 6 页。

伟首相也亟须加强两国的经贸合作关系,推动日中关系向上发展,以此来进一步巩固自己的执政地位。所以在"一带一路"框架下进行第三方市场合作是一条可行的捷径,既能缓和中日关系,赢得政治主动,还能刺激国内经济发展。

(二) 美国的战略挤压

一方面,作为公开反对"一带一路"倡议"带头大哥"的美国在 2017 年开始转变态度,不断对"一带一路"倡议发起试探,企图从中渔利。美国的部分企业也早就参与了与中国的第三方市场合作,比如美国 IPP 公司与中国化工于 2017 年达成一致建设孟加拉国烧碱项目,美国亮源公司与上海电气在 2018 年共同建设迪拜太阳能发电项目等。如此一来,日本唯恐美国发起"经济越顶外交",将日本置于不利的境地。另一方面,特朗普上台后,奉行"孤立主义""美国优先""退出主义""交易主义""贸易保护主义"等政策,不仅不顾日本的劝阻中途退出日本力挺的跨太平洋伙伴关系协定(TPP),还要求日本将驻日美军的分摊军费上调 4 倍(金额为 80 亿美元),这对日本来说是一个天文数字,美国甚至还升级对日本的贸易打压,尤其是在钢铁、铝、农产品和汽车关税等方面,美国一系列的非常规外交政策严重损害了日本国家利益和日美同盟关系。无独有偶,中国也同样面临着美国贸易保护主义的无理欺压,对华遏制、与华脱钩,美中之间形成了严重的对立。而日本在面对这种中美严重对立的局面时,逐渐采取了"日本优先"的立场,在保持自身独立性的前提下寻求中美之间的战略平衡。[①] 所以,日本采取了一系列自主性行动,如提出"俯瞰地球仪外交"、签署《全面与进步的跨太平洋伙伴关系协定》、主推"印太战略(构想)"、停止部署价值 1800 亿日元的陆基"宙斯盾"系统等。更耐人寻味的是,菅义伟上任日本首相后首先给澳大利亚总理莫里森打去了电话,然后在同一天的晚些时间与美国总统特朗普通了电话,首访的国家是越南而不是美国,这在一定程度上也展现出了日本的"离心性"。在"一带一路"建设上,日本也以第三方市场合作为突破口,不断加强与中国的经济联系。

---

① 杨伯江、高承昊:《从金融危机到新冠肺炎疫情:大变局下日本对外战略走向》,《当代世界》2020年第 9 期,第 21 页。

（三）国内利益集团和外交政策智库的强烈诉求

日本的利益集团对日本的内政外交有着举足轻重的影响，日本经团联、经济同友会、日本商工会议等经济团体财力雄厚、实力强大，其组成的利益集团与日本政界有着千丝万缕的联系，在日本转变对"一带一路"倡议的态度和与中国进行第三方市场合作的过程中的作用也可见一斑。日本经济界代表团在2017年访问中国，与李克强总理及其他中国政要、商务部、发改委和工信部互通有无、交换意见，双方就推动中日在亚太地区和"一带一路"框架下的合作进行了积极交流并达成了一致意见。① 21世纪政策研究所、日本国际问题研究所等日本外交政策高端智库积极活跃、享誉世界，为日本的内政外交提供政策建议，2017年之后，此类智库掀起了对"一带一路"倡议研究的热潮，纷纷提议日本政府参与"一带一路"建设。2017年11月30日，为了进一步推动日本政府对"一带一路"倡议的了解和日本学者对"一带一路"倡议的关注及研究，众多日本知名学者倡议成立了"一带一路"日本研究中心。② 其积极探讨"一带一路"框架下中日进行经济合作的有效方式，在一定程度上改变了日本政府和民众对"一带一路"建设的消极认知。

二、中日进行第三方市场合作的可行性因素

中日第三方市场合作是为实现"1＋1＋1＞3"的目的，这不是三国的独奏，而是三国的共鸣。中国具有投资成本低、产品性价比高、人员储备足、金融财富足、国家政策开放等优势，而日本具有高端技术、优良的管理体系、完备的风险防控机制等优势，中日两国在物流、基础设施建设、金融合作、环保产业、数字经济以及医疗卫生保健等领域具有广阔的合作空间。所以中日两国可以在第三方市场合作中实现优势互补，通过共享信息、订立合同、合理分工等方式相互配合，从而实现中日双方合作的高效率化和最大利益化。③

---

① 新华网：《来了北京又去广东　日本最大"BOSS"团来华干什么？》，2017年11月23日，http://www.xinhuanet.com//world/2017-11/23/c_129747577.htm，2020年8月10日。

② 中华人民共和国商务部：《一带一路日本研究中心在东京成立》，2017年12月1日，http://www.mofcom.gov.cn/article/i/dxfw/cj/201712/20171202679071.shtml，2020年8月10日。

③ 吴崇伯、胡依林：《"一带一路"倡议下中日推进第三方市场合作的思考》，《广西财经学院学报》2019年第4期，第17页。

（一）物流领域

"一带一路"顶层框架涵盖广泛,致力于打造并完善将亚洲、欧洲与非洲连在一起的"六大经济合作走廊"[①],形成公路、铁路、航运、航空、管道、空间综合信息网络相互交织的交通网络,让物流运输更加立体、高效、便捷,这为中日第三方市场合作插上了腾飞的翅膀。日本若是加入其中,不仅能够搭乘中国的"便车",降低物流成本,还能拓展日本的海外市场,刺激日本经济增长。如中国拥有成熟的中欧班列运输网络和中哈物流基地等大型中转基地,可以成倍提高货物的运输速度,大幅度减少货物的运输成本,使相关商品更具性价比,通过与中国合作,日本不仅可以扩大在亚洲地区的经贸往来,更可以拓展在欧洲地区的市场。所以日本不仅应该加入中国的物流网络,更应该与中国共同建设更为广阔的物流网络,为中日第三方市场合作释压减负。在这一领域,日本伊藤忠商事株式会社等日本大型综合性商社早已经开始利用中欧班列将日本的商品远销到了欧洲地区。此外,中国国际海运集装箱集团、住友商事、中国外运、日本通运等企业就在物流领域达成了一系列合作协议。

（二）基础设施建设领域

基础设施建设是"一带一路"建设的关键领域。"尽管日本和中国继续相互竞争,但如果日本加入中国的项目,可能会促进在基础设施项目上的更深层次合作,区域基础设施建设不是零和游戏"[②]。中日两国同处亚洲地区,该地区多数国家的基础设施相对落后,而中日在相关国家均有投资并且存在重合。中国在"一带一路"框架下对第三国进行基础设施投资的主要路径是通过中央企业来实施项目,因此中国在装备制造、人力资源筹备、成本优化、融资渠道和技术更新换代等方面具有优势。而日本自二战后就注重对外投资,因此在投资调研、工程管理、技术创新应用、环境保护以及后期维护等方面具有优势。中日在第三方市场进行基础设施建设合作,不仅可以避免在同一投资国的投标竞争,减少无谓的成本损失,还可以降低投资风险,共同把握发展机遇和共

---

① 六大经济走廊指新亚欧大陆桥、中蒙俄、中国—中亚—西亚、中国—中南半岛、中巴、孟中印缅六大经济走廊。

② Oleg Paramonov, Olga Puzanova, "Tokyo's Diplomacy in Eurasia: Successes and failures (1997-2017)", *Journal of Eurasian Studies*, Vol.9, 2018, p.136.

享投资成果。亚洲经济交流中心海外商务顾问福井孝敏提出,"石油的稳定是中日的共同弱点,这使两国在一定程度上形成'命运共同体',所以中日在泰国共建石油输送管道以保障国家与地区能源安全这一构想具有重要意义"[①],这也展现出了中日在基础设施方面进行合作的必要性。同时,中国企业也展开了与日本企业的相关合作,如北京首都创业集团与日本住友商事、中国国际工程咨询有限公司与日本太平洋咨询株式会社等。

(三)金融合作领域

亚洲基础设施建设投资需要巨额且源源不断的资金支持,如果只是单单依靠中国主导的亚投行或者是日本主导的亚洲开发银行(简称亚开行),那只是杯水车薪。根据亚开行的统计(如表2-1),"仅在亚太地区,2016年至2030年的基础设施建设(包含应对气候变化所产生的成本)就需要26.116万亿美元的费用,平均到每年高达1.744万亿美元"[②]。面对如此庞大的资金缺口,亚投行和亚开行完全可以求同存异、优势互补、共同注资,在对第三国的投资中寻求合作的机遇。由日本主导的亚开行经营时间长,具有丰富的投资和后期管理经验,而亚投行虽然体量巨大,但是实际运营时间和投资经验远不及亚开行,所以两家机构可以在政策协调、项目评估、投资融资和风险防范等方面进行合作,为两国企业提供强有力的金融后盾。亚开行行长中尾彦武曾向中日两国表明,亚投行和亚开行两者之间是互利互补的,而不是相互竞争的。[③]另外中国国家开发银行、三菱东京日联银行、日本国际协力银行等国有或者民间金融机构也面临着类似问题,具有相同的合作需求。日本的瑞穗金融集团、三菱UFJ银行已经在金融领域与中国的国家开发银行、中国工商银行、中国银行展开了第三方市场合作。

---

① 福井孝敏「一带一路とアジア・日本」、『環日本海経済ジャーナル』2018年98号、10页。

② Asian Development Bank, "Asia Infrastructure Needs Exceed $1.7 Trillion Per Year Double Previous Estimates", 2017-02-28, https://www.adb.org/news/asia-infrastructure-needs-exceed-17-trillion-year-double-previous-estimates, 2020-08-10.

③ 中国发展高层论坛:《中国发展高层论坛2015第三单元:实施积极财政政策,深化财税体制改革》,2015年3月23日,https://cdf2000-2016.cdrf.org.cn/plus/view.php?aid=1530,2020年8月10日。

表 2−1 2016—2030 年 45 个亚洲开发银行发展中成员国/地区的基础设施投资需求预测

(单位:10 亿美元,2015 年价格)

地域	设想GDP年间增长率(%)	2030年联合国人口估计数(10亿人)	2030年人均GDP预测(2015年价格,美元)	基本预测额			气候变化调整后的预测额**		
				投资需要	年间平均	投资需要对GDP比(%)	投资需要	年间平均	投资需要对GDP比(%)
中亚	3.1	0.096	6 202	492	33	6.8	565	38	7.8
东亚	5.1	1.503	18 602	13 781	919	4.5	16 062	1 071	5.2
南亚*	6.5	2.059	3 446	5 477	365	7.6	6 347	423	8.8
东南亚	5.1	0.723	7 040	2 759	184	5	3 147	210	5.7
太平洋地区	3.1	0.014	2 889	42	2.8	8.2	46	3.1	9.1
亚太地区	5.3	4.396	9 277	22 551	1 503	5.1	26 166	1 744	5.9

注:* 南亚包括巴基斯坦和阿富汗。

** 经气候变化调整的预测包括缓解气候变化和适应气候变化所需的成本,但不包括其他适应成本,尤其是与海平面上升有关的成本。

资料来源: Asian Development Bank, "Meeting Asia's Infrastructure Needs", https://www.adb.org/publications/asia-infrastructure-needs.

(四)环保产业领域

中国企业不断总结投资经验,在发展生产的同时不忘保护当地环境,在许多投资对象国建成了高质量的环保项目,并为它们提供了具有中国自主知识产权的环保设备。但中国在绿色能源领域仍存在技术不成熟、利用率不高等问题,而日本在太阳能、风电、废弃物处理等绿色能源领域深耕多年、成绩突出。而且日本早就在联合国的框架下与发展中国家展开了大量且长期的环保产业合作,因此日本在环保产业领域积累了大量的成熟技术和交流合作经验。[1] 但日本同时也面临着科研和人工成本高、市场份额难以扩大等困境,而参与"一带一路"建设可以使日本"借船出海",以拓展中亚、西亚、东南亚、海湾

---

[1] 宫笠俐:《中日第三方市场合作:机遇、挑战与应对方略》,《现代日本经济》2019 年第 5 期,第49 页。

等地区的市场和获取廉价的劳动力,所以中日两国在环保产业领域具有巨大的合作潜力。日本科学技术振兴机构(Japan Science and Technology Agency, JST)下设研究机构中国综合研究与樱花科技中心(China Research and Sakura Science Center, CRSC)于2019年5月发行的《"一带一路"的现状分析与战略展望》,是一份以日本视角对中国"一带一路"倡议进行全方位解读的报告书,此机构的首席调查研究员大西康雄在第3章《"一带一路"建设与中国经济及中日合作现状》中,提到"日本在印度尼西亚推进DELTAMAS CITY项目,这个项目致力于打造集住宅、商业和工业园区于一体的综合性环保智能街区,在建设过程中中国企业已经进驻,并在街区内建立了对外经济贸易区"①。在第一届中日第三方市场合作论坛上,双方相关企业就环保产业领域也展开了第三方市场合作,与会的有中国中信集团、中国光伏行业协会、日本丸红株式会社等。

（五）数字经济领域

中国工信部部长苗圩在2018年就提到中日两国在数字经济领域具有很强的互补性,所以应该促进两国政府和企业加强在数字经济领域的对接,不断推进两国的政策沟通和创新合作,以开拓更加广阔的数字经济合作市场。②2019年的北京—东京论坛"开幕式上,相关专家表示中日两国在物联网、5G网络、人工智能等数字经济领域都具备很强的实力,两国可以以数字产业为突破口,将中国的成功商业模式和日本的先进技术相结合,必定能促进两国数字经济的爆发式增长。早在2017年,全球数字经济领域中的优秀中资企业阿里巴巴集团就与国际奥委会达成了长期合作协议,成为日本东京奥运会14家全球合作伙伴之一,其致力于通过"云服务"和"电子商务平台服务"为东京奥运会提供数字化服务,因此在赛事支持和赛事推广方面,中日具有广阔的第三方市场合作空间。除此之外,在"一带一路"框架下,中日在数字经济领域的第三方

---

① 国立研究开发法人科学技术振興機構　中国総合研究・さくらサイエンスセンター『一带一路の現況分析と戦略展望』、2019年、47頁。

② 中华人民共和国工业和信息化部国际合作司:《苗圩出席第四轮中日企业家和前高官对话并致辞》,2018年10月15日,http://www.miit.gov.cn/n1146290/n1146402/n7039597/c7090864/content.html,2020年8月10日。

市场合作,还可以在一定程度上绕开长期存在于中日间的结构性矛盾,并为中日在其他领域的第三方市场合作提供有益的制度借鉴。[①] 2003 年 SARS 疫情之后,中国的互联网企业迎来了发展的高峰期,而 2020 年初暴发的新冠肺炎疫情也迅速推动了中国数字经济的迅猛发展,据中国商务部统计,1—4 月份,中国离岸信息技术外包中的数字化服务离岸执行额成倍增长,有的甚至达四倍之多。新冠肺炎疫情期间,中日第三方市场合作因人员、物资流动不通畅而受阻,但中日两国的企业积极通过信息化、互联网化、智能化进行在线办公,从而在一定程度上抵消了新冠肺炎疫情的影响,也间接带动了中日在第三方市场的数字经济合作。在 2020 年 6 月召开的"一带一路"国际合作高级别视频会议上,与会各国一致同意在当前疫情防控的背景下,要加强各国的数字经济合作,在人工智能、大数据、电子商务等领域寻求突破口,缩小各国之间的数字经济发展差距和共建"数字丝绸之路"。中国对"一带一路"沿线 30 个国家的数字贸易发展状况进行了量化分析并出版了《"一带一路"数字贸易指数发展报告》,将新加坡等 3 个国家列为深度合作型国家,印度等 6 个国家列为快速推进型国家,波兰等 12 个国家列为逐步拓展型国家,伊朗等 9 个国家列为有待加强型国家。东南亚地区是中日第三方市场合作的重点地区,区域内国家基本位于"深度合作型""快速推进型"两个等级,且有 5 个国家位于"一带一路"数字贸易指数测算结果前十名(如表 2-2),这些国家数字经济基础较好且与中日贸易往来密切,这为"一带一路"框架下中日在东南亚的数字经济合作提供了坚实的基础和广阔的空间。由于新冠肺炎疫情的影响,中国向着加速建设数字丝绸之路这一方向努力前进。中国在国内疫情应对中为满足疫情防控"无接触""无人化"需要而广泛导入的数字化技术备受瞩目,相关技术应用也正在海外进行开展。与此同时,"一带一路"大型基础建设项目的推进在此时变得十分困难,而数字丝绸之路的重要性相对提高。日本对此不应像美国等国家一样过度警惕,而是应继续加以关注并付诸实践行动。[②]

---

① 沈丁心、李永强:《中日数字经济合作的困境与前景分析》,《现代日本经济》2020 年第 2 期,第 66 页。
② 岩崎薫里、「新型コロナで取り組みが加速する中国のデジタルシルクロード」、日本総合研究所『リサーチ・フォーカス』2020 年 23 号。

表 2-2　　　　　　　　　　"一带一路"数字贸易指数测算结果

等级	国家	数字贸易指数	贸易关系	贸易潜力	贸易基础	贸易环境	贸易风险	贸易水平
深度合作型	新加坡	195.43	172.82	108.29	192.43	146.49	137.82	374.60
	俄罗斯	95.19	160.00	68.35	87.95	119.63	119.53	60.24
	马来西亚	92.84	115.38	34.58	126.60	128.30	151.21	41.42
快速推进型	印度	87.09	51.79	161.75	80.05	96.12	124.52	9.36
	泰国	82.18	141.54	39.32	94.17	126.97	135.71	11.83
	阿联酋	80.17	13.85	66.73	124.90	112.92	153.50	12.64
	印度尼西亚	75.66	121.03	38.97	65.40	124.08	128.63	25.04
	捷克	71.41	24.62	37.09	109.04	102.84	157.86	16.85
	越南	70.69	50.77	29.18	123.07	97.13	133.73	11.81
逐步拓展型	波兰	69.59	18.46	47.36	103.18	105.77	151.99	6.42
	以色列	69.26	11.28	52.57	101.74	97.14	160.34	9.03
	菲律宾	65.98	127.69	21.98	113.06	64.67	128.73	1.95
	匈牙利	63.64	28.72	25.97	95.30	102.54	147.42	6.29
	土耳其	62.71	21.54	37.68	69.55	128.87	126.60	3.36
	哈萨克斯坦	55.58	41.03	16.02	62.63	104.38	120.04	14.35
	沙特阿拉伯	55.44	4.62	46.01	80.33	81.63	122.62	5.62
	罗马尼亚	54.97	21.54	21.20	67.46	100.38	139.86	5.10
	克罗地亚	52.12	15.90	15.91	71.87	92.35	140.02	2.52
	塞尔维亚	51.51	30.77	9.24	65.98	98.11	136.00	0.82
	巴基斯坦	50.44	133.33	20.82	24.01	75.82	113.33	8.23
	保加利亚	50.25	19.49	12.35	63.02	95.00	138.93	1.65
有待加强型	伊朗	48.01	24.10	24.68	68.21	75.42	106.79	6.27
	肯尼亚	42.39	6.67	5.66	36.52	101.66	122.80	3.40
	蒙古	42.06	62.05	4.61	42.91	70.68	109.11	6.52
	埃及	41.74	30.26	13.00	42.40	82.44	107.27	2.10
	吉尔吉斯斯坦	41.17	32.31	2.32	37.45	94.69	105.08	2.70
	阿塞拜疆	39.88	14.36	6.64	46.38	75.37	127.58	0.02

续表

等级	国家	数字贸易指数	贸易关系	贸易潜力	贸易基础	贸易环境	贸易风险	贸易水平
	约旦	38.19	1.03	6.15	45.93	75.49	125.14	0.30
	尼泊尔	37.31	18.46	2.62	39.33	78.28	112.67	0.73
	埃塞俄比亚	28.29	6.67	3.24	20.67	57.02	104.44	4.97

资料来源：电子工业出版社、中国电子学会、中国工业互联网研究院《"一带一路"数字贸易指数发展报告》。

（六）医疗卫生保健领域

中国历来重视在"一带一路"框架下展开国家间医疗卫生合作。习近平主席在 2016 年就向世界卫生组织表达出在"一带一路"框架下与世界卫生组织在全球、区域、国家层面展开医疗卫生合作的意愿，次年双方便签署了相关合作备忘录，致力于共同帮助"一带一路"沿线国家提高医疗卫生健康水平。2020 年初，首先爆发于中国的新冠肺炎席卷全球，在抗击疫情的过程中，中日政府与民间竭力合作、相互支持，"山川异域，风月同天""岂曰无衣，与子同裳"是中日两国合作抗疫的最真实写照。一场突发的疫情，给中日两国的政治经济合作按下了暂停键，但是也为中日两国在医疗卫生保健方面的合作带来了契机。早在 2016 年，国家主席习近平就提出了打造"健康丝绸之路"的愿景，多年来，中日两国企业已达成了一系列关于医疗卫生保健的合作协议，涉及中国上海复星医药、中国非公立医疗机构协会、日本丸红株式会社、日本 Medical Excellence 等中日企业与组织。伴随着新冠肺炎疫情的蔓延，"一带一路"相关国家在医疗卫生领域的短板相继出现，所以相关国家一致支持建设"健康丝绸之路"，在抗击新冠肺炎疫情方面为在本国参与"一带一路"建设的外国公民提供一切医疗卫生援助，[①]这为中日的第三方市场合作提供了更广阔的市场、更迫切的需求和更有力的卫生安全保障。

---

① 岩崎薰里「新型コロナで取り組みが加速する中国のデジタルシルクロード」、日本総合研究所『リサーチ・フォーカス』2020 年 23 号。

第三节　中日第三方市场合作面临的挑战

一、两国政治关系的不确定性

经济关系必然依附于政治关系,而中日之间的政治关系存在着诸多不确定性。进入 21 世纪以来,中国的综合国力不断增强,国际地位持续上升,这让与中国相邻的日本感到了巨大的压力;再加之中日间的历史认知差异、领土争端和台湾问题等结构性问题难以解决,"中国威胁论"在日本日益盛行,双方的国民感情不断恶化,难以做到"民心相通"。近年中日政治关系的升温,也仅仅是改变了双方高层不互访的状态,两者的政治关系在未来是否稳定仍然不明晰。在这种情况下,新冠肺炎的突袭,将两国之间的抗疫合作推向了前台,这虽然一定程度上有利于中日政治关系的升温,但是对中日经济关系却造成了强烈的冲击。菅义伟首相上台后,虽然表示高度重视日中关系并致力于促进日中迈上新台阶,但是其外交政策的落脚点终究是日美同盟,菅义伟曾为安倍晋三首相担任了近 8 年的官房长官,其政策主张与安倍晋三首相如出一辙,其当选日本首相的原因之一就是获得了安倍晋三的支持,而且安倍晋三的胞弟岸信夫还就任菅义伟内阁防卫大臣一职,其对历史持修正主义态度,在军事方面更是强硬,所以菅义伟内阁的对华政策极有可能是"总体性遏制＋局部性接触",这在其上任后的外交行动中可见一斑。菅义伟上任后首通电话就打给了澳大利亚总理莫里森,双方一致同意深化"特殊战略伙伴关系"和建立一个自由开放的印度太平洋地区。紧接着菅义伟首相与美国总统特朗普通电话,双方表示进一步强化日美同盟关系。菅义伟首相的外交首秀是访问越南,这与安倍晋三二次当选首相后的动作如出一辙,其在会谈中表示南海和东海地区已经出现了与法治性和开放性相违背的单方面改变现状的情况,这实际上就是对中国的暗讽。在会谈中双方一致同意为亚太地区的和平稳定共同努力,此时菅义伟首相推动"自由开放的印太战略(构想)"的目的表露无遗。与此同时,菅义伟首相还以"内阁总理大臣"的名义向供奉有二战甲级战犯的靖国神社供奉了名为"真榊"的祭品,这是其担任官房长官期间从未做过的事情,而且在日本目前抗疫形势胶着的情况下,菅义伟内阁不仅继续加大在军事方面的财政预算,还在联合国成立 75 周年纪念大会上再次提出要成为联合国安理会常任理事国,这明显是对战后体制的挑战。菅义伟内阁的一系列举动,表明其处于"后安倍时代",安倍晋三对菅义伟首相的影响根深蒂固,这为中日关系带来极大的不确定性。

二、日本对于相关机制缺乏信任

日本政府和企业自始至终对中日第三方市场合作缺乏信任。从现有的中日第三方市场合作案例来看,日本以民营企业为主,而中国则以国有企业为主,在参与第三方市场合作的中国企业方面,国有企业数量占 3/4 左右,民营企业数量占 1/4 左右,[①]因此日本对于"一带一路"的运营开放性、规则透明性、知识产权保护性、合作风险性和参与获利性等问题抱有质疑。安倍晋三首相分别在 2017 年召开的"亚洲的未来"国际交流会晚餐会和"日中 CEO 峰会"上强调了同一个问题——"一带一路"合作机制的公平性和透明性,这展现出了日本对中国的极度不信任。在日本,相关的声音不绝于耳,"中国的对外援助理念和政策缺乏透明度,援助项目的执行缺乏公正性,中国故意在另一国招致过多债务,以主权作为债务抵押"[②]等,这也对中日在第三方市场的合作项目产生了恶劣的影响。从 2014 年开始,中国中信集团有限公司、日本伊藤忠商事株式会社和泰国正大集团(Charoen Pokphand Group)就谋划在泰国展开合作,2015 年日本伊藤忠商事和泰国正大集团斥资约 644 亿元人民币参股了中国中信集团,之后三方便准备携手参与泰国东部经济走廊计划(EEC)。为提高泰国廊曼国际机场、素万那普国际机场和乌塔堡国际机场之间的陆上通行效率,泰国政府决定在这 3 座机场之间修建高速铁路,而这也成为泰国东部经济走廊计划的重中之重,同时也顺理成章地成为中国中信集团有限公司、日本伊藤忠商事株式会社和泰国正大集团三方的合作目标,而且三方的此项合作意向得到了中日泰三国政府的高度重视,并有意将其打造成"一带一路"框架下中日在泰国合作的标志性项目。但是在招标会上,原定的日本合作企业伊

---

① 杨旭:《"一带一路"框架下中日第三方市场合作研究》,硕士学位论文,北京:外交学院,2018 年,第 1—45 页。

② 大西康雄「『一带一路』構想の展開と日本の対応」『アジ研ポリシー・ブリーフ』2019 年 123 号。

藤忠商事、日立制作所和藤田建筑公司却突然退出投标,致使中日在这一项目的长期努力付诸东流。原因是日本认为中方企业的投资具有"政治意图",且中方企业为中国国有企业,有官方资金的支持而不顾及投资成本,致使合作项目无利可图,这表现出日本对于投资规则和中国国有企业的极度偏见。所以,日本意图"基于市场规则,与中国企业进行高标准、有条件的第三国市场合作,通过软法促使'一带一路'发生改变"①,在参与的第三方合作项目中日本都是选择性参与,对于参与的企业和领域都提出了指导性要求。"实际上,作为全球主要经济体,日本自 2019 年秋以来一直在加强经济安全保障措施,例如对电力、军事装备、软件等关键领域的投资与合作进行审查制度等,疫情则促使其进一步加大相关资源投入"②。菅义伟在参选首相前就表示重视经济安全,其中便包括对外技术管控,其当选首相后极有可能追随美国的意志,在高科技领域加强对中国的牵制,这不可避免地对中日第三方市场合作产生消极影响。

三、美国的牵制与干扰

美国不断在地缘政治、意识形态、国防安全、贸易投资、全球市场、技术创新等领域对中国发难,中美之间的战略博弈日益加剧。美国对中国的遏制从未停止,如向中国政府挑起贸易争端、持续压制中国的代表性科技企业华为、制裁中国香港、关闭中国驻休斯敦领馆、对台军售等。而且美国在中日关系的走向中占据着主导性地位,"美主日从"的格局不会改变,美国的一举一动直接影响日本的外交政策。政治方面,美国和日本之间具有根深蒂固且牢不可破的同盟关系,日本被死死捆绑在美国的战车上并已然成为战车上的一个"零件",致力于同美国推行遏制中国的"印太战略",日本在政治上依附美国的局面很难改变。经济方面,美国是日本最重要的外资来源地和投资地,美国对日本经济具有举足轻重的影响。虽然特朗普上台后推行"美国第一"的战略,对日本经济也产生短期的负面影响,但日美关系仍然坚固,日本参与第三方市场合作极有可能是日本的一种缓解自身经济压力和美国贸易保护主义冲击的应

---

① ウミリデノブ・アリシェル「『一带一路』の内侧からの改革～ソフトロー外交による日本の貢献の可能性～」『現代国際通商・投資システムの総合的研究』2019 年 IV 期。

② 杨伯江、张伯玉、徐万胜等:《后安倍时代的日本》,《日本学刊》2020 年第 5 期,第 22 页。

急做法,在这种"有限度的合作"里,日本随时可以全身而退。在中日达成的第三方市场合作协议或者其他项目中,日本都极力避免出现"一带一路"及其相关的表述,其目的也是迎合美国的意愿。而且,中日合作项目大部分位于东南亚、中亚、南亚和中东欧等大国博弈的焦点地区,尤其是美国的"新丝绸之路"已经在相关地区落地生根,美国与其他国家利益的角逐,不仅使相关国家政治动荡、经济凋敝,还使中日第三方市场合作面临各种困境。即便新冠疫情当前,美国也没有停下诽谤中国、妖魔化中国的脚步。美国所追求的就是全方位遏制中国,加之特朗普的善变性以及其竞选总统连任的失败,今后中美关系极具不确定性。由于美国的态度对中日关系影响巨大,所以同样对中日经济关系的影响甚深。① 由此可见,在美国的影响下,中日在"一带一路"框架下的第三方市场合作注定不会顺利。

四、非传统安全影响

中日在第三国的合作既受相关国家政治、外交、军事等传统安全的影响,如"'一带一路'沿线国家,政治局势混乱,社会不安定的地区很多,回收经济利益应该是不容易的"②,也受恐怖主义、疾病等非传统安全的影响,而在某些情况下非传统安全的影响往往是致命的。中日在东南亚等地区拥有数量众多的合作项目,而这些地区常年受民族、种族、宗教、历史等问题的困扰,致使恐怖主义、宗教极端主义、分裂主义横行,骚乱、劫持、纵火、炸弹爆炸、枪击等事件屡见不鲜,造成这些地区的相关国家政治动荡、经济倒退、社会凋敝,使得东道国无暇顾及与中日的合作,致使三方的合作项目停滞、推迟甚至流产。而2020年伊始暴发的新冠疫情又将非传统安全这一因素推到了前台,疫情席卷了全球,几乎没有国家可以幸免。中日在第三方市场合作的项目大多由中日双方工人参与建设,但是在新冠肺炎疫情的影响下,很多国家首先针对中国工人采取入境限制、停飞航班、检疫隔离等种种旅行限制,致使中日第三方市场合作项目供应链断裂、搁置甚至中止,造成工人成本、物流成本、租金、税收等飞速

---

① 张季风:《迈向新时代的中日经济关系:机遇与挑战》,《国际论坛》2020年第3期,第34页。
② 時事ドットコム「『インド太平洋』『一帯一路』併存が焦点に～識者に問う日中外交(2)～」,2020年2月2日、https://www.jiji.com/jc/article?k=2020013000930&g=int,2020年8月11日。

上升,对中日第三方市场合作的进程造成严重的冲击。

五、投资市场上的竞争

中日在第三方市场的投资建设存在一定程度的重合,导致两国政府及企业互不相让,形成"双输"局面,这一点在东盟尤为明显。日本在二战结束之后一直重视东南亚市场,凭借"雁行发展模式"和双边"经济伙伴关系协定",日本以及日本企业在东南亚站稳了脚跟,而日本也把东南亚视为经济战略要地。反观中国,虽然与东盟国家的经济合作时间较短,但成果的数量和质量惊人。东盟是"一带一路"建设的先行和重点区域,中国的投资解决了东盟各国急需解决的互联互通和基础设施建设问题,这符合东盟各国的现实需求,得到东盟各国的广泛支持和青睐。近年随着中国对东盟投资的迅猛增长,在经贸领域已经出现了全面反超日本的态势,这对长期"盘踞"东盟的日本产生了强烈的震撼,日本由此在东盟与中国展开了激烈竞争,不惜在相关项目上与中国"鱼死网破"。比如,中国和日本对东盟相关国家出口比重最大的商品均为机械和运输设备、制成品、杂项制品等,"贸易竞争性指标表明,中日在越南市场上具有较强贸易竞争度,尤其'一带一路'倡议提出后,中日出口相似性指标的上升表明中日在越南市场的竞争将越来越激烈"[1]。此外,在相关合作项目上中日分歧重重,尤其是在基础设施建设方面,"中日双方在铁路建设方面都已形成自己的标准体系,在合作中采用哪一方的标准和执行规则往往容易产生分歧。特别是在缺少国际统一技术标准的领域,中日双方会为了争夺标准的制定权而产生冲突,影响合作项目的顺利开展"[2]。

六、专业人才的短缺

中国企业在国外投资的时间相对较短,在第三方市场合作领域更是如此。"一带一路"沿线国家数量多,官方语言差别大,其他非官方语言更是天差地别,同时"一带一路"沿线涵盖了基督教、伊斯兰教、佛教等世界上的主要宗教,

---

① 李天国:《"一带一路"框架下中日在越南的第三方市场合作——基于贸易关系的比较研究》,《当代经济管理》2021年第2期,第1—11页。

② 李进玉:《中日在东盟第三方市场合作的研究》,硕士学位论文,北京:外交学院,2020年,第1—64页。

仅是这些语言和宗教情况就使中日在"一带一路"沿线进行第三方市场合作变得尤为困难。中日两国的很多企业缺少熟悉投资地通用语言和方言、文字、法律条约、宗教信仰、文化习俗的专业人才,企业投资时不能对投资的风险做出完整全面的评估,融入投资地的能力差,在投资后期往往会遇到法律、环保、劳工、税收等问题,更为严重的是可能会涉及投资地的国家安全问题。在海外的部分中日企业,或因不熟悉投资地的法律而经营倒闭,或因发现了投资地的法律漏洞而偷税漏税,做出了一些违法违纪的商业行为,致使本国企业难以在投资地经营,也给后来的中日企业造成了重重阴影。

第四节　中日第三方市场合作案例

中国国家发改委将中国企业与有关国家企业在第三方市场的合作分为五种类型,分别为产品服务类、工程合作类、投资合作类、产融结合类和战略合作类。中日第三方市场合作也涵盖了这五种合作类型,具体有:日本企业为中国企业的海外项目提供高端技术和设备;日本企业投资海外项目,中国企业作为此项目总包商,提供机器设备和人力资源等;中国企业作为海外项目的投资商和总包商,日本企业参股或者日本金融机构提供资金支持;中日两国企业在第三方市场成立合资公司或者联手建立产业园区;日本企业利用中国的跨国铁路网与第三方国家进行贸易往来等。

一、中日利用中欧班列展开第三方市场合作

中欧班列是指"按照固定车次、线路、班期和全程运行时刻开行,往来于中国与欧洲以及'一带一路'沿线各国的集装箱国际铁路联运班列"[①],开辟有西中东三条通道,可由中国内地城市出发经三个口岸[②]出境到达欧洲各国。根据最新的统计,中国境内开行中欧班列的城市已经增长至 72 个,境外可以到达欧洲的 70 个城市,涵盖了欧洲的 21 个国家,其不仅成为中国加强国际合作和

---

① 中国国家铁路集团有限公司:《中欧班列运输》,2020 年 6 月 30 日,http://www.china-railway.com.cn/gjhz/zoblys/201812/t20181217_91349.html,2020 年 10 月 31 日。

② 三个口岸为新疆阿拉山口(霍尔果斯)口岸、内蒙古二连浩特口岸、内蒙古满洲里(黑龙江绥芬河)口岸。

推进"一带一路"建设的新型高质量平台,更成为中日第三方市场合作的"沃土"。

日本邮船株式会社(NYK)是世界排名前十的航运公司,其在中国开设有子公司——日邮物流(中国)有限公司,致力于为客户提供量身定制的端对端物流服务。"一带一路"建设的迅速推进带动了中欧班列的发展与完善,通过使用中欧班列,货物的运输成本仅为航空运输的20%,运输时间仅为海运的一半,且几乎不受气候环境、自然条件的影响,而且中班班列作为商业物流的重要一环,从最初的政府投资为驱动力转变为以市场需求为驱动力,这对日邮物流(中国)有限公司形成了巨大的吸引力。从2017年开始,日邮物流(中国)有限公司就将中欧班列纳入其服务体系中,一方面沿中欧班列向东部延伸,不断完善在东亚地区的服务网络,扩大辐射范围。另一方面沿中欧班列向西部延伸,结合在欧洲地区设立的物流站点,不断提升了为欧洲客户服务的水平。同时,以中欧班列为依托,不断升级软硬件配套服务,衍生出众多新型相关服务,包括开发适配的软件、提供可视化的物流跟踪服务和推出保险咨询及购买服务等。由于中欧班列的时效性和性价比突出,不仅使日邮物流(中国)有限公司拥有了全球联动的优势,更为其吸引了潜在的客户。日邮物流(中国)有限公司总裁兼CEO杉冈正宽对中欧班列作出了高度评价,指出中欧班列在世界疫情的防控过程中发挥了运输骨干作用,为抗击世界疫情提供了有力的支撑。同时日邮物流(中国)有限公司也借助中欧班列运输相关医疗、生活物资,参与到同世界各国人民一起抗击新冠疫情的战斗中。

利用中欧班列与中国展开第三方市场合作的不只有日邮物流(中国)有限公司,还有日本通运株式会社等著名企业。作为世界第五、日本第一的综合性物流企业,日本通运株式会社早在2017年就开始利用中欧班列进行货物运输。2018年5月开始利用中欧班列打造日本和欧洲之间的联合运输服务,并提供了两条路线,一条是从日本东京等港口出发海运至中国大连,然后经中欧班列至德国杜伊斯堡的海陆联运路线,使原来的40天运输周期缩减到28天。另一条是从日本成田等机场出发空运至中国重庆,然后经中欧班列至德国杜伊斯堡的空陆联运路线,周期大约为22至24天。2019年9月,日本通运株式会社又开通了从东京等港口出发海运至厦门,然后经中欧班列至波兰或德国的海陆联运路线,运输时间仅为23至25天,比之前经由大连的海陆联运缩短了6天左右。2020年2月,日本通运株式会社推出了名为"日本通运通过中欧班列在日欧之间运输货物的海上解决方案"的多式联运服务,即从德国依托中欧班列将货物运至中国江苏太仓港,然后经海运至日本的东京、横滨等港口,计划每周从欧洲发车两次,其运输成本比从欧洲经由中国大连的海铁联运方式低40%左右。同时,受新冠肺炎疫情的影响,日本通运株式会社计划到2020年将中欧班列的货运班次增加至约2倍。

二、苏维汉1177MW太阳能光伏独立发电项目

丸红株式会社是日本著名大型综合商社,主要从事国内外贸易、投融资等业务,其分支机构遍布全球的70多个国家,并在世界500强中排名第173位。晶科能源控股有限公司是一家拥有"自给自足"全产业链条的中国光伏制造企业,也是全球新能源领域里的佼佼者,在2019年全球新能源企业排名中,其位于第6名。

2016年,阿布扎比水电局举办了350MW的太阳能招标项目,晶科能源和丸红株式会社组成的联合体以创新低的报价,击败了阿布扎比的能源公司Masdar、EDF Energies Nouvelles、PAL Group组成的财团,RWE Belectric、第一太阳能、关西电力、韩华Q-cells组成的联合体等其他国际竞标者。2017年3月,晶科能源和丸红株式会社组成的联合体与阿布扎比水电局签订远超预定350MW的苏维汉1177MW太阳能光伏独立发电项目合同,规定由阿布扎比水电局、晶科能源、丸红株式会社共同出资成立专门负责本项事务的公司,负责为苏维汉建造相关的电站并进行运营和维护。5月,阿布扎比水电局、晶科能源和丸红株式会社成立的合资企业Sweihan Solar Holding Company Limited(阿布扎比水电局占股60%,晶科能源和丸红株式会社各占股20%)与来自欧洲、日本和阿布扎比的8家银行组成的财团签署了相关协议,因此获得了高达8.7亿的融资。财团中就有三菱东京日联银行、农林中央金库和三井住友银行的身影[1]。与此同时,经阿布扎比王储穆罕默德的授意,阿布扎比苏

---

[1] Marubeni Corporation, "Start of Commercial Operation of Sweihan Photovoltaic Independent Power Project in United Arab Emirates", 2019 - 07 - 01, https://www.marubeni.com/en/news/2019/release/20190701E.pdf, 2020 - 11 - 01.

维汉光伏电站项目被命名为"阿布扎比之光"。该项目位于阿联酋阿布扎比苏维汉境内约 8 平方公里的沙漠地中,"总装机容量 1177 兆瓦,建成后将超过美国加州光伏电站 550 兆瓦的装机容量,成为世界最大光伏电站项目"[①],而中国晶科能源是此项目 320 多万块太阳能电池板的唯一供应商。2018 年,"IJ 全球颁奖典礼上,阿布扎比之光(Abu Dhabi Noor)太阳能项目获得中东和北非地区最佳能源融资大奖"[②]。中日此次在阿布扎比的合作创造了两个世界之最,即创造了"全球最大的单体太阳能项目"和"世界上最便宜的太阳能发电项目",其每年可以减少排放二氧化碳 100 万吨和为 9 万多人提供电力供应,在施工过程中大量使用了阿布扎比当地的工人,带动了当地的经济发展,并为阿布扎比发展相关产业提供了宝贵的经验。在第一届中日第三方市场合作论坛上,有 14 块展示中日第三方市场合作优秀案例的展板,晶科能源有限公司和日本丸红株式会社在阿布扎比的合作案例就在其中,李克强总理对这些合作企业都提出表扬。2019 年,阿布扎比之光太阳能项目已正式进行商业运营,晶科能源副总裁钱晶指出是"一带一路"建设为企业发展提供了机遇、明确了方向、降低了风险,日本丸红株式会社发言人同时表示希望能与中国公司在"一带一路"沿线国家展开更多的合作,特别是在中东和亚非地区。[③]

三、日本三井泰国 KSP 糖厂项目

广西建工集团第一安装有限公司隶属于广西建工集团,拥有完整的制糖设备制造基地,在制糖设备领域成绩卓著,在"一带一路"倡议的带动下,该公司不断扩大在东南亚地区的市场份额,成了"走出去"的排头兵,树立了过硬的品牌形象,获得了中国建筑行业的最高荣誉奖——鲁班奖。日本三井物产株式会社是日本首屈一指的综合性商社,业务范围覆盖了人们的吃、穿、住、行所

---

① 中华人民共和国驻阿拉伯联合酋长国大使馆经济商务处:《中国晶科参与的全球最大光伏电站命名为"阿布扎比之光"》,2017 年 6 月 1 日,http://ae. mofcom. gov. cn/article/jmxw/201706/20170602584807. shtml,2020 年 11 月 1 日。

② 中华人民共和国驻阿拉伯联合酋长国大使馆经济商务处:《阿布扎比之光太阳能项目获 IJ 全球奖项》,2018 年 4 月 3 日,http://ae. mofcom. gov. cn/article/jmxw/201804/20180402727772. shtml,2020 年 11 月 1 日。

③ 人民网:《"中国技术成就绿色能源梦想"》,2019 年 12 月 1 日,http://world. people. com. cn/n1/2019/1201/c1002-31483281. html,2020 年 11 月 1 日。

有方面,在全世界 90 多个国家拥有 200 多个办事处,在世界 500 强中位列第 157 位。

"一带一路"倡议提出以来,广西建工集团第一安装有限公司抢抓机遇、"造船出海",在泰国制糖领域打造出了一片天地。早在 2010 年和 2011 年,广西建工集团第一安装有限公司就承接了泰国的武里南糖厂糖机制造安装项目和泰国乌泰他尼新糖厂建设项目。2014 年,又承接了泰国宽武里"C 线"建设工程,建成的制糖厂中 98% 以上的设备为中国制造。2017 年,该公司仅用不到一年的时间就建成了泰国叻武里糖厂,该糖厂能够日处理 12 000 吨原糖,可以用 46 个小时将制糖原料变成原糖,达到世界领先水平。2018 年,广西建工集团第一安装有限公司凭借着丰富的国外制糖设备制造安装经验和雄厚的技术实力,以 EPC 总承包的模式(设计—采购—施工)拿下了日本三井泰国 KSP 糖厂项目的部分工程项目。日本三井泰国 KSP 糖厂项目是日本三井物产株式会社在泰国乌隆他尼府的一个价值 30 亿元人民币项目,目标为建成一个"全亚洲最先进的糖厂",达到日榨甘蔗 24 000 吨和产出精糖 1 000 吨,而广西建工集团第一安装有限公司承接的是其工程的一期建设项目,工期为 27 个月,主要是对原糖厂陈旧的污水处理和喷淋池系统进行改造,并建设新的生产线,合同额达到了 18.6 亿元人民币,这是广西建工集团第一安装有限公司成立以来获得的合同额最大的项目。2018 年 8 月 2 日,广西建工集团和日本三井株式会社在泰国曼谷举行广西建工集团第一安装有限公司承接日本三井 KSP 糖厂项目开工典礼,日本三井物产株式会社食品部首席运营官吉川美树高度评价了广西建工集团第一安装有限公司办理项目施工许可、项目设计和设备采购等方面的工作。[1] 9 月 4 日,泰国 KSP 糖厂项目 EPC 合同签约仪式在广西南宁举行,日本三井物产株式会社食品部首席运营官吉川美树对广西建工集团第一安装有限公司提出了三点希望,即要保证施工人员安全、确保项目建设的品质和履行合同规定的工期。[2] 10 月 10 日,日本朝日电视台赴项目工地进行采访,广西建工集团第一安装有限公司相关负责人表示此项目为中

---

[1] 广西建工集团:《金宁运出席一安公司日本三井 KSP 糖厂项目开工典礼》,2018 年 8 月 7 日,http://www.gxjgjt.cn/html/blocnews/4991.html,2020 年 11 月 1 日。

[2] 广西建工集团:《罗涛出席泰国 KSP 糖厂项目 EPC 合同签约仪式》,2018 年 9 月 21 日,http://www.gxjgjt.cn/html/blocnews/5175.html,2020 年 11 月 1 日。

日在"一带一路"经济建设中的重要合作项目,中国公司一定会圆满完成任务。10 月 31 日,泰国乌隆他尼府府尹 Pattana Putichat 对项目进行了考察,并充分肯定了项目造福泰国人民和"一带一路"倡议的作用。为了向日本三井株式会社交上一份满意的答卷,广西建工集团第一安装有限公司党委书记、董事长唐农生常态化视察工地和参加业主现场周施工例会。2020 年新冠疫情突袭,泰国采取了航空管制、宵禁、部分行业场所停止营业等措施,这一定程度上影响了项目的进程,但是广西建工集团第一安装有限公司积极组织项目留守人员观看抗疫专家张文宏主任主讲的新冠肺炎疫情防控专题讲座,并在严密的防控措施下稳步推进项目建设,确保 KSP 糖厂如期实现原糖开榨。

第五节 中日第三方市场合作应对策略

一、增加政治互信,在国家战略层面加强对接

政治稳定是发展经济的前提,双方要恪守中日四个政治文件的原则精神,以大局为重,加强沟通,进一步增强政治互信,培养合作精神,为经济发展奠定基础,创造"政经双热"的局面。对于长期存在于中日之间的结构性问题,双方应在中日友好的大框架下妥善处理,目前中国应先加强与日本在第三方的合作并不断积累相关成果,使日本建立起对"一带一路"倡议的认同感,从而推动两国向"中日经济命运共同体"迈进。[①] 同时应紧抓具有战略意义的大事,如"一带一路"倡议已经实现与欧盟、俄罗斯、哈萨克斯坦、印度尼西亚、蒙古、菲律宾、匈牙利等组织和国家的战略对接,与此同时,中国政府也与世界上一半多的国家签署了关于"一带一路"倡议的协议,所以抓好战略意义的大事,就能牵一发而动全身。中国始终"支持各方就重大发展战略、规划和政策开展对话和交流,包括加强'一带一路'倡议与其他国别、区域和国际发展战略、项目或倡议的协调"[②]。中日两国应借助当前合作抗疫所营造的良好环境,推进两国

---

① 王竞超:《中日第三方市场合作:日本的考量与阻力》,《国际问题研究》2019 年第 3 期,第 93 页。
② 中华人民共和国中央人民政府:《"一带一路"国际合作高级别视频会议联合声明(全文)》,2020 年 6 月 19 日,http://www.gov.cn/xinwen/2020-06/19/content_5520682.htm,2020 年 9 月 28 日。

在国家战略层面的合作,实现日本与"一带一路"倡议的真正对接,同时推动 RCEP、中日韩 FTA 进程、中日 FTA/EPA 的尽快落地,为中日两国的第三方市场合作助力。

二、对第三方市场进行充分的调研并做好风险预案,同时建立高效、长效机制

中日在第三方市场进行合作,要提前对第三国进行了解,包括国家政权稳定情况、民族关系、经济基础、宗教信仰等,防止出现无效投资或者半途而废的状况。同时也要做好应急预案,对于第三国可能存在的风险和挑战,做好应对措施,将可能出现的损失减小到最低,2020 年新冠疫情的暴发对此就展示出了迫切的需求。在中日第三方市场合作当中,存在着不同性质、不同体量、不同类别的企业之间的合作,因此需要畅通中日双方政府、企业间的精准对接,利用好相关的大使馆、领事馆、商会等,做到权责分明、高效便捷。同时还需要建立长效的机制,定期举行由两国政府和企业共同参与的会议,如峰会、论坛、交流会等,借此制定明确的发展规划并加以落实。

三、加强金融支持力度,丰富金融支持路径

在第三方市场进行合作投资,必须具有强大的经济实力,这离不开国家的金融支持,中日两国的金融机构应加强对相关企业的支持,并与第三国金融机构建立联系,互通有无,提高资金的利用率。积极推动亚投行、亚开行、世界银行与国际货币基金组织等国际金融组织的合作,为两国第三方市场合作提供多样的金融支持,同时鼓励中日两国民营企业通过共同注入资金或者相互持股等途径联合在第三国进行项目的竞标与分包合作,激发民间资本的活力,同时也可以避免被扣上"政治化"的帽子。

四、加强人才培养,突出社会效益,惠及东道国民众

中日两国应该吸取在第三国进行投资合作的教训,加强人才培养,注重人才本土化,同时突出合作项目的社会效益,避免只注重经济发展,而罔顾当地民众的感情,破坏投资地的"经济生态",最终招致东道国的反感,致使第三方市场合作无法健康可持续发展。首先,中日两国应加强专业人才体系建设,创

新人才激励与保障机制,利用国内外高校、科研机构、培训机构等平台定向培养复合型、国际化人才,为两国第三方市场合作提供源源不断的"智力保障"。其次,注重对东道国雇员的招聘与培养,优化"中国公司"＋"中国工人"＋"中国管理办法"的工作模式,将先进的理念、高超的技术、优越的岗位带到东道国,在合作中为东道国培养一批一流的人才,这样不仅有利于带动东道国社会进步,更有利于中日双方项目的顺利开展。最后,建立相关的约束机制,使两国企业在第三国合法合规经营,多投资相关民生项目,注意尊重和体会当地人民的感受,塑造可持续发展和具有社会责任意识的企业形象,避免被扣上"资源掠夺者"的帽子。① 如此才能建立第三方市场合作的良好口碑,从而获取更多的合作机遇。

五、打造先行示范区,推广成功经验,由点到面稳步推进

中日双方要遵循"企业主体、市场主导、商业原则、国际惯例、政府引导"的原则,对于中日共同投资的第三方,要进行细致的甄别,选择具有合作基础、合作意愿、开放性强的第三方,如东南亚地区的越南,其"国内稳定的营商环境、较低的公共债务比率、逐渐改善的财政赤字以及遍及全球的自贸协定,有力地推动了越南经济可持续和包容性增长,高效的营商环境为中日在越南进行第三方市场合作提供了发展基础"②。首先,进行基础类投资,如基础设施、国际物流、节能环保等盈利快、回报高、符合第三方民生需要以及可持续发展的项目。其次,进行高端技术投资,打造完整的经济生态链,创设稳定而精良的示范园区,如中国和其他国家在海外创建的中白工业园、中塔工业园、太重罗永工业园以及中欧商贸物流合作园区等。最后,进行经验总结并加以推广。这样由点到线、由线到面地稳步推进,防止大跨步而出现失误。

① 尹刚:《中日在东盟第三方市场合作的前景分析》,《国际经济合作》2018年第12期,第36页。
② 吴崇伯、丁梦:《中日在越南的第三方市场合作》,《现代日本经济》2020年第5期,第15页。

附：

首届中日第三方市场合作论坛签署合作协议清单

(根据日本经济产业省材料翻译)

序号	中方	日方(含第三方)	协议名称
1	中国国家开发银行	瑞穗金融集团有限公司	《业务合作协定》(含第三方市场合作)
2	中国工商银行	瑞穗金融集团有限公司	《有关中日企业开发第三方市场的金融合作协定》
3	中国中信集团有限公司、中国出口信用保险公司	瑞穗金融集团有限公司	《第三方市场三方合作协定》
4	中国石油化工集团	瑞穗金融集团有限公司	《中国石油化工集团和瑞穗金融集团有关强化合作关系的备忘录》
5	中国国家开发银行	三井住友银行、三井住友银行(中国)	《有关业务合作协议——强化第三方合作》
6	中国出口信用保险公司	三井住友银行	《有关在第三方主要市场合作的框架协议》
7	中国进出口银行	三井住友银行	《有关在中日及第三方市场合作的协议》
8	中国银行股份有限公司	三菱 UFJ 银行	《中国银行与三菱 UFJ 银行业务合作协定》
9	中国投资有限责任公司	野村证券有限公司、大和证券、三菱 UFJ 金融集团有限公司、三井住友金融集团有限公司、瑞穗金融集团有限公司	《有关战略合作的备忘录》
10	中国再保险(集团)股份有限公司	损保控股(SOMPO 控股)有限公司	《战略合作协议》(中日第三方合作)
11	中国太平洋保险(集团)股份有限公司	三井住友海上火灾保险株式会社	《关于为"走出去"中国项目提供风险预防、风险管理的全面合作协议》
12	中国国家开发银行	国际协力银行株式会社	《国家开发银行和国际协力银行有关第三方市场合作的备忘录》

续表

序号	中方	日方(含第三方)	协议名称
13	中国出口信用保险公司	日本贸易保险株式会社	《促进中日投资贸易及推进中日第三方共同项目的合作协议》
14	中国国际贸易促进委员会	日本贸易振兴机构	《中国国际贸易促进委员会和日本贸易振兴机构有关在第三方市场业务合作的备忘录》
15	中国中信集团有限公司	伊藤忠商事株式会社	《中日共同投资欧洲再生能源和下一代电力交易》
16	西王集团有限公司	住友商事株式会社	《第三方食品领域合作研究意向书》
17	中国国际海运集装箱(集团)股份有限公司	住友商事株式会社	《有关中国及第三方制造物流业自动化、智能化的战略合作意向书》
18	北京首都创业集团有限公司	住友商事株式会社	《有关在社会基础建设领域结成全球战略伙伴的战略合作意向书》
19	上海复星医药(集团)股份有限公司	丸红株式会社	《有关在第三方市场开展医药医疗为中心的保健领域全面战略合作》
20	中国光伏行业协会	丸红株式会社	《第三方市场太阳能发电领域的合作》
21	中石化炼化工程(集团)股份有限公司	丸红株式会社	《第三方市场战略全面合作协议》
22	华润集团有限公司(华润健康集团)	三井物产(PHC控股)株式会社	《战略合作备忘录》
23	协鑫(集团)控股有限公司	三井物产株式会社	《关于在中日及第三国共同投资开发的协议》
24	中国建材集团有限公司	三菱商事株式会社	《三菱商事与中国建材有关面向第三方开展基础设施建设和开发绿色能源综合利用项目的战略合作协议》

续表

序号	中方	日方(含第三方)	协议名称
25	新疆众和股份有限公司	蝶理株式会社	《有关铝电解电容器用电极箔战略合作的备忘录》
26	江苏嘉睿城建设管理有限公司	泰国安美德和横滨都市技术协力推进机构	《有关在泰国安美德工业区推进智能城市化的中日泰三方备忘录》
27	杭州锅炉集团股份有限公司	JFE工程株式会社	《合作意向书》
28	上海环信环境工程有限公司	JFE工程株式会社	《合作意向书》
29	中国环球工程有限公司	千代田化工建设株式会社	《第三方石油、石化和AI等领域中日建设企业的合作》
30	中国出口信用保险公司	日挥株式会社	《第三方市场合作协议》
31	中国电力建设集团有限公司	东芝株式会社	《有关扩大国际商机的战略合作协议》
32	中国东方电气集团有限公司	日立制作所株式会社	《有关第三方电力市场的协议》
33	新中水(南京)再生资源投资有限公司	日立制作所株式会社、日立租赁(中国)有限公司	《第三方节能、环境和垃圾发电等项目的协议》
34	中国华电集团清洁能源有限公司	JERA、东京电力燃料发电株式会社	《有关第三方能源基础设施合作的备忘录》
35	华润电力控股有限公司	电源开发株式会社	《有关构筑战略伙伴关系的框架协定》
36	中国石油化工集团有限公司	JXTG能源株式会社	《中国石油化工集团和JXTG能源株式会社备忘录》
37	吉林省	鸟取县	《吉林省—鸟取县ADS(高级驾驶辅助系统)·EV(电动汽车)项目合作备忘录》
38	中国外运股份有限公司	日本通运株式会社	《有关在第三方市场合作的备忘录》

续表

序号	中方	日方(含第三方)	协议名称
39	中国电力企业联合会	日本电动汽车快速充电器协会(CHAdeMO)	《中国电力企业联合会和日本电动汽车快速充电器协会合作备忘录》
40	北京百度网络科技有限公司	索尼株式会社	《有关下一代车内空间的战略合作基本共识》
41	上海市信息投资股份有限公司	富士通株式会社	《战略合作协议——有关保健领域包括第三方市场的合作备忘录》
42	浙江海正药业股份有限公司、国家应急防控药物工程技术研究中心、中日友好医院	富士胶片株式会社	《有关应对流感的共同研究备忘录》
43	中国中医科学院广安门医院、博视远程医疗科技(北京)有限公司	Viewsend ICT 株式会社	《有关东方医学和日本先进医疗结合治疗重大疾病和复健的战略合作备忘录》
44	中国非公立医疗机构协会	日中医疗看护技术交流协会和日本 Medical Excellence	《中日医疗技术合作及对第三方医疗支援的战略合作备忘录》
45	博鳌乐城开发控股有限公司	日本 Medical Excellence	《中日医疗合作推进海南岛博鳌"癌治疗设施"建设和第三方医疗事业合作的备忘录》
46	新华锦集团有限公司	Carchs 控股株式会社	《战略合作意向书》
47	广州民营投资股份有限公司	京都大学创新资本株式会社	《有关中日及第三方企业孵化事业战略合作的备忘录》
48	中国国际工程咨询有限公司	太平洋咨询株式会社	《面向第三方基础设施建设合作的协议》
49	华人文化有限责任公司	吉本兴业株式会社	《包括第三方的有关中日共同培养高级娱乐人才的战略合作备忘录》

续表

序号	中方	日方（含第三方）	协议名称
50	中国国际贸易促进委员会	日中经济协会	《中国国际贸易促进委员会和日中经济协会有关中日第三方市场合作的合作备忘录》
51	中国机电产品进出口商会	日中经济协会	《中国机电产品进出口商会和日中经济协会合作备忘录》
52	中国机电产品进出口商会	日本国际贸易促进协会	《中国机电产品进出口商会和日本国际贸易促进协会第三方市场合作备忘录》

第三章　区域主义视域下日本对华经贸政策刍议

蔡　亮

区域主义(regionalism)意指地理位置相近的各国,基于增强各自利益和应对地区内外的各种挑战,寻求通过多种形式的合作,如通过构建某种地区性国际组织或某种非机制性安排,形成一种以利益攸关、相互依赖为特征的国际关系现象。① 近年来,区域主义在日本外交中的主要实践毫无疑问就是"印太"概念的提出与落实。从背景上看,这是日本在国际秩序面临变动的新环境下,主要是中美"一进一退"和中国被认为通过"一带一路"等举措主导亚太及印太秩序构建的现实刺激下,由传统地缘政治思维发酵而催生的一种区域战略。② 它不只是一个将两大洋各自的自然地理区域融合的空间概念,而且是一个跨域的新话语结构,且很大程度上是地缘政治想象力的产物。③

世界正经历百年未有之大变局。毋庸讳言,其中的重要体系意义的变量就是中国崛起。对日本而言,无论是纯粹地被视为中国周边国家中的"一员",还是亦步亦趋地追随美国,成为美对华强硬政策的"急先锋"或"马前卒",都是日本对外政策所要竭力避免的选择。众所周知,中美是日本外交最为重要的两个对象国,虽然两国对日本而言的重要性并不对等,但为了一方而失去任何一方,均非日本外交所能承受的损失。

---

① Mie Oba, "Japan's Involvement in Regionalism for Three Decades in the Heisei Era", *International Relations*, Vol.196, 2019, p.98.

② 吴怀中:《冷战后日本区域主义战略与亚洲合作进程》,《日本学刊》2020年第3期,第12页。

③ 徐万胜、姬世伦:《论"地区"视域下中日安全关系的演变脉络》,《日本学刊》2020年第1期,第94—114页。

从日本自身战略定位而言，前首相安倍晋三在执政期间一直以"重振强大日本"的大国路线[1]为政治目标，不但寻求在中美之间维持微妙平衡，还意图在中美战略性竞斗的大背景下，能够落实"总体性遏制＋局部性接触"的对华政策。进一步地，日本还希望在这一过程中能够如它自我标榜的那样，成为自由国际主义秩序的旗手，不但要为亚太乃至世界的和平与繁荣积极贡献力量，还要借以提升日本的国际地位。[2]

从这一意义而言，安倍于2016年8月正式提出的"印太战略"可谓是日本在国际秩序剧烈变动的新环境下，提高本国外交自主性的重要地缘政治战略擘画。它涵盖政治、安全、经济等诸多方面，是日本追求大国路线的重要载体。其战略目标均是要在印太地区构建由日本主导（在安全保障领域则力求实现美日共同主导），强调规则至上的地区秩序。而从特征上看，日本意图通过构筑自由与开放的包容性区域秩序架构，确保以包含法治在内的规则为基础的国际秩序、航行自由、纷争的和平解决、推进自由贸易等作为区域国际公共产品的提供手段，来实现一个安全与繁荣的"印太"，借以确保自身的国家安全和经济利益。[3] 与此同时，其内涵也逐步趋向丰富化和均衡化，安全、政治和经济可谓面面俱到。

此外需要指出的是，虽然日本是"印太"这一概念的首倡者，但自从美国也接纳这一概念后，美国自动成了"印太战略"的主导者，日本的"印太"实质上也成为美国地区战略的一环，且在安全与政治领域，基本上是亦步亦趋地跟随美国，唯有经济领域还能在"美主日从"的基本架构中呈现出一定的战略自主性。对此，中国既要对日本在推行"印太"过程中给中日关系造成的矛盾有充分准备，也要注重在矛盾中找寻推动两国合作的战略机遇，努力推动两国能共同为地区乃至世界的和平与发展事业发挥积极作用。

---

[1] 渡辺治・岡田知弘・二宮厚美・後藤道夫『＜大国＞への執念　安倍政権と日本の危機』、大月書店2014年、173～210頁。

[2] 首相官邸「第百九十六回国会における安倍内閣総理大臣施政方針演説」、2018年1月22日、https://www.kantei.go.jp/jp/98_abe/statement2/20180122siseihousin.html。

[3] Kei Koga, "Japan's 'Indo-Pacific' Question: Countering China of Shaping a New Regional Order?", *International Affairs*, Vol. 96, Issue. 1, January 2020, pp. 49–73.

第一节　日本对百年大变局的主要认知

世界正经历百年未有之大变局,是现阶段中国对世界大势进行敏锐观察和全局剖析后做出的综合性判断。它意味着 17 世纪以来的国际权力和治理模式(如体系、制度、规则等)完全由西方国家主导的局势正发生着历史性变革。毋庸讳言,百年大变局中的重要体系意义的变量是中国,随着中国在国际权力、财富和利益分配中正前所未有地走近世界中心,[①]这一过程实质上与中华民族伟大复兴的历史进程是"同步交织、相互激荡"的。[②] 换言之,面对百年大变局,不仅要把中国置于其中,更要重视中国在其中的作用。[③] 此外,在各种错综复杂的变化中,各种矛盾相互交织,挑战与机遇并存,因此也要关注与此相联系的各种双边、多边关系的转变。唯有对此有全面客观的认识,才能理解为何习近平主席在会见安倍时要将两国关系的未来置于百年大变局中进行构建。[④][⑤] 对于共同推动构建契合新时代要求的中日关系,安倍虽然表示赞同,但不可否认的是,中日双方对世界大变局的认知是存在较大分歧的。进一步地,现阶段日本主要的对外战略擘画与对华外交方针在很大程度上均与之息息相关。

日本在二战后一方面被纳入美国的同盟体系,虽然"美主日从"的结构导致日本不能拥有独立的外交权,但国家安全得益于美国核保护伞的庇护,在安全保障领域基本无虞的同时,也节省了作为一般主权独立国家所有必须支付的政治、军事开支,从而间接地襄助了经济的发展。另一方面,在经济上得益于加入以美国为主导的"自由主义国家"阵营,也极大地节约了外部市场交易成本,这不但对日本经济的迅速复苏和快速崛起大有裨益,更使得因战败而低迷的自信心在不到 20 年的时间内便重新恢复。以日本加入经济合作与发展

---

① 张蕴岭、杨光斌、魏玲等:《如何认识和理解百年大变局》,《亚太安全与海洋研究》2019 年第 2 期,第 1—14 页。

② 新华网:《习近平在中央外事工作会议上发表重要讲话》,2018 年 6 月 23 日,http://www.xinhuanet.com/politics/leaders/2018-06/23/c_1123025867.htm。

③ 张蕴岭:《百年大变局下的中日关系》,《亚太安全与海洋研究》2019 年第 1 期,第 1 页。

④ 《习近平会见日本首相安倍晋三》,《人民日报》2019 年 6 月 28 日。

⑤ 《习近平会见日本首相安倍晋三》,《人民日报》2019 年 12 月 24 日。

组织(OECD)和成功举办东京奥运会为契机,多数民众认为日本已不再是战败国,而是发达国家的一员,且作为主要的自由主义国家,日本也已基本确立了自己在国际社会上的地位。[①]

进一步地,冷战的结束更让日本认为这是西方价值观的胜利,以及日本二战后的价值选择是正确的。此外,在强大经济实力的加持下,日本不但自认是西方阵营在亚洲的先驱和翘楚,更开始在世界范围内谋求与其经济地位相称的综合性大国地位。[②] 如日本在冷战结束伊始便旗帜鲜明地提出了日美欧三极共管世界的大国外交口号,强调冷战后的国际格局不但在经济上呈现出日美欧三足鼎立之势,且基于相同的价值观念,三方应共同掌控冷战后的国际格局。[③] 对日本而言,它不但自我认同是西方国家,还自认是美国主导的自由国际主义秩序的得益者和拥护者。[④] 因此,对于百年大变局,日本认知的本体论源自其对西方国家的身份认同和自我定位。

需要强调的是,日本国内并未直接出现百年大变局之类的表述,其对这个概念的理解主要基于权力转移的视角,因此多用中美权力转移或世界权力转移等措辞,并进一步关注会对日本产生怎样的影响。

在政治层面,日本总体上认同美国对华的定位,即中国正在“试图根据自身利益改变现行国际秩序”,并“塑造一个与美国价值观与利益相对立的世界”。[⑤] 随着传统的霸权战争退出历史舞台,世界进入了“大国无战争”时代,大国的权力转移只能通过和平方式在较长的时间段里完成,且崛起国崛起进程的终极目标也并非物质性的实力赶超,而是要构建一个由本国主导的国际秩序。[⑥]

---

① 五百旗頭真編『戦後日本外交史』(第 3 版補訂版)、有斐閣 2014 年、113~115 頁。

② 参见:添谷芳秀『日本の外交 「戦後」を読みとく』、筑摩書房 2017 年、89~92 頁;北岡伸一『世界地図を読み直す—協力と均衡の地政学—』、新潮選書 2019 年、250 頁。

③ 参见:栗山尚一「激動の 90 年代と日本外交の新展開」、『外交フォーラム』1990 年 5 月号、16 頁;外務省「平成 5 年版外交青書」、http://www.mofa.go.jp/mofaj/gaiko/bluebook/1993_1/h05-1-2-2-1.htm♯a7。

④ 外務省「平成 30 年版外交青書(巻頭言)」、https://www.mofa.go.jp/mofaj/gaiko/bluebook/2018/html/chapter0_01.html。

⑤ White House, *National Security Strategy of the United States of America*, December 2017, p.25, https://www.whitehouse.gov/wp-content/uploads/2017/12/NSS-Final-12-18-2017-0905.pdf.

⑥ 徐进:《理念竞争、秩序构建与权力转移》,《当代亚太》2019 年第 4 期,第 4—25 页。

因此,尽管中国一再宣称不"输出"中国模式,不要求别国"复制"中国的做法,[①]但中国从一个积贫积弱的国家快速成长为世界第二大经济体的事实的确吸引大批发展中国家学习中国的发展理论和模仿中国的发展道路,而这不但为美日欧等西方世界所不乐见,更加深了其对中国发展的疑虑,甚而感到是严峻的"挑战"与"威胁"。

如前所述,日本自认为在战后 70 多年中获得的和平与繁荣仰赖于美国主导的国际秩序,尤其是冷战的结束更标志着这一秩序具有"普世性价值"。[②] 一般而言,国际秩序意指国家依据国际规范采取非暴力方式解决冲突的状态,其构成要素为国际主流价值观、国际规范和国际制度安排。[③] 而所谓"美国主导的国际秩序"主要指以西方价值观、西方制定的国际规范和国际制度为特征的自由国际主义秩序。其政治支柱是西方自由民主制度和多边主义外交;经济支柱是市场经济、自由贸易和美元霸权,并奉行经济自由主义;军事支柱是美国的军事霸权地位、盟国网络及其用武力维护这一秩序的决心;思想支柱是威尔逊主义及其哲学基础西方自由主义。[④] 日本认为在全球层面中国自觉或不自觉地对外输出"中国模式",势将对现行国际秩序产生根本性冲击,[⑤]并担忧中国在区域层面上会日益削弱甚而最终排斥美国在亚太地区的"存在",建立由其主导的区域秩序。[⑥] 而日本一直将日美同盟视为维护亚太区域稳定的国际安全公共产品,[⑦]因此日本基本认同美国的对华定位也就不足为奇了。

在安全保障层面,日本强调面对国际矛盾与纷争,应奉行国际协调主义原

---

① 习近平:《携手建设更加美好的世界》,《人民日报》2017 年 12 月 2 日。

② 細谷雄一「戦後史を解放し 国民の外交力底上げに挑む」、https://www. headlines. yahoo. co. jp/article? a=20190903-00010004-wedge-int。

③ 阎学通:《无序体系中的国际秩序》,《国际政治科学》2016 年第 1 期,第 1—32 页。

④ 参见:Charles A. Kupchan, Peter L. Trubowitz, "Dead Center: The Demise of Liberal Internationalism in the United States", *International Security*, Vol. 32, No. 2, Fall 2007, pp. 7 - 44; Stephen Chaudoin, Helen Milner, Dustin Tingley, "The Center still Holds: Liberal Internationalism Survives", *International Security*, Vol. 35, No. 1, Summer 2010, pp. 75 - 94.

⑤ 公益財団法人 日本国際フォーラム「日米共同政策レポート 2018」、https://www. jfir. or. jp/j/activities/reseach/pdf/180412_j. pdf。

⑥ 大庭三枝「現代日本外交の三〇年—地域主義・アジアの観点を中心に—」、『国際政治』2019 年 3 月号、109 頁。

⑦ 細谷雄一「外交の新たなアイデンティティを求めて」、https://www. nippon. com/ja/features/c00201/。

则,以和平的外交谈判方式努力化解。但它却对中国为积极维护南海地区的和平稳定,而全力推动的"南海行为准则"(COC)谈判视若无睹,反倒不断渲染说中国倾向于用实力单方面改变现状,进而在南海乃至印度洋确立海洋霸权。① 对于中方在钓鱼岛周边毗邻水域的常态化巡航,日本一直渲染说中国"入侵日本领土",更在 2020 年版的《防卫白皮书》中首次用了"执意试图改变现状"之类的严厉措辞。② 总之,日本已将中国在东海、南海等区域的一系列维权与维稳行动抹黑成是对日本国家安全的严重威胁,和对地区安全与稳定的最大威胁,更是对"以自由、开放和规则为基础的国际秩序"的一种严峻挑战。③

在经济贸易层面,日本一方面认为中国在对外经贸往来中存在不遵守全球贸易规则的"扭曲市场和贸易"的做法,如大规模的政府补贴和强制性的技术转让等,因此积极地与美欧一道商讨 WTO 的改革方案,以形成对华的"统一阵营"。④ 而另一方面,日本也清醒地认识到中国 14 亿人口的庞大市场对于提振日本经济是不可或缺的,且两国在维护多边主义和自由贸易,推动构建开放型世界经济方面立场相同。因此,日本也并不排斥与中国加强经贸合作,但着力点在于要将中国纳入到由日本主导的制度框架内,形成对华的制度优势,并以此为基础,获取制度性收益。⑤

第二节　区域主义外交与"印太"的提出

日本一直强调说,它是对地区乃至国际的和平与繁荣积极贡献的稳定力

---

① 細谷雄一「新しい地政学の時代へ——冷戦後における国際秩序の転換」、北岡伸一細谷雄一編『新しい地政学』、東洋経済新報社 2020 年、59 頁。

② 防衛省・自衛隊「令和 2 年版防衛白書」、https://www.mod.go.jp/j/publication/wp/wp2020/pdf/R02010202.pdf。

③ 外務省「平成 30 年版外交青書」、https://www.mofa.go.jp/mofaj/gaiko/bluebook/2018/pdf/pdfs/1.pdf。

④ Office of the United States Trade Representative, "Joint Statement of the Trilateral Meeting of the Trade Ministers of Japan, the United States and the European Union", 2020 - 01 - 14, https://ustr.gov/about-us/policy-offices/press-office/press-releases/2020/january/joint-statement-trilateral-meeting-trade-ministers-japan-united-states-and-european-union.

⑤ 蔡亮:《亚太三元结构下日本的角色定位与对华政策》,《日本学刊》2020 年第 3 期,第 45—75 页。

量,是强调"基于规则"的国际秩序的坚定维护者等。[①] 那么为实现上述目标,日本究竟拥有怎样的实力,又能采取怎样的方式呢?

　　首先,日本受自然禀赋、地缘政治及历史包袱等因素所限,本就无法拥有像美国、苏联那样或能对国际秩序进行构建与重构,或在国际政治、安全等领域具有左右国际体系的能力。[②] 此外,日本经历了"失去的30年"的平成时代,其综合国力趋于持续下滑的状态,[③]与中美这样的洲际型国家相比,差距也在不断扩大中。

　　其次,日本所处的地理环境使得任何想要在亚太地区称霸的国家无论是压制日本,还是要与日本保持友好关系均能获得"事半功倍"的功效,这使得日本成了一颗可以发挥战略性意义的"棋子"。[④] 此外,日本在总体上仍算一个"准大国",仍有能力左右亚太地区的和平与稳定,乃至对世界秩序的未来走向有所影响。[⑤] 进一步地,日本认为现阶段的国际大势正从大西洋时代迈向太平洋时代,这有利于日本提高国际影响力。在大西洋时代,日本终究是站在世界舞台边陲的一个旁观者,而随着"东升西降"现象的出现,身处东亚尽头的日本在地缘政治上占据了极其有利的位置。它可以灵活地通过政治和经济等各种手段,有效确保日本的国家利益和安全保障,还能透过国际协调,在亚太地区重塑"实力均衡"的过程中发挥至关重要的作用。[⑥]

　　最后,回顾二战后日本的历史可以发现,虽然日本外交的战略主动空间被大大限缩,只能参与到美国主导的国际体系中,努力实现危机最小化和利益最大化。它只能在与美国不发生根本性冲突的领域,或被美国忽视(不够重视)的领域不断摸索如何发挥独特的作用。[⑦] 但这种"应对型外交"也使得日本外

① 参见:首相官邸「第 68 回国連総会における安倍内閣総理大臣一般討論演説」、http://www. kantei. go. jp/jp/96_abe/statement/2013/26generaldebate. html;首相官邸「第百九十六回国会における安倍内閣総理大臣施政方針演説」、https://www. kantei. go. jp/jp/98_abe/statement2/20180122siseihousin. html。

② Kenneth B. Pyle, *Japan Rising: the Resurgence of Japanese Power and Purpose*, New York: Public Affairs(A Century Foundation Book), 2007, p.50.

③ 吉見俊哉『平成時代』、岩波新書 2019 年、6〜15 頁。

④ 船橋洋一『21 世紀　地政学入門』、文春新書 2016 年、8 頁。

⑤ 小原雅博『日本の国益』、講談社現代新書 2018 年、262 頁。

⑥ 細谷雄一『国際秩序——18 世紀ヨーロッパから 21 世紀アジアへ——』、中公新書 2013 年、331 頁。

⑦ 参见:添谷芳秀『日本の「ミドルパワー」外交——戦後日本の選択と構想』、ちくま新書 2005 年、205〜208 頁;添谷芳秀『日本の外交　「戦後」を読みとく』、筑摩書房 2017 年、32 頁;添谷芳秀『入門講義　戦後日本外交史』、慶應義塾大学出版会 2019 年、2 頁。

交擅长后发制人,在受到外部巨大冲击后不但能通过及时灵活地调整政策以适应新情况,还善于抓住机遇积极寻求战略回旋空间。

由此可见,为实现上述目标,虽然近年来日本在安全保障领域动作频频,一方面连续多年增加国防支出,另一方面连续突破旧有的军事禁区,如解禁集体自卫权,强行通过新安保法案等。但日本的综合国力不允许它过分倚重硬实力的开拓,而促使它更注重在制度等软实力领域的拓展。即便如此,仅凭日本一国也没有能力通过制度构建,在维护自由贸易秩序方面取得主导权,发挥引领者和引导者的作用,而必须在国际上寻找拥有共同价值或志同道合(likeminded)的国家强化合作。[①] 这就使得区域主义成了现阶段日本颇为倚重的路径依赖。

如前所述,区域主义意指地理位置相近的各国,基于增强各自利益和应对地区内外的各种挑战,寻求通过多种形式的合作,如通过构建某种地区性国际组织或某种非机制性安排,形成一种以利益攸关、相互依赖为特征的国际关系现象。根据不同的标准,区域主义也有不同的类型,如根据主导行为体的不同,以是否有国家行为体发挥主导作用为标准分为刚性区域主义和软性区域主义;根据运行方式的不同,以有无制度性框架(甚至是超国家性质的制度性框架)为基准分为正式区域主义和非正式区域主义;根据开放与否,分为封闭性区域主义和开放性区域主义;根据内容的不同,分为经济区域主义、政治区域主义、安全区域主义等。需要强调的是,任何行为体往往是根据具体时空环境而推出多层次和多向度的区域主义政策,因而不能用上述标准来框限一国的相关行为。

具体到日本,其区域主义外交所侧重的就是如何在新的国际环境和地区环境变迁中摸索本国角色和身份的一个外交过程,其聚焦的是以某一不受地理范围局限的区域为对象,通过重塑价值观和规则为合作纽带,进行政策协调和地区合作,如提出各种区域构想或勾勒实现上述构想的区域制度等,最终以形成一个有利于区域内制度构建的合作框架为目标的外交行为。它的根本课题是一方面应致力于实现基于"普世性价值"的国际秩序,另一方面推进基于

---

① 鈴木一人「日本はリベラル国際秩序の担い手になりえるのか」,『国際政治』2019 年 196 号、130 頁。

自由开放的自由主义经济秩序的经济合作与国际协调。[①]

在安全保障领域，日本强调要持续加强日美同盟，扮演好美国的辅成者（kingmaker）角色。[②] 但与此同时，面对中美战略性竞斗，日本也不能进行简单地选边，因为其结果只会导致处于中美夹缝中的日本就此沉沦，这显然严重损害其国家利益。因此，日本努力将构筑"日美同盟＋日中协调"视为外交的两大支柱，在中美之间充当协调角色。在经贸领域，一方面日本在美国退出 TPP后，联合其他国家主导 CPTPP 成型，另一方面积极与欧盟签署 EPA，还与中国等共同推动 RCEP 完成谈判，并加快中日韩 FTA 的谈判步伐。以此为基础，不但有利于日本在维持自由贸易秩序方面发挥引领作用，还使得其在区域经贸一体化的整合中占据先机。需要强调的是，日本的上述行为有利于其在日美贸易谈判中增加自身抵御压力的实力。而透过日美贸易谈判日本还希冀引导美国对维持自由贸易秩序持积极态度。[③] 借此，日本才能在为世界和平与繁荣贡献力量的同时，积极追求本国的国家利益，并提升自身的国际影响力。[④]

概言之，现阶段日本的区域主义外交呈现出三大重心：第一，面对中国崛起所带来的国际影响，日本如何在确保其国际影响力的同时让地区乃至国际的各项制度规定朝着对日本有利的方向发展，且要确保把中国吸纳进这一基于规则的秩序框架（rules-based international order）中，避免使之成为赤裸裸的排斥中国和遏制中国的一种对抗性制度框架；第二，继续强化作为外交基轴的日美同盟；第三，不能继续奉行对美追随外交，日本应如何将经济实力转化为地区秩序构筑中的主导力。[⑤]

如前所述，日本虽然曾在冷战结束伊始就提出过日美欧三极主导国际秩

---

① 参见：大庭三枝「現代日本外交の三〇年—地域主義・アジアの観点を中心に—」、『国際政治』2019 年 196 号、98～99 頁；白鳥潤一郎「『価値』をめぐる模索：冷戦後日本外交の新局面」、『国際安全保障』2018 年 4 号、68～84 頁。

② 贺凯：《亚太地区的制度制衡与竞争性多边主义》，《世界经济与政治》2018 年第 12 期，第 60—83 页。

③ 丹羽宇一郎『日本をどのような国にするか——地球と世界の大問題』、岩波新書 2019 年、144～145 頁。

④ 首相官邸「第百九十六回国会における安倍内閣総理大臣施政方針演説」、https://www.kantei.go.jp/jp/98_abe/statement2/20180122siseihousin.html。

⑤ 参见：大庭三枝「現代日本外交の三〇年—地域主義・アジアの観点を中心に—」、『国際政治』2019 年 196 号、111 頁；五百旗頭真「日本は秩序再編へ誘導を」、『朝日新聞』2020 年 1 月 13 日。

序的构想,但一来其综合国力根本无法与中美等国等量齐观,客观上难以实现上述目标,二则外交权受限的框架结构也极大地限缩了日本的主观能动性。因此,强调不做二流国家,而以实现一流大国为己任的安倍内阁对外战略的擘画既不会改变"美主日从"的现有同盟框架,更无法扭转百年大变局的发展趋势,眼光所及只是在客观体认国际格局和自身国力的基础上,选择一条积极务实的外交路线,一方面实现"冲击最小化,利益最大化"的目标,另一方面在这一过程中谋划提升本国在地区乃至世界的影响力。^① 对此,安倍于 2013 年 2 月便清楚地指出:第一,主导亚太、印太地区贸易、投资、知识产权、劳动力市场、环境等各方面规则的制定;第二,作为全球公共产品的守护者,致力于维护一个开放的海洋秩序;第三,和以美国为首的民主国家通力合作,形成一种联盟或准联盟的关系。^② 从日本一系列政策运作来看,承担其对外战略擘画的主要实践平台莫过于由安倍首倡,特朗普政府跟进的"自由、开放的印太战略"了。^③

"印太战略"一方面是一个系统性的战略擘画,涵盖政治、安全及经济等诸多领域,另一方面又是个多国联动的战略构想。截至目前,不但日美澳印 4 国,连欧盟、东盟等也提出了各自版本的"印太战略"或概念。^④ 而日本的"印太战略"虽然是安倍于 2016 年 8 月在内罗毕举行的第六届东京非洲发展国际会议(TICAD)上正式提出的。但追根溯源,其构思和相关铺垫准备可谓由来已久。早在 2006 年安倍首次执政前夕,他便提出了"日美印澳"四国安保对话构想。^⑤ 出任首相后,在时任外相的麻生太郎提出"自由与繁荣之弧"中,就注重亚欧大陆外围及印度洋周边国家在日本对外战略中的重要地位。^⑥ 2007 年 8 月 22 日,安倍在印度国会发表演讲时,首次提出"自由开放的印度太平洋战略",强调说"太平洋和印度洋正成为自由与繁荣之海,带来富有活力的联系,

---

① 王金辉、周永生:《简析安倍政府国际秩序构想及实质》,《日本学刊》2017 年第 3 期,第 65—82 页。

② 安倍晋三「日本は戻ってきました」、『日本の決意』、新潮社 2014 年、14 頁。

③ 北岡伸一「世界地図を読み直す―協力と均衡の地政学―」、新潮選書 2019 年、19 頁。

④ U.S. Department of State, "A Free and Open Indo-Pacific: Advancing a Shared Vision", https://www.state.gov/wp-content/uploads/2019/11/Free-and-Open-Indo-Pacific-4Nov2019.pdf.

⑤ 安倍晋三『美しい国へ』、文藝春秋 2006 年、160 頁。

⑥ 麻生太郎『自由と繁栄の弧』、幻冬舎文庫 2008 年、20～63 頁。

一个打破地理疆界的'更为广泛的亚洲'已经明确出现",而日印两国作为"思维方式相同的民主海洋国家",应促进"更为广泛的亚洲的自由和繁荣"。①

进一步地,为强化与各国推进"海洋安保合作",安倍在再度执政伊始便提出囊括日本、印度、澳大利亚和美国在内的"民主安全菱形"的构想,不但强调了两洋交汇的重要性,指出太平洋和印度洋的和平、稳定与航行自由是不可分割的,还表示日本已准备好向这个安全菱形最大限度地贡献力量。② 2013 年 1月,他在阐释"日本外交新五项原则"时又着重强调,"美国正在将注意力转移到两洋交汇的区域,即印度洋和太平洋——也是我们所在的区域","我们应当为双边联盟投入更多精力,使其发挥更大的作用……从现在开始,日美同盟必须营造横跨两洋的广阔网络来确保安全和繁荣",与此同时"加强与印、澳等国的联系,构建横跨印度洋和太平洋的关系网络"。③ 到 2016 年安倍正式提出"印太战略"时,他不但强调要"把亚洲到非洲这一带建设成为发展与繁荣的大动脉",更主张要把"连接亚非大陆的海洋变成和平与规则主导的海",且这一秩序原则"应当成为 21 世纪世界秩序的政策基础"。④

需要指出的是,让这一构想变成行动的主要外部动因有二:其一,日本认为中国正凭借武力在东海、南海"单方面改变现状",强调说这严重威胁了日本在该海域的航行自由和航行安全,更是对基于国际法的国际秩序和国际规范的严重挑战。⑤ 而伴随着中国"一带一路"倡议的不断落实,日本担忧中国正运用自身综合国力意图在沿线地区构筑一个由中国主导的区域秩序,甚而通过"一带一路"合作攫取军事基地。⑥ 其二,日本一直主张日美同盟是维系区域稳

① 外務省「インド国会における安倍総理大臣演説『2 つの海の交わり (Confluence of the Two Seas)』」、2007 年 8 月 22 日、https://www.mofa.go.jp/mofaj/press/enzetsu/19/eabe_0822.html。

② Shinzo Abe, "Asia's Democratic Security Diamond", http://www.project-syndicate.org/Commentary/a-strategic-alliance-for-japan-and-india-by-shinzo-abe.

③ 外務省「開かれた,海の恵み—日本外交の新たな 5 原則—」、2013 年 1 月 18 日、http://www.mofa.go.jp/mofaj/press/enzetsu/25/abe_0118j.html。

④ 外務省「TICAD VI 開会に当たって・安倍晋三日本国総理大臣基調演説」、2016 年 8 月 27 日、https://www.mofa.go.jp/mofaj/afr/af2/page4_002268.html。

⑤ 防衛研究所編「東アジア戦略概観 2020」、http://www.nids.mod.go.jp/publication/eastasian/pdf/eastasian2020/j07.pdf。

⑥ 参见:菅義偉『政治家の覚悟』、文春新書 2020 年、236 頁;防衛省「令和 2 年版防衛白書」、https://www.mod.go.jp/j/publication/wp/wp2020/pdf/R02010202.pdf。

定和繁荣的基石,但美国综合国力正处于衰退中,尽管主观上想强化在印太地区的存在,但客观实力上已力不从心,因此自然就希冀日本能够积极发挥作用,将印太和欧美一起统合到"自由国际秩序"的旗帜之下。[①] 以此为基础也就不能理解,为何到 2016 年安倍正式提出"印太战略"时,他不但强调要"把亚洲到非洲这一带建设成为发展与繁荣的大动脉",更主张要把"连接亚非大陆的海洋变成和平与规则主导的海",且这一秩序原则"应当成为 21 世纪世界秩序的政策基础"了。[②]

可见,日本"印太战略"的逐步成型是上述一系列战略构想的延续和升级,主要是在其"随美型"的亚太战略构思未能发挥预期效用,且在中美"一进一退",中国被认为通过"一带一路"倡议等举措主导亚太及印太秩序构建的现实刺激下,由传统地缘政治思维发酵而催生的一种地区战略。[③] 尽管日本政府支出"印太战略"并不针对某一特定国家,而日本各界倒毫不讳言它就是针对中国的。[④] 但也因为如此,"印太战略"体现出了鲜明的地缘政治竞争色彩,尤其是针对中国的相对强硬且露骨的遏制,不但无助于双边关系的发展,也使得周边国家对日本可能造成的加剧地缘对立、激化大国矛盾的担忧加剧,而这显然不符合日本的战略预期。

进一步地,随着特朗普主政后,以"美国第一"为特征的单边主义和贸易保护主义导致美国对外战略的不确定性日益增强,安倍一方面需要将改善对华关系视为因应"特朗普冲击"的"B 计划",另一方面则需要将印太战略从侧重安全的战略尤其是加强该地区的防务和安全伙伴关系,发展为一种更全面、更平衡的区域秩序构想,即更加凸显其中的开放与自由、经济合作与发展协调等公益性和公共产品性。因此,安倍于 2018 年 11 月 6 日利用与马来西亚总理马哈蒂尔会晤的机会,正式表示用"构想"(vision)取代"战略"。[⑤] 此举一方面表示日本意图在表面上降低针对中国的遏制性色彩,转而强调合作性因素,注

---

① 兼原信克『歴史の教訓—「失敗の本質」と国家戦略—』、新潮新書 2020 年、192 頁、196 頁。
② 外務省「TICAD VI 開会に当たって・安倍晋三日本国総理大臣基調演説」、2016 年 8 月 27 日、https://www.mofa.go.jp/mofaj/afr/af2/page4_002268.html。
③ 吴怀中:《安倍政府印太战略及中国的应对》,《现代国际关系》2018 年第 1 期,第 18 页。
④ 添谷芳秀「日本のインド太平洋外交と近隣外交」、『国際問題』2020 年 1・2 月号、23 頁。
⑤ 「インド太平洋、消えた戦略 政府が構想に修正」、『日本経済新聞』2018 年 11 月 13 日。

重构建一个开放、包容性的制度框架,甚而将中国纳入其中,通过软性的制度制衡框限双边的竞争;另一方面,通过在中美间采取相对平衡的灵活姿态,同时加强与中美双方的合作,以此强化日本在大国博弈中的有利地位。[①] 概言之,日本此举凸显了经贸规则建构的重要性,希冀将中日两国的竞争与合作纳入到以日本为主导的制度框架内进行,并强调了自由性与开放性,希望在日美澳印以外实现更广泛、更包容的区域多边合作。[②]

到了菅义伟和岸田文雄继任首相后,外交上最大的特征还是延续安倍内阁的相关做法。因此,"印太"也体现了较强的政策延续性。[③] 但需要指出的是,"印太"从构想到行动与前首相安倍晋三拥有强势的政治主导力和外交推动力息息相关。然而,菅与岸田并不具备安倍那样的强势掌控力,执政根基也不稳固,因而根本无力像安倍那样在"印太"上倾注心力。基于此,如果说安倍时代的"印太"多少还能在美国"印太战略"主导的同时,呈现一丝日本的外交自主性和日美有别的"软中带硬"特征的话,现阶段日本的角色极有可能跌落成为仅是美国"印太战略"的重要参与者而已。而唯一能在一定程度上呈现主观能动性的领域,也就限于经济领域而已。

第三节 制度制衡:日本对华经贸政策的特征

相比美国"印太战略"的范围侧重安全保障领域,日本的"印太"则倾向于软制衡式制度设计下的"软中带硬",这一特征主要体现在经贸领域。总体而言,日本意图建立一个以自由与开放为原则、以规则为基础的区域秩序,用制度制衡来实现与中国的兼容性竞争,借以在中日经贸的竞争与合作中掌握规

---

① 参见:大庭三枝「日本の『インド太平洋』構想」,『国際安全保障』2018年12月号、27~28頁;北岡伸一『世界地図を読み直す―協力と均衡の地政学―』、新潮選書2019年、31頁。

② 参见:Yuichi Hosoya, "FOIP 2.0: The Evolution of Japan's Free and Open Indo-Pacific Strategy", *Asia Pacific Review*, Vol. 26, No. 1, 2019, pp. 18 – 28; Nicholas Szechenyi, Yuichi Hosoya, *Working Toward a Free and Open Indo-Pacific*, Carnegie Endowment for International Peace, October 2019, pp. 1 – 3.

③ 需要指出的是,"印太"的称呼又有了新变化。菅内阁侧重用"自由开放的印太",却并未说"印太"是"战略"还是"构想",但英文文本用了"initiative"(倡议)一词,可见其基本含义不变。到了岸田组阁后,在该问题上也延续了菅内阁的用法。

则优势。而从经济角度而言,印太地区作为世界上经济发展最活跃地区,日本首先需要思考如何更好地利用地理之利,积极有效地振兴本国经济。但更重要的是,如何借助"印太"这一框架,强调多边合作来确保日本在新经贸规则的建章立制中获得主导地位,并通过制度性收益获取更多的经济利益。[①] 日本的应对之策是将着力点放在"制度制衡"上,即在日本、美日或美日欧主导下,通过制度框架的构建,或与中国围绕同一议题形成制度间制衡,或与中国在同一制度框架内展开制度内制衡。其目的就是要在对华经贸合作与竞争中,形成对华的制度优势,并以此为基础,获取制度性收益。

通常而言,制度是权利、规则、原则和决策程序的集合,它的成形是一个糅合了权力与观念的因素,把认同、利益和规范进行社会化,并最终转化为一种相对稳定的认同与利益结构的过程。[②] 一般认为,基于共同制度的交往与合作,有助于以最低成本促进交易和缓解冲突。因此,所谓"制度性收益"意指通过制度调节或变迁获得的收益,即通过制度建设和制度改善给相关利益攸关方和权利攸关方提供激励的程度,其体现在降低交易费用、减少外部性和不确定性等方面。进一步地,制度建设实质上也是一种公共产品供给,而一国在全球影响力和塑造力的提升速度曲线与该国提供公共产品的成长曲线具有一致性,更与制度性收益存在正相关。[③] 概言之,全球影响力和塑造力的提升,都为一国参与国际制度提供了制度性收益空间。

从制度的视角而言,兼容性竞争实质上是基于竞争性多边主义的制度间制衡的一种外在表征。它强调的是主导国通过创建新兴制度,一方面,可增加区域成员国的外部选项(outside options);另一方面,在这一过程中,主导国通过注重如制度协同(orchestration)等嵌套式安排(nested designs),降低主要对象国的戒备与抵抗,以此强化制度的聚合效应,甚至出现主要对象国也参与其

---

① 鈴木一人「日本はリベラル国際秩序の担い手になりえるのか」,『国際政治』2019 年 3 月号、125 頁。

② 参见：Oran R. Young, *Governing Complex Systems: Social Capital for the Anthropocene*, Massachusetts: MIT Press, 2017, pp. 27 - 28; Alexander Wendt, "Anarchy is what States Make of it: The Social Construction of Power Politics", *International Organization*, Vol. 46, No. 2, 1992, pp. 391 - 425.

③ 杨剑、张明:《"一带一路"建设与中国的制度性收益》,《国际展望》2019 年第 4 期,第 42、44 页。

中的制度服从(institutional deference)现象。① 因此,这实际上结合了制度性竞争和制度性兼容,但主导国与主要对象国之间的竞争与兼容都建立在制度的嵌套式安排而非平行式安排的基础上。即:如果仅仅针对主要对象国的某些具体行为,主导国希望将之纳入到由本国主导的制度框架中,对主要对象国实现制度约束;而如果面对主要对象国所构建的一种制度安排,主导国在构建制度框架时,则强调两种框架秩序在竞争中的制度衔接问题。②

依据内容和机制两个层面的衔接程度,两种制度之间的嵌套式安排又可以分为实质性嵌套和名义性嵌套两种类型。具体而言,内容层面主要涉及两种制度在核心功能和条款安排上的规则一致性,而机制层面主要涉及两种制度是建立正式、集中化的制度挂钩安排还是非正式、松散的制度间联系。显而易见,如果两种制度不但在核心功能和条款安排上拥有较高的规则一致性,而且建立了正式、集中化的制度挂钩安排,则说明它们彼此之间建立了实质性嵌套安排;反之,则说明两种制度之间仅仅建立了名义性制度嵌套安排。③

对日本而言,在国际秩序变革期,应当抓住各方面围绕规则展开磋商博弈的"机会窗口",设法在新秩序的建构过程中成为理念提供者(vision provider),借以主导话语权。并且,在制定秩序规则内容外,积极发挥创造性实力(productive power),以对其他行为体施加影响,进而落实秩序规则内容。④ 从日本的实践来看,一方面打着"经济+安保"的旗帜,在策应美国遏制中国的过程中积极扩大

① 参见:Karen J. Alter, Sophie Meunier, "The Politics of International Regime Complexity", *Perspectives on Politics*, Vol. 7, No. 1, 2009, p. 16; Andrews Follesdal, "Implications of Contested Multilateralism for Global Constitutionalism", *Global Constitutionalism*, Vol. 15, No. 3, 2016, pp. 297 – 308; Julia C. Morse, Robert O. Keohane, "Contested Multilateralism", *The Review of International Organizations*, Vol. 9, No. 4, 2014, pp. 385 – 412; Thomas Gehring, Benjamin Faude, "A Theory of Emerging Order Within Institutional Complexes: How Competition Among Regulatory International Institutions Leads to Institutional Adaptation and Division of Labor", *The Review of International Organizations*, Vol. 9, No. 4, 2014, pp. 471 – 498; Mark S. Copelovitch, Tonya L. Putnam, "Design in Context: Existing International Agreements and New Cooperation", *International Organization*, Vol. 68, No. 2, 2014, pp. 471 – 493; Tyler Pratt, "Deference and Hierarchy in International Regime Complexes", *International Organization*, Vol. 72, No. 3, 2018, pp. 561 – 590.

② Oran R. Young, "Institutional Linkages in International Society: Polar Perspectives", *Global Governance*, Vol. 2, No. 1, 1996, pp. 2 – 3.

③ 刘玮:《兼容性制度竞争:双层对冲与地区制度的嵌套设计》,《世界经济与政治》2020 年第 2 期,第 73 页。

④ 中西寛「日本外交における『自由で開かれたインド太平洋』」、『外交』2018 年 11/12 月號、11～15 頁。

自身利益;另一方面,在信息通信、生物工程、IT 设备及量子计算机等 14 个尖端科技领域强化与美欧等国的合作,力求构建以美日或美日欧为主导的所谓"经贸新秩序"。具体而言:

首先,日本积极与美欧等国共同建立尖端技术出口限制新框架,并力图在"印太"框架内构建美日澳印战略物资供应链。拜登执政后,十分注重借助同盟的力量,拉网式地推行制华、遏华政策,日本则积极配合美国的对华部署,甚至拟于 2022 年出台经济安保的所谓"关联法",重点监控相关日企对华投资中的技术转移、高科技领域投资及市场新领域开发等。此外,日美同意共同开发6G 电信,并在半导体和其他具有战略重要性的产品的供应链方面展开合作,日本还牵头与澳印两国共同构建不依赖中国的供应链等。

进一步地,日美在第三国加强基建合作方面将着力点主要放在完善有助于实现"碳中和"目标的发电设备和 5G 网络等新一代基础设施上,意图在完善印太地区的基础设施建设方面掌握主导权。如在 5G 领域,日美将为建成安全网络加强合作,还有望联手打造采用前沿信息通信技术的智能城市。而在"高质量基建"方面,日美拟联合向东南亚等地出口交通和通信领域的基础设施,并以"碳中和"为旗帜,将新一代蓄电池和氢能源整合进输电网络等。①

其次,日本积极与美澳共同提出"蓝点网络"(blue dot network)计划,试图与中国的"一带一路"倡议形成制度间制衡。虽然日本政府近年来与中国开展了一系列的第三方市场合作,但日本频频用"缺乏透明性和开放性""'一带一路'让对象国背负过多债务,损害对象国的财政健全性"之类的措辞来对合作设限。如日本总不忘强调其合作方针是除谨慎选择合作项目外,还把确保对象国财政健全、开放性、透明性和经济合理性等列为必要条件。② 为此,日本与美澳于 2019 年共同提出了"蓝点网络"计划,意图"彻底颠覆全球基础设施的发展格局",构建一种类似餐厅米其林评级那样的"大规模基础设施项目的国际认证标准"。"蓝点网络"不但强调加强"透明度、可持续性、市场驱动导向"等,还注重将所谓的国际认证标准与"维护关于善治和环境可持续发展"挂

---

① 外务省「日米首脳共同声明『新たな時代における日米グローバル・パートナーシップ』」、2021 年 4 月 16 日、https://www.mofa.go.jp/mofaj/files/100177719.pdf。

② G20「質の高いインフラ投資に関する G20 原則」、https://www.g20.org/pdf/documents/jp/annex_01.pdf。

钩等。①

最后，日本重视区域经济一体化及其规则设定，因此不会止步于单纯的贸易自由化，而是要推进"战略性贸易外交"，即在广阔的市场中建立起新时代的公正规则，日本作为自由贸易的旗手要在推广自由公正规则上发挥引领作用。其路径依赖是，通过各种经济合作协定，扩大高质量国家规则的适用范围，并竭力以自身为枢纽，一方面通过 CPTPP、日欧 EPA、日英 EPA 等让本国在坚持自由贸易方面彰显旗手作用，并积极地在印太推进以"高标准贸易体制"为特征的国际合作；另一方面，日本众参两院又于 2021 年 4 月正式批准 RCEP，希冀扩大对华贸易的同时，对华展开制度内制衡。需要指出的是，面对中国于 2021 年 9 月正式提交参与 CPTPP 的申请，日本的态度是保守和消极的。而其他成员也是意见不一，加之又掺杂着台湾因素及"毒丸条款"的限制等，意味着中国的"二次入世"之路注定是一条漫漫长路。② 然而换一个角度而言，无论是漫长的谈判之路，还是有朝一日成为 CPTPP 的新成员，中日之间的竞争实际上都将按照同一制度标准进行，因此依旧是一场制度内制衡。

2021 年 10 月 4 日，日本政局正式进入岸田文雄时代。但受中美战略性博弈进入长期化、深度化，钓鱼岛等问题的矛盾性激化，及日本民众对华好感度下滑等因素影响，岸田对华政策的主基调是延续菅时期的总体强硬路线。如岸田早已表态说他将"对付中国"视为内阁的"首要任务"，并强调称会"毅然说出日本的主张"，且对"中国在外交和经济方面的强硬行为'深感震惊'"，因此为了保护"自由、民主、法治和人权等基本价值观"，日本将在"自由与开放的印太"框架内，进一步强化日美同盟，并与"欧洲、印度和澳大利亚等具有相同价值观的国家合作，共同反对威权制度"。③

---

① 参见:「極なき世界で新秩序を築くには」、『日本経済新聞』2021 年 1 月 6 日；首相官邸「日 EU 共同記者会見」、2018 年 7 月 17 日、http://www. kantei. go. jp/jp/98_abe/statement/2018/0717eu_kaiken. html。

② 「対中、迫られる踏み絵　台湾が TPP 申請　加盟は全会一致」、『日本経済新聞』2021 年 9 月 23 日。

③ 参见:首相官邸「第二百五回国会における岸田内閣総理大臣所信表明演説」、2021 年 10 月 8 日、https://www. kantei. go. jp/jp/100_kishida/statement/2021/1008shoshinhyomei. html；首相官邸「岸田内閣総理大臣記者会見」、2021 年 11 月 10 日、https://www. kantei. go. jp/jp/101_kishida/statement/2021/1110kaiken. html。

进一步地,岸田不但会在安全领域持续对华的强硬政策,还注重在经济、人权等领域对华施压。如他视"经济安保为施政的重中之重",明确指出,在美国积极推行经济上,尤其是高科技和具有战略意义产品上打造"去中国化"产业链政策的背景下,要以经济为重点来保护日本的地缘政治利益,多角度地来考虑日本的国家安全。因此,一方面他在内阁中新设了负责经济安保的阁僚,从制度和组织上进行"筑墙",防止技术外流;另一方面,他主张日本应积极与美国、韩国、中国台湾等国家和地区进行协调,以确保半导体等具有重要战略意义产品的供应链安全,并确保对华进行有效"脱钩"。[①] 进入 2022 年,日本为配合美国推出的"印太经济合作"计划,双方同意设立经济版"2+2"协商机制,领域将涉及供应链、技术投资和标准制定,基础设施投资、经济安全、绿色能源、贸易等。[②] 日本借此来构筑从供应链挑战和关键技术投资等的(对华)"筑墙+脱钩"工作,经贸领域的立场从履行国际条约义务转向更多关注经济安保方面的倾向日趋明显。

结　　论

中美国力的"东升西降"对国际格局而言意义重大,这是近代以来世界权力首次开始向中国等非西方世界转移扩散,它不仅大大强化了世界多极化趋势,更昭示着国际体系和国际秩序面临深度调整,西方国家长期主导国际政治的情况正在发生根本性改变。但对自诩西方国家的日本而言,这主要意味着美国主导的"自由国际秩序"正遭遇中国的挑战,因此其"国际责任"是竭力稳定这一秩序。可以说,日本的"印太"概念便是在上述历史大背景下应运而生的。

总体而言,在"印太"概念中,日本意图通过构建一个区域秩序框架,联合各方对华实施多维度对冲,并将两国之间的竞争纳入到制度框架内进行。但

---

① 参见:首相官邸「岸田内閣総理大臣記者会見」、2021 年 10 月 14 日、https://www.kantei.go.jp/jp/100_kishida/statement/2021/1014kaiken2.html;「経済安保　半導体を確保」、『讀賣新聞』2021 年 11 月 14 日。

② 外務省「日米首脳テレビ会談」、2022 年 1 月 22 日、https://www.mofa.go.jp/mofaj/na/na1/page1_001086.html。

实际上,一方面支撑"印太"的价值理念是"以多边主义之名、行单边主义之实"的自由主义,因此尽管日本总是强调对华的兼容性竞争,但其暗含的价值理念决定了"印太构想"的本质是"有选择的多边主义"。另一方面,在"美主日从"的非对称性同盟框架和中美战略性竞斗趋向长期化、深度化等结构性矛盾的影响下,日本的"印太"方向性越来越趋同于美国的"印太战略",呈现出遏制打压中国、维霸战略的冷战思维。且伴随拜登政府强化同盟体系,搞排他性的体系"小圈子"等政策的不断落实,这一倾向日渐凸显。现阶段,日本在"印太"框架下所呈现的对外布局,就是战略上"倒向美国""附和美国",积极构建"日美合作对华遏压"的非对称竞争模式。

中国欢迎多边主义,并始终用实际行动践行多边主义理念。中国也欢迎竞争,更提倡在公平公正基础上开展你追我赶、共同提高的田径赛式的竞争。但无论是多边主义还是竞争,都应建立在摈弃意识形态偏见、承认文明具有多样性的基础上,否则就是打着多边主义旗号的"伪多边主义"。它表面上强调开放包容,实际上却是封闭排他,是在国际上搞"小圈子",搞排他性标准、规则、体系,其结果也只能是搞相互攻击、你死我活的角斗赛,并把世界推向分裂甚至对抗。[①]

不可否认,中日关系堪称世界上最具复合性的双边关系,历史瓜葛与地缘矛盾纠结缠绕,表象面的现实利益纠葛与深层次的战略结构疑虑交织叠加,一方面导致两国之间的结构性复合安全困境将长期存在,另一方面日本对中国崛起给其带来的各种冲击也远较欧美国家来得直观和强烈。加之,日本自认是美国的重要盟国,又是地区多元力量的中心之一,因此强调本国应在维护以美国为主导的"自由国际秩序"方面发挥一定的主导和引领作用。从这一角度而言,随着美对华遏压日益呈现长期化、深度化倾向,日本追随美国意图,形成美日共同主导对华遏压的态势,以此彰显日本的国际影响力应该是一个中长期来看不变的趋势。对此,中国应保持清醒的认知。

然而,中日毕竟互为重要邻国,也同为地区乃至世界上有重要影响的国家,因此应对两国之间的矛盾进行主次区分,分别应对。对于日本政要近期破

---

① 《习近平出席世界经济论坛"达沃斯议程"对话会并发表特别致辞》,《人民日报》2021 年 1 月 26 日。

坏国际关系基本准则、不顾《中日和平友好条约》基本精神的种种言行,中国在明确表明立场、亮明红线的基础上,应注重"战略韧性＋政策弹性"相结合,以"两手对两手"的方式推行对日政策。一方面在涉及中国领土主权等核心利益方面,应亮明红线,对日进行口头和行动上的警告,同时也应注重利用现有的对话平台,管控各种擦枪走火造成的安全危机,防止事态升级。另一方面,对矛盾划定红线的同时就是对利益坚持合作。如中国应关注日本在经济领域、区域合作及气候变化等领域的各种务实性操作,注重具体领域中日之间的合作空间,并竭力扩大彼此的务实交流。

实际上,岸田也认识到经济上继续与中国保持密切关系,分享中国发展红利对提振日本经济是不可或缺的,因此他也多次强调有必要定期举行中日首脑会谈,借以将两国关系维持在一个可控的态势上。2021 年 10 月 8 日,他在与习近平主席通话中也重申,日方愿同中方共同努力构建契合新时代要求的建设性的、稳定的日中关系,愿同中方继续加强经济合作和民间交流。双方都同意继续通过各种方式保持互动沟通,为两国关系正确发展指引方向。①

---

① 新华网:《习近平同日本首相岸田文雄通电话》,2021 年 10 月 8 日,http://www. xinhuanet. com/2021-10/08/c_1127937864. htm。

第四章　政府开发援助与日本的印太区域竞争策略

国　晖

第二次世界大战结束后,美国领导的、对被战争破坏的西欧各国进行的经济援助与协助重建计划之"欧洲复兴计划"(European Recovery Program)拉开了国际发展援助的序幕。该计划具有三重目的性:第一,经历了两次世界大战的欧洲满目疮痍,急需重建;第二,美国若想继续保持经济的高速增长,推进"欧洲进口"获利实则是美国提供援助的隐藏目标;第三,欧洲具有重要的地缘战略位置,加强对西欧的扶持将会大大增加美国在"冷战"中对抗苏联的胜算。综合以上三点可以看出国际发展援助的双重原生属性:一是救助属性,促进受援国减贫发展;二是自利属性,援助国将通过援助获得相应的国家利益。这样的双重属性意味着国际发展援助已经成为重要的"经济方略"(economic statecraft)手段之一,助力援助国实现"一箭双雕"的战略目标。所谓经济方略是指发起国政府(sender)通过使用经济工具来影响目标国政府(target)的国家行为,以便达到发起国的既定外交目标,这一理论模式具有三个突出特征,即由政府主导、有经济工具、有明确的外交目的。[①]

日本,作为美国的忠实追随者,是二战后较早实施国际发展援助的国家之一。因战败而丧失外交权力与军事权力的日本政府不得不另辟蹊径,为日本寻找战后崛起的利器,而国际发展援助便成为这样一把利器。在日本,国际发展援助被称为"政府开发援助"(official development assistance, ODA),顾名

---

① David A. Baldwin, *Economic Statecraft*, Princeton: Princeton University Press, 1985, pp. 2 – 4.

思义,这样的援助是由日本政府主导的、充当经济方略的重要"外交武器"。

事实如此,ODA 在日本战后几十年的经济恢复与发展中起到了极其重要的作用,并为日本赢得了一定的国际声誉,提升了相应的国家地位。与此同时,随着自身经济实力的增长,日本的政治野心亦随之同步增长。日本政府一直尝试突破战败国的限制,致力于成为世界政治强国、甚至领袖国家。因此,在这样的"抱负与决心"下,ODA 为满足日本政府日益膨胀的野心,也逐渐扩大了它的援助领域和范围。在近几十年的研究中,学术界也对 ODA 展开了激烈的讨论。一些学者坚信集援助、投资与贸易于一体的日本 ODA 促进了日本经济的发展。[①] 日本在提供国际发展援助的同时也在受援国"销售日本产品",以提升日本在全球的影响力。[②] 甚至为提升其国际影响力,日本政府将"互惠经济利益"与"战略型援助"作为自身几十年不变的援助理念,[③]这也使得国际发展援助成为日本政府长期维护其国家利益运用的核心外交手段,为日本重回世界政治舞台赢得了许多支持。[④] 在"产出"高于"投入"的基础上[⑤],多方获利自然而然地促使日本政府愿意在"援助"上支付巨额资金。这些现有研究成果也映射出当下学术界对日本 ODA 研究时约定俗成的定论:日本经济实力提升与其政府开发援助扩张之间呈正相关关系,即日本 GDP 不断增长时,ODA 投入额也随之不断增长。

综上所述,可以得出如下一般性结论,日本在本国经济良性循环的基础

---

① 参见:Mitsuya Araki, "Japan's official development assistance: The Japan ODA model that began life in Southeast Asia", *Asia Pacific Review*, Vol.14, No.2,2007, pp.17 – 29; Sakiko Fukuda-Parr, Hiroaki Shiga, "Normative Framing of Development Cooperation: Japanese Bilateral Aid between the DAC and Southern Donors", *JICA Research Institute*, Vol.130,2016, pp.1 – 36。

② Chiara Chiapponi, "Japan and the Asia-Pacific in the 1970s: From an economic to a 'heart-to-heart' relationship", *Modern Asian Studies*, Vol.50, No.5,2016, pp.1679 – 1704。

③ 参见:Steven W. Hoo, Guang Zhang, "Japan's aid policy since the cold war: Rhetoric and reality", *Asian Survey*, Vol.38, No.11,1998, pp.1051 – 1066; Henry Scheyvens, "Reform of Japan's official development assistance: a complete overhaul or merely a fresh coat of paint?", *Progress in Development Studies*, Vol.5, No.2,2005, pp.89 – 98。

④ Dennis T. Yasutomo, "Why Aid? Japan as an 'Aid Great Power'", *Pacific Affairs*. Vol.62, No.4,1990, pp.490 – 503.

⑤ Canfei He, Xiuzhen Xie, Shengjun Zhu, "Going global: Understanding China's outward Foreign Direct Investment from Motivational and Institutional Perspectives", *Post-Communist Economies*, Vol.27, No.4,2015, pp.448 – 471.

上,持续提升 ODA 的"质"与"量"似乎更符合客观规律发展。然而,在新世纪第一个十年末期,中国 GDP 首次超越日本成为世界第二大经济体,此后,日本经济总量虽然持续稳定在世界第三的位置,但是却未能改变其持续低迷的 GDP 增长率。在世界百年未有之大变局的时代背景下,中国的综合国力迅速崛起,这导致区域结构力量对比发生根本改变。在这样的新国际格局下,日本 ODA 投入若随其 GDP 同比下降似乎更为合理。而恰恰相反的是,据 2009—2019 年数据显示,在经济合作与发展组织(Organization for Economic Co-operation and Development,OECD)的 30 个成员国中,日本实施援助总量的排名稳居前 5 名。特别是日本 ODA 的贷款额度在东南亚、南亚地区及非洲东部沿海国家不降反升。并且,这一现象在日本政府于 2016 年正式提出"印太战略"(Free and Open Indo-Pacific,FOIP)后愈演愈烈。那么,这两者之间又存在怎样的关系?为什么日本在经济实力相对下降的时期反而提升了在印太区域的 ODA 贷款额?本文将就如上研究问题展开深入研究与分析。

第一节　研究背景

一、日本政府开发援助改革三部曲

二战结束后,日本与 48 个战胜国于 1951 年 9 月 8 日签订了《旧金山对日和平条约》(*Treaty of Peace with Japan*),它是日本以战败国身份确立战后崛起目标与未来国家走向的决定性合约。[①] 该合约的第 14 款明确规定日本要进行战后赔偿,这为日本 ODA 的日后发展提供了生根发芽的土壤。1954 年,以对缅甸发起战争赔款为标志,日本 ODA 正式付诸实践。根据日本外务省 2020 年最新发布的《日本的发展合作》(*Development Cooperation of Japan*,DCJ)[②]纲要显示,1954—2019 年,日本向其所有受援国共提供 5 505 亿美元的援助总额(含净援助额 3 875 亿美元),其中双边援助总额为 4 400 亿美元(含无

---

① 《旧金山和约》签订时,中华人民共和国尚未取得联合国席位,因此,中国被美国、英国、法国等国排除在外,未参与此次合约的签订。是故中国政府自和约签订至今从未承认过该合约的合法性。

② Ministry of Foreign Affairs of Japan, *Development Cooperation of Japan*, 2020.

偿援助额 1200 亿美元、技术援助额 700 亿美元、贷款援助额 2500 亿美元),多边援助总额为 1100 亿美元。这里产生总援助额与净援助额差异的原因是受援国每年会向日本清偿部分贷款,用于抵消部分总援助额。[①] 仅从 DCJ 纲要的名称来看,日本政府有意强调其援外工作具有了"发展合作"的重要意义,阐明了日本 ODA 的三个核心要素:第一,支持受援国发挥自救能力,重视与发展中国家的对话与合作。为尊重发展中国家的自主权和意愿,日本可为受援国在多方面提供自力更生发展的基础。如日本通过援助贷款向菲律宾海岸警卫队(PCG)提供能力建设和巡逻艇,并支持其操作和维护工作。第二,通过可持续经济增长削减受援国的贫困程度。为达到这一目标,日本在基础设施、人力资源开发、法律制度等方面向受援国提供援助,改善产业基础和投资环境。比如泰国东部沿海地区已经通过这样的援助支持成为泰国国内重要的经济驱动力和主要的工业综合体。第三,促进人类安全事业发展,即充分关注弱势群体,通过援助有效地保护和赋权,使受援国民众拥有追求个人幸福、尊严以及免于恐惧和匮乏的权利。例如日本向乌干达提供的救护车与校车共计 30 辆,目的是使这些援助更充分地满足当地医疗与教育的需求。[②] DCJ 纲要的颁布为日本未来一段时间内如何全面地、战略性地应用 ODA 指明了方向,为稳定提升其国家地位、可持续性取得国家利益提供指导性依据。

实际上,如上阐述的 ODA 核心三要素并非一蹴而就,而是对既有《政府开发援助大纲》(简称《大纲》)的多次修订后才确定下来的、符合国际环境变迁而成为日本外交战略指南之一。1992 年,日本政府颁布第一版《政府开发援助大纲》时,恰逢冷战结束后不久,其意在利用援助这一战略工具帮助日本在新的国际政治环境中为其负责任的大国形象预热。进入 21 世纪后,日本政府于2003 年对 1992 版《大纲》进行了第一次修订。此次修订后的援助《大纲》着意强调了 ODA 的国际作用,凸显出日本将与国际社会在新时代一道应对全球性挑战、担当历史重任的使命感——致力于构建世界和平(peace-building)事业。

---

① 总援助额度——gross disbursement;disbursement not offset by repayment of loan aid;净援助额度——total disbursement offset by repayment of loan aid。观察日本政府每年总贷款援助额度的涨幅,是判定其援助力度变化程度的重要依据。

② Ministry of Foreign Affairs of Japan, "Free and Open Indo-Pacific", https://www.mofa.go.jp/files/000430632.pdf.

同时,《大纲》指出,ODA 旨在提高其战略价值、灵活性、透明度和效率。此外,这次修订版《大纲》有三点值得特别关注:其一,《大纲》多次提到日本充当着国际社会的"领导角色"(leading role),将日本称为世界的"领袖国家"(leading nation)之一;其二,《大纲》强调要充分考虑到 ODA 对日本社会与经济的影响,在维护本国国家利益时起到的关键作用;其三,《大纲》明确表示日本政府会利用 ODA 积极推动区域合作,点名东南亚、南亚及非洲对日本发展的重要意义。如今看来,这几项"原则"无疑是为日本政府在几年后抛出"积极和平主义"(Proactive Contribution to Peace)、"价值观外交"(Value Diplomacy)和"俯瞰地球仪外交"(Diplomacy that takes Panoramic Perspective of the World Map)等外交政策提前造势。

进入 21 世纪后的第二个 10 年,尽管日本已经丢掉了世界第二大经济体的"宝座",却丝毫没有停下其追求世界级"领袖国家"的步伐。日本外交与发展合作的重要支柱——ODA 未受限于本国经济发展的颓势,依旧如火如荼地进行着。时隔 12 年,外务省于 2015 年又发布了《内阁关于发展合作宪章的决定》(Cabinet decision on the Development Cooperation Charter),充分地表达了日本愿以 ODA 为抓手,积极参与国际事务、引领国际政治风向标的决心:

> 值此迎来 ODA 事业发展的 60 周年之际,日本与国际社会正站在一个重要的十字路口。在这个新时代,作为一个以国际合作原则为基础、更加积极地为确保国际社会的和平、稳定与繁荣作出贡献的国家来说,日本将从"积极和平主义"(Proactive Contribution to Peace)出发,继续强有力地领导国际社会。同时,它也将继续坚持它作为一个爱好和平的国家所走的道路。这是日本政府开发援助进一步演变的关键时刻,以便其作为发展中国家平等伙伴的同时,能够更好地与它们共同应对国际社会面临的挑战……日本不仅需要政府开发援助,也需要调动各种其他资源共同应对这些发展挑战。①

这样的改革意味着 ODA 已经被视为一种战略工具,为日本政府谋划"新时期的国际格局",这一时间点恰好是日本版"印太战略"正式诞生的前一年。

---

① Ministry of Foreign Affairs of Japan, "Cabinet decision on the Development Cooperation Charter", 2015 - 02 - 10, p1, https://www. mofa. go. jp/files/000067701. pdf.

二、日本版"印太构想"的 10 年布局

2016 年 8 月 27 日,日本前首相安倍晋三在肯尼亚·内罗毕举行的第六届日本·非洲发展国际会议(Tokyo International Conference on African Development, TICAD)上正式提出了日本版"印太战略",它标志着日本政府具有划时代意义的外交战略正式出台并初具规模。依据日本外务省出台的第一版《自由开放的印太战略》(*Free and Open Indo-Pacific*, FOIP),日本政府为 FOIP 设定的区域范围是"两大洲"和"两大洋",即亚洲与非洲、太平洋与印度洋。之所以选择这样的区域限定,是因为日本在肯定亚洲迅速成长的同时,也认为非洲拥有巨大的发展潜力,那么,太平洋与印度洋就应该同时做到自由与开放。日本政府希望通过上述设想将"印太"升华为一个全面综合的战略概念,以便扩大日本外交格局的视野。日本政府表示:自由开放的 FOIP 应以全面、包容、透明的方式,维护以规则为基础的国际秩序,重视东盟的中心地位,与域内各国共同打造自由开放的印太地区"国际公共产品",为域内的每个国家带来稳定与繁荣的同时,也能确保整个印太区域的和平与繁荣,日方将与任何支持这一理念的国家合作。在此基础上,日方随后又追加了"印太战略"的三大支柱:促进和建立法治、航行自由、自由贸易等;追求经济繁荣(强调改善互通互联,加强包括 EPA/自由贸易协定和投资在内的经济伙伴关系);致力于和平与稳定(强调海事执法能力建设、HA/DR 合作等)。①

但是,二战结束以来,与美结盟的日本不得不接受美国的约束与打压,特别是在安全领域更需要追随美国的步伐,所以日版印太战略的出台并不意味着日本政府拥有独立自主的外交权,在现阶段日本依旧要唯美国马首是瞻。尤其是特朗普出任美国总统后一直为美版印太战略的出笼积极筹划,他先是于 2018 年将美军的太平洋司令部更名为"印太司令部",而后美国国防部又于 2019 年出台《印太战略报告》——标志着"美版印太"的正式诞生。此外,虽然特朗普上台后中美关系不断恶化,美方不断恶意打压中国发展,但未能如愿阻止中国的迅速崛起,这令日本也随即陷入"外交抉择"的困境,它不得不周旋于

---

① Ministry of Foreign Affairs of Japan, "Free and Open Indo-Pacific", https://www.mofa.go.jp/files/000430632.pdf.

远邦与近邻之间、左右两难。面对紧张的国际局面,考虑到需要在中美间寻求平衡位置的现状,2018 年 11 月,日本内阁决定将"印太战略"更名为"印太构想",以期弱化因"战略"一词引发中日关系敏感的可能性。2021 年 3 月,外务省又出台了第二版印太文件,即《日本为"自由开放的印太"所做的努力》(*Japan's effort for a "free and Open Indo-Pacific"*),该文件进一步解释了"日本眼中的世界":其一是全球权力平衡发生了转移,其二是印度—太平洋地区在世界尤为重要。日本需要联合"印太"所有相关合作伙伴共建"印太区域",尤其强调了与美合作是关键,表达两国携手应对挑战的决心,努力实现"自由与合作"。①

实际上,FOIP 精准的战略定位并非安倍政府心血来潮。2006 年,在首次组阁后不久,安倍曾提出过一个"日美印澳"四国安保对话构想,②这应该算作"日版印太"的雏形。为迎合安倍的主张,时任内阁外相的麻生太郎随即提出"自由与繁荣之弧"(Arc of Liberty and Prosperity,ALP)概念,他主张应以意识形态作为切入点,加强拥有相同价值观的国家间的合作。③ 2007 年,安倍首相造访印度,在《两洋交汇》的演讲中首次提及"太平洋与印度洋正在形成动态耦合的'更广泛亚洲'"。④ 安倍本人不断鼓吹着他的战略主张,即作为思维方式一致的民主海洋国家——日本与印度应当在加强合作的基础上共同促进亚洲的自由与繁荣。⑤ 随后,为推进日美印澳的海洋安全合作,安倍政府进一步抛出了"民主安全菱形包围圈"(Asia's Democratic Security Diamond)概念。综上可见,日本政府在 2016 年颁布"印太战略"绝非偶然,而是历经十载的蓄意谋划。

迄今为止,日本外务省出台的两版"印太"官方资料均强调了"发展合作"

① Ministry of Foreign Affairs of Japan, "Japan's efforts for a 'Free and Open Indo-Pacific'", https://www.mofa.go.jp/files/100056243.pdf.

② 安倍晋三、『美しい国へ』、文藝春秋 2006 年、160 頁。

③ 麻生太郎、『自由と繁栄の弧』、幻冬舎文庫 2008 年、20～63 頁。

④ Ministry of Foreign Affairs of Japan, "'Confluence of the Two Seas' Speech by H. E. Mr. Shinzo Abe, Prime Minister of Japan at the Parliament of the Republic of India", 2007 - 08 - 22, http://www.mofa.go.jp/region/asia-paci/pmv0708/speech-2.html.

⑤ 外務省、「インド国会における安倍総理大臣演説『二つの海の交わり』」、2007 年 8 月 22 日、https://www.mofa.go.jp/mofaj/press/enzetsu/19/eabe_0822.html.

的重要意义，并承诺日本会援助推动印太域内国家的基础设施建设和国家综合发展等。可见，ODA 已经在这一战略中扮演着日本政府信任依赖的外交支柱与国际合作行动指南的重要角色，在印太战略的整体规划中被寄予厚望。

第二节　日本援助印太国家的根本原因及具体执行

如前文所述，日本从谋划"印太战略"到转型"印太构想"共经历了 10 余年的光景，这 10 余年恰逢日本经济处于发展缓慢、且被中国实力赶超的低迷时期(图 4-1)，尤其在 2016 年后，日本 GDP 甚至出现了零增长、负增长。然而，日本经济的暂缓发展并未影响其政府开发援助(ODA)的持续高额投入，印太区域亦成为日本 ODA 的援助聚集地。2009—2019 年，从日本对印太地区实施援助总额及贷款援助总额的前十名国家来看，所谓"印太"范围内的"两大洋"和"两大洲"环线国家数量是逐渐增加的。即便在 2016 年之前，印太国家受援助排名也始终居于前列(表 4-1、表 4-2；粗体字为印太国家)。① 当印太战略在 2016 年正式提出后，日本政府对印太区域内"重点"目标国则投入了更多的 ODA 贷款额。仅以 2016 年为例，日本在当年的援助预算为 168 亿美元，其中双边援助 135 亿美元。超过 70％的双边援助是针对印度洋和太平洋沿岸的国家和领土。按地区划分，亚洲获得的援助最多，为 70 亿美元。印度是最大的接收国，价值约为 18 亿美元，其次是越南 16 亿美元和伊拉克 6 亿美元。其他印太国家，如孟加拉国、缅甸、泰国和印度尼西亚紧随其后。② 为何在"印太战略"提出后，日本 ODA 的金额投入反而持续性走高呢？笔者认为，根本原因在于中国的崛起导致地区结构压力发生变化；直接原因则是因"一带一路"倡议凸显出的中国领导力。这两点原因令日本产生了前所未有的国家危机感，决心予以应对，而 ODA 被选为了重点应对工具。换言之，是中国的崛起加强了日本 ODA 与其印太战略之间的关联性，加速了前者为后者服务的步伐，密切了两者的互动关系。

---

① 普遍认为，中国经济实力超越日本是在 2010 年，为更好的审视日本提出印太战略前后援助区域及数额的变化，本文所有研究数据均以 2009 年为起始点。

② Nikkei staff writers, "Japan Shifts Focus of its Development Assistance to Indo-Pacific", Nikkei Asian Review, 2018-08-15.

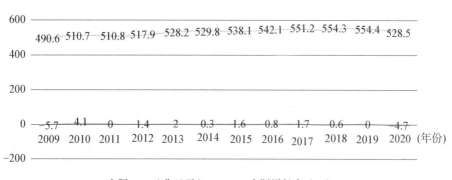

图 4 - 1　日本实际 GDP 和实际增长率（2009—2019 年）

数据来源：根据日本内阁府资料自行整理。

表 4 - 1　　　2009—2019 年日本援助国家前十名（ODA 贷款额）

年份	排　名									
	1	2	3	4	5	6	7	8	9	10
2009	越南	印度	土耳其	亚美尼亚	摩洛哥	马来西亚	乌克兰	哥斯达黎加	坦桑尼亚	罗马尼亚
2010	印度	越南	土耳其	伊拉克	利比里亚	罗马尼亚	摩洛哥	巴拿马	斯里兰卡	亚美尼亚
2011	越南	印度	伊拉克	巴基斯坦	巴西	斯里兰卡	乌克兰	阿塞拜疆	巴拿马	罗马尼亚
2012	越南	印度	伊拉克	孟加拉国	阿塞拜疆	巴基斯坦	斯里兰卡	摩洛哥	柬埔寨	蒙古国
2013	缅甸	越南	印度	印度尼西亚	伊拉克	泰国	孟加拉国	中国	斯里兰卡	肯尼亚
2014	越南	印度	印度尼西亚	菲律宾	泰国	孟加拉国	伊拉克	斯里兰卡	巴基斯坦	土耳其
2015	印度	越南	菲律宾	孟加拉国	印度尼西亚	伊拉克	约旦	安哥拉	斯里兰卡	肯尼亚
2016	印度	越南	伊拉克	孟加拉国	泰国	乌克兰	印度尼西亚	菲律宾	缅甸	埃及
2017	印度	孟加拉国	越南	蒙古国	印度尼西亚	泰国	伊拉克	乌兹别克斯坦	菲律宾	约旦
2018	印度	孟加拉国	越南	印度尼西亚	伊拉克	菲律宾	缅甸	埃及	泰国	乌兹别克斯坦
2019	印度	孟加拉国	菲律宾	印度尼西亚	越南	缅甸	乌兹别克斯坦	埃及	伊拉克	肯尼亚

资料来源：根据 *Japan's White Paper on Development Cooperation* 数据自行整理。

表 4-2   2009—2019 年日本援助印太国家前十名(ODA 总额)

年份\排名	1	2	3	4	5	6	7	8	9	10
2009	越南	印度	土耳其	阿富汗	中国	巴基斯坦	柬埔寨	坦桑尼亚	苏丹	亚美尼亚
2010	印度	越南	阿富汗	土耳其	巴基斯坦	斯里兰卡	柬埔寨	伊拉克	利比里亚	老挝
2011	越南	印度	阿富汗	巴基斯坦	伊拉克	刚果	斯里兰卡	巴西	柬埔寨	埃塞俄比亚
2012	越南	阿富汗	印度	伊拉克	孟加拉国	巴基斯坦	柬埔寨	斯里兰卡	阿塞拜疆	坦桑尼亚
2013	缅甸	越南	印度	印度尼西亚	阿富汗	伊拉克	泰国	孟加拉国	坦桑尼亚	肯尼亚
2014	越南	印度	印度尼西亚	菲律宾	泰国	孟加拉国	伊拉克	斯里兰卡	巴基斯坦	阿富汗
2015	印度	越南	菲律宾	印度尼西亚	孟加拉国	缅甸	伊拉克	阿富汗	约旦	肯尼亚
2016	印度	越南	伊拉克	孟加拉国	缅甸	泰国	印度尼西亚	乌克兰	菲律宾	阿富汗
2017	印度	孟加拉国	越南	印度尼西亚	蒙古国	泰国	伊拉克	菲律宾	约旦	斯里兰卡
2018	印度	孟加拉国	越南	印度尼西亚	菲律宾	伊拉克	缅甸	埃及	泰国	肯尼亚
2019	印度	孟加拉国	菲律宾	缅甸	印度尼西亚	越南	乌兹别克斯坦	埃及	伊拉克	肯尼亚

资料来源:笔者根据 *Japan's White Paper on Development Cooperation* 数据整理。

通常来讲,2010 年中国 GDP 超越日本被视为中国崛起的重要时间点,这一节点也是日本患上"恐邻症"的初始时间。而笔者认为,推动日本决心应对中国崛起的精确时间点则是 2013 年,那一年中国政府的"一带一路"(The Belt and road, B&R)国家级顶层合作倡议问世。该倡议提出后,中国便有了与世界各国共谋发展、共同进步的总体规划方案,使中国及"一带一路"沿线国家依靠原有的双边、多边机制,及行之有效的既有区域合作平台,积极发展相互间的经济合作伙伴关系,共同打造政治互信、经济融合、文化包容的利益共同体、命运共同体和责任共同体。^① 多年来,中国政府凭借"一带一路"与东南亚、南亚及非洲地区的诸多发展中国家取得了突破性的经济合作进展。该倡议不仅受到了沿线国家的热烈欢迎,也得到了世界性的认可。因此,日本政府为"有效"应对这样的"变局",才会提出"印太战略"(2016 年),选择在印太区域实施与其 GDP 逆向发展的 ODA 战略部署,形成"日本式经济方略"逻辑布局(图 4-2):寄希望于 ODA 这一经济工具来拉拢印太国家、应对中国崛起、共建印太区域,形成"以大国为援助聚焦,以小国为援助辐射"的具体执行步骤。这一部分论述也将由三个重要的时间节点——2010 年、2013 年和 2016 年串联展开。

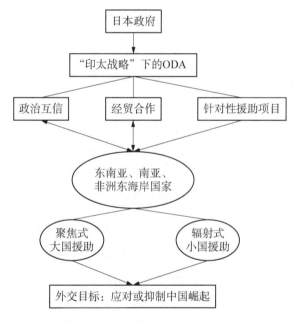

图 4-2　日本的经济方略逻辑布局

一、聚焦式大国援助战略

国际上对"大国""小国"的划分存在不同的分析维度。^② 根据汉斯·摩根

① 乌东锋:《人民日报专题深思:"一带一路"的三个共同体建设》,《人民日报》2015 年 9 月 22 日,7 版。
② 孙西辉、金灿荣:《小国的"大国平衡外交"机理与马来西亚的中美"平衡外交"》,《当代亚太》2017 年第 2 期,第 9—11 页。

索(Hans J. Morgenthan)在《国家间政治》(*Politics Among Nations*)中对"国家权力"划分提出的标准来看，地理、自然资源、工业能力、战备、人口、民族性格、国民士气、外交的素质以及政府的素质都是区分"大国"与"小国"的关键"要素"。[①] 另有西方学者也发表过类似观点，认为人口规模、领土面积、经济体量、军事能力等资源是衡量"大国"与"小国"的依据；此外，从具体外交行为看，大国更易于通过单独行动维护本国利益和自身安全，这是小国所无法比拟的优势，小国则仅能依靠多边行动尽可能弥补自身弱点与缺陷。[②] 鉴于这样的评判标准并结合日本对印太区域的定义范围来看，将印度列为日本在印太域内援助的唯一大国似乎更为妥当。

日本在其每年一版的《ODA 白皮书》中都会强调印度和南亚地区对日本发展的重要意义。综合来看有三点原因：其一，印度具有重要的战略意义，它位于连接东亚和中东的陆海道上，对打击恐怖主义和极端主义至关重要；其二，印度的经济潜力具有可挖掘性；其三，联合印度推动印太战略发展是应对中国崛起的捷径。在日本看来，印度作为亚洲域内仅次于中国和日本的第三大经济强国和政治强国，与日本恰好存在优势互补的合作机遇，援助既可以帮助印度发展，又能为日本带来相应的国家利益。近年，印度虽拒绝加入中国的"一带一路"合作框架，却与中国保持着高额密切的经贸往来，这无疑对日印携手共建印太经济形成阻碍。所以，应用 ODA 对印度加以利诱，是拉拢印度加入"日本阵营"的"佳选"。尤其是印度自身发展也面临诸多困境，需要日本ODA 施以援手。例如，印度的道路、铁路和港口等基础设施的缺乏；水和卫生设施不发达；虽然人口不断增长，但初等教育入学率低；医疗保障不足、医疗体制不健全，妇幼保健不足，传染病防治对策缺乏等。特别是"减贫"问题在印度更富挑战性，当前，印度依然有 30%左右的人口在贫困线挣扎，这是当今世界存在于一国范围内的最大的贫困人口比例。鉴于这样的种种现实情况，日本从政治、经济以及"人"三个方面在印度部署 ODA 战略。

---

① 参见：Hans J. Morgenthan, *Politics among nations*, McGraw-Hill Education, 2005.

② Andrew F. Cooper, Timothy M. Shaw, "The Diplomacies of Small States: Between Vulnerability and Resilience", London: Palgrave Macmillan, 2009, p.26.

（一）依托 ODA 推动政治互信、达成外交共识

日本对印度的援助并非心血来潮式的临时措施，而是从新世纪后日印双边关系复苏时开始的，并在近 10 年稳步发展，自"印太战略"正式启动后直线飙升。日本依托 ODA 在政治互信与外交共识上对印度采取了两个方面的交叉互动援助（表 4-3）：频繁高层互动，发布官方宣言；寻求域内合作，拓展大国关系。

表 4-3　　　　　　　日印重大外交事件（2003—2018 年）

年份	外交事件
2003	印度成为日本第一大受援国
2004	日印关系升级为"全球战略伙伴关系"
2006	日本推出《国家援助项目之印度篇》(Country Assistance Program for India)
	安倍倡议美日印澳共建"民主国家俱乐部"
	日印启动年度"防长级对话"
2007	日印升级"防长级对话"为"国防政策对话"
2012	安倍（二次执政）倡议日美印澳组建"亚洲民主安全菱形"
2014	安倍访问印度，日印关系升级为"特别的全球战略伙伴关系"
2015	安倍再次访印，发表《日印 2025 愿景：特殊全球战略伙伴关系，为印太地区及世界的和平繁荣而共同努力》
2016	回应"印太战略"，安倍、莫迪互访
2017	回应"印太战略"，安倍、莫迪互访
2018	回应"印太战略"，安倍、莫迪互访，最终确认《日印愿景声明》(Japan-India Vision Statement)

资料来源：笔者根据日本外务省官方资料整理。

日印间高层互动复苏于新世纪初期。2003 年，日本着手对 ODA 政策进行调整，印度正式取代中国成为日本的第一大受援国。2004 年，两国又升级为"全球战略伙伴关系"。随后，日本政府于 2006 年 1 月特别出版了《国家援助项目之印度篇》(Country Assistance Program for India)，日本强调，印度除去对日本维护海洋安全具有重要意义外，还会在不久的将来成为与中国、日本比肩的超级大国，其拥有巨大的外交、政治和经济潜力。日本有必要与印度加

强双边关系,共建合作伙伴关系,创造"新亚洲时代"(new Asian era)。^① 莫迪就任印度总理后,日印两国互动较之前更为密切。安倍二次执政后于 2014 年访问印度,表达了日本政府期待深化日印合作的愿望,并将两国关系升级为"特别的全球战略伙伴关系"。2015 年,安倍再次访印,发表《日印 2025 愿景:特殊全球战略伙伴关系,为印太地区及世界的和平繁荣而共同努力》的声明。^② 2016 年"印太战略"发布后,莫迪与安倍连续三年保持高频互访,2018 年《日印愿景声明》(Japan-India Vision Statement)最终确定,肯定了日本"自由开放的印太"与印度"东进政策"对两国关系具有重要意义。^③ 日印双方在共建"印太"的问题上达到实质性共识。

印太域内大国合作指美日印澳四国。2004 年,安倍开始设想依托"印太"与美国、印度、澳大利亚共建"民主国家俱乐部"来对抗中国崛起,^④并正式开启日印年度"防长级对话",2007 年又将"防长级"晋升为"国防政策对话"。2012 年,再度执政的安倍没有放弃之前"民主俱乐部"的幻想,再次希望与美印澳三国组建"亚洲民主安全菱形"(Asia's Democratic Security Diamond),妄称"民主菱形"可以确保从印度洋到西太平洋的地区安全,维护印太新秩序。^⑤ 这些为如今美日印澳四国机制间联动奠定基础。

(二) 依托 ODA 推动经济合作、互利共赢发展

日本对印度的经济援助一直以基础设施建设为援助核心(表 4 - 4)。尽管日本在提出"印太战略"后对印度进入了经济援助高潮期,但实质性援助合作

---

① Government of Japan, "Country Assistance Program for India", 2006, p. 1, https://www.mofa.go.jp/policy/oda/region/sw_asia/india.pdf.

② 外務省「日印ヴィジョン 2025　特別戦略的グローバル・パートナーシップインド太平洋地域と世界の平和と繁栄のための協働」、2015 年 12 月 12 日、https://www.mofa.go.jp/mofaj/s_sa/sw/in/page3_001508.html。

③ "Japan-India Vision Statement", 2018 - 10 - 29, https://www.mofa.go.jp/files/000413507.pdf。

④ Michael D. Swaine, "Creating an Unstable Asia: the U. S. 'Free and Open Indo-Pacific' Strategy", 2018 - 03 - 02, https://carnegieendowment.org/2018/03/02/creatingsnstable-%20asia-u.s.-free-and-open-indo-pacific-strategy-pub-75720.

⑤ Shinzo Abe, "Asia's Democratic Security Diamond", 2012 - 12 - 27, https://www.project-syndicate.org/magazine/a-strategic-alliance-for-japan-and-india-by-shinzo-abe.

早在十年前便已展开,以交通、水力、发电及桥梁建设等基建项目援助主体,进而拓展至金融设施。

表 4-4　　　　日本对印度重点经济援助(2009—2018 年)

年份	重点经济援助内容
2009	专用货运走廊项目(Dedicated Freight Corridor Project, DFC)
	德里—孟买工业走廊项目(Delhi-Mumbai Industrial Corridor Project, DMIC)
2011	《日印全面经济伙伴关系协定》(*Japan-India Comprehensive Economic Partnership*)
2012	德里供水改善计划(290 亿日元贷款)、德里地铁(半数以上资金来自 ODA 贷款)
2014	1 月,日印峰会——日本向印度提供总计 2 000 亿日元的新贷款援助
	9 月,日本承诺 5 年内实现包括 ODA 在内的 35 万亿日元公共和私人投资与融资支持印度发展
2015	日本提供 1.5 万亿日元的金融设施增加日印双方商业机会
	日本将新干线系统引入孟买和艾哈迈达巴德之间的高铁(ODA 贷款)
2016	日印赞同通过 ODA 继续支持两国的全方位合作
2017	日印联合推出《亚非增长走廊:致力于可持续与创新发展的伙伴关系》
2018	日印同意在印太区域广泛展开多领域合作,含与 ODA 贷款相关的七个项目决议

资料来源:笔者根据外务省官方资料整理。

印度在 2009 年已经是日本最大的贷款受援国,日本希望借此机会进一步推动两国的基础设施发展合作。为实现这一目标,同年 12 月,时任日本首相鸠山造访印度,与时任印度总理辛迪达成扩大双边交流领域的协议,基建项目是其中的重要组成部分。专用货运走廊项目(Dedicated Freight Corridor Project, DFC)和德里—孟买工业走廊项目(Delhi-Mumbai Industrial Corridor Project, DMIC)便是在此基础上起步较早的典型合作项目。2011 年《日印全面经济伙伴关系协定》(*Japan-India Comprehensive Economic Partnership*)生效,进一步扩大了日元贷款,促进日本公司在印投资,至 2019 年,日本已将新干线系统技术引入孟买和艾哈迈达巴德之间的高铁,支持印度的现代化建设。

随着安倍再度执政,日印扩大合作范围的行动也进一步升温,贷款投资基建项目范围延伸至金融领域。2014 年 1 月的日印峰会上,日本向印度提供了总计 2 000 亿日元的新贷款援助。同年 9 月,日本政府又表示将在未来 5 年实现包括 ODA 在内的 35 万亿日元公共和私人投资与融资支持印度发展。2015 年,为增加日印双方的商业机会,日本不惜下重金向在印度运营的日本公司援助价值 1.5 万亿日元的金融设施。

"印太战略"出笼后,通过 ODA 继续支持两国的全方位的基建合作是两国达成的一致共识。2017 年,日印联合推出《亚非增长走廊:致力于可持续与创新发展的伙伴关系》计划,该文件被认为是"通过实现自由开放的印太地区来改善亚非联系"[①]的具体落实。莫迪于 2018 年第三次访问日本时与安倍举行会谈,为成就自由开放的印太地区,两国签署了七个项目的日元贷款协议。2019 年,在俄罗斯符拉迪沃斯托克举行的东部经济论坛(Eastern Economic Forum)会议和在泰国曼谷举行的东盟峰会(ASEAN Summit Meeting)上,日方表示将继续支持新干线引入印度的援助计划,早日实现孟买—艾哈迈达巴德间高铁行程缩短至 2 小时、降低火车票至当前费用一半的目标。[②]

(三) 依托 ODA 深化"人"的交流、促进可持续发展

"人"的交流是日本 ODA 愈发重视的援助内容,也是日本政府强调的"软连接"[③]标准之一。印度作为日本最大的受援国,两国间关于"人"的全方位交流早已是日本推进其援助工作必不可少的环节,这一类型的援助主要包括如下三方面:基本人类需求援助;环境援助;人文与科技援助。

首先,日本认为印度的平衡增长有利于南亚地区的稳定与和平,所以日方决定通过援助支持印度的基本人类需求(Basic Human Needs,BHN),为印度实现可持续和包容型增长提供支持。[④] 这种类型援助已经深入到印度的林业、

① Ministry of External Affairs, Government of India, "India-Japan Joint Statement during the visit of Prime Minister to Japan", 2016 - 11 - 11, https://mea.gov.in/bilateral-documents.htm?dtl/27599/IndiaJapan_Joint_Statement_during_the_visit_of_Prime_Minister_to_Japan.
② 外務省『2020 年版 開発協力白書 日本の国際協力』、日経印刷 2021 年、108 頁。
③ 外務省「自由で開かれたインド太平洋に向けて」、2019 年 11 月、https://www.mofa.go.jp/mofaj/files/000407642.pdf、2020 年 8 月 20 日。
④ Ministry of Foreign Affairs of Japan, *Diplomatic Bluebook 2016*, 2016 - 07 - 29, p. 229, https://www.mofa.go.jp/files/000177707.pdf.

科技、健康、妇女儿童及医疗等多方面。[1] 例如,在林业部门执行改善生计服务的项目,以及在卫生部门执行帮助改善妇女儿童保健和医疗服务的项目。[2]

其次,在环保援助方面,日本在印度极为重视生物与植被的保护。例如,印度南部的泰米尔纳德邦地区生物多样且丰富,共拥有 28 个保护区和 553 个地方性动植物区。不幸的是,其中 230 个物种正处于灭绝的边缘。加之大量人口需要依赖森林资源作为牲畜的饲料、燃料和收入,所以,日本政府以 ODA 贷款的方式竭力保护生态系统,加强对珍贵物种生活区的保护。2011 年 2 月,日本通过 ODA 在印度展开了泰米尔纳德邦生物多样性保护和绿化项目(Tamil Nadu Biodiversity Conversation and Greening Project)援助。[3] 同时,这一行动也支持了当地贫困人口的减贫工作,为当地的环保、和谐、可持续的社会经济发展做出贡献。

再次,日本政府极为重视日印在人文与科技方面的交流合作。2012 年日印庆祝两国建交 60 周年之际,双方在大学间的沟通往来也在扩大。同时,随着 2014 年 7 月印度公民短期多次入境签证的推出,两国间人文交流也随之上了一个台阶。近年来,日本与印度正在扩大生命科学等广泛领域的合作,基础物理与航天工业也位列其中。例如,2014 年 10 月,两国举行了科技合作联合委员会会议(the Japan-India Joint Committee on Science and Technology Cooperation)。[4]

二、辐射式小国援助战略

日本对印太区域"小国"采取的辐射式援助重点落在三块区域:第一块以东南亚地区的大湄公河次区域国家为核心;第二块是南亚地区,主要覆盖孟加拉国、斯里兰卡、尼泊尔和巴基斯坦四个国家;第三块援助主体则是非洲东海

---

[1] Ministry of Foreign Affairs of Japan, *White Paper on Development Cooperation 2018—Japan's International Cooperation*, p.96, 2020 - 01 - 15, https://www.mofa.go.jp/files/000554958.pdf.

[2] Ministry of Foreign Affairs of Japan, *Diplomatic Bluebook 2020*, p240, 2020 - 10 - 21, https://www.mofa.go.jp/files/100116875.pdf.

[3] Ministry of Foreign Affairs of Japan, *White Paper on Development Cooperation 2012—Japan's International Cooperation*, p.127, https://www.mofa.go.jp/policy/oda/white/2012/pdfs/all.pdf.

[4] 参见:Ministry of Foreign Affairs of Japan, *Diplomatic Bluebook 2015*, https://www.mofa.go.jp/policy/other/bluebook/2015/html/index.html.

岸国家。前两块区域的绝大部分国家属于"一带一路"沿线国家（参见表 4-5）。而受日本重点援助的泰国、缅甸、柬埔寨、越南、巴基斯坦、孟加拉国、斯里兰卡以及非洲的坦桑尼亚、肯尼亚、莫桑比克、赞比亚、南苏丹、埃塞俄比亚、吉布提等国则已经与中国签署了"一带一路"合作文件（参见表 4-6）并取得阶段性成果，这无疑加重了日本的"心理压力"，坚定了日本对这些国家实施"借援助之名、行拉拢之实"的决心。

表 4-5   "一带一路"沿线国家

区域	国 家
东亚	蒙古国
东盟	新加坡、马来西亚、印度尼西亚、**缅甸**、**泰国**、老挝、**柬埔寨**、**越南**、文莱、菲律宾
西亚	伊朗、伊拉克、土耳其、叙利亚、约旦、黎巴嫩、以色列、巴勒斯坦、沙特阿拉伯、也门、阿曼、阿联酋、卡塔尔、科威特、巴林、希腊、塞浦路斯和埃及
南亚	**印度**、**巴基斯坦**、**孟加拉国**、阿富汗、**斯里兰卡**、马尔代夫、**尼泊尔**、不丹
中亚	哈萨克斯坦、乌兹别克斯坦、土库曼斯坦、塔吉克斯坦、吉尔吉斯斯坦
独联体	俄罗斯、乌克兰、白俄罗斯、格鲁吉亚、阿塞拜疆、亚美尼亚、摩尔多瓦
中东欧	波兰、立陶宛、爱沙尼亚、拉脱维亚、捷克斯洛伐克、匈牙利、斯洛文尼亚、克罗地亚、波黑、黑山、塞尔维亚、阿尔巴尼亚、罗马尼工、保加利亚、马其顿

注：粗体字为受日本重点援助国家。

表 4-6   "一带一路"参与国

加入年月	国家（总计 140 个）
2014 年 9 月	塔吉克斯坦（1）
2014 年 11 月	卡塔尔、白俄罗斯（2）
2014 年 12 月	**斯里兰卡**、哈萨克斯坦（2）
2015 年 3 月	格鲁吉亚、亚美尼亚（2）
2015 年 4 月	乌克兰、摩尔多瓦、北马其顿（3）
2015 年 5 月	俄罗斯（1）
2015 年 6 月	匈牙利、乌兹别克斯坦（2）
2015 年 10 月	韩国、阿塞拜疆、伊拉克（3）

续表

加入年月	国家（总计 140 个）
2015 年 11 月	土耳其、捷克、斯洛伐克、塞尔维亚、波兰、保加利亚、罗马尼亚(7)
2016 年 1 月	沙特阿拉伯、伊朗、埃及(3)
2016 年 5 月	阿富汗(1)
2016 年 10 月	**柬埔寨**、**孟加拉国**(2)
2016 年 11 月	拉脱维亚(1)
2017 年 3 月	新西兰、马达加斯加(2)
2017 年 5 月	**巴基斯坦**、蒙古、马来西亚、尼泊尔、新加坡、东帝汶、克罗地亚、波黑、黑山、阿尔巴尼亚(9)
2017 年 9 月	**泰国**、黎巴嫩、文莱(3)
2017 年 11 月	立陶宛、爱沙尼亚、斯洛文尼亚、**越南**、巴掌马、摩洛哥(6)
2017 年 12 月	马尔代夫(1)
2018 年 4 月	奥地利(1)
2018 年 5 月	阿曼、苏里南、特立尼达、多巴哥(4)
2018 年 6 月	吉尔吉斯斯坦、玻利维亚、巴布亚新几内亚、安提瓜、巴布达(5)
2018 年 7 月	巴林、科威特、苏丹、突尼斯、利比亚、阿联酋、卢旺达、圭亚那、多米尼亚、纽埃(10)
2018 年 8 月	希腊、乌拉圭(2)
2018 年 9 月	多哥、乌干达、佛得角、布隆迪、**坦桑尼亚**、津巴布韦、刚果(布)、冈比亚、乍得、尼日利亚、**肯尼亚**、安哥拉、纳米比亚、加蓬、莫桑比克、**赞比亚**、加纳、塞舌尔、**南苏丹**、喀麦隆、塞拉利昂、科特迪瓦、阿尔及利亚、**埃塞俄比亚**、**吉布提**、毛里塔尼亚、几内亚、索马里、塞内加尔、哥斯达黎加、委内瑞拉、格林纳达、萨摩亚(33)
2018 年 11 月	塞尔瓦多、多尼米亚、智利、马耳他、古巴、瓦努阿图、斐济、汤加、库克群岛、密克罗尼西亚、印尼、菲律宾、南非(13)
2018 年 12 月	葡萄牙、厄瓜多尔(2)
2019 年 4 月	意大利、卢森堡、塞浦路斯、也门、赤道几内亚、利比里亚、牙买加、秘鲁、巴巴多斯(9)
2019 年 6 月	莱索托、贝宁、科摩罗(3)
2019 年 7 月	马里(1)

续表

加入年月	国家(总计 140 个)
2019 年 10 月	所罗门群岛(1)
2021 年 1 月	尼日尔、刚果(金)、博茨瓦纳、几里巴斯(4)

注:粗体字为受日本重点援助国家。

（一）辐射援助一区——大湄公河次区域五国(GMS)

东南亚国家因重要的地缘位置和丰富的资源优势,一直被日本视为重点受援对象。近十年中,东盟(ASEAN)受日本 ODA 贷款额支持长时间居三大受援区的领先位置(参见图 4 - 3),而大湄公河次区域国家又是整个东盟地区的重点受援区,其受援比重则有 8 年高于 50%(参见表 4 - 7、图 4 - 4),可见日本对这一区域的援助工作非常重视。1992 年,由日本主导的、亚洲开发银行发起的大湄公河次区域合作机制(The Greater Mekong sub region, GMS)①成立,该机制包括 5 个东南亚国家,即缅甸、老挝、泰国、柬埔寨和越南。GMS 的成立为日本在大湄公河流域开展系统化援助提供了可能性,尤其在近年来被日本视为其实现印太战略的核心合作伙伴。日本对这一区域的援助特点可以概括为"以机制建设为先锋官,从政治互信、经济合作及文化推广三方面实施综合援助战略"。

（百万美元）

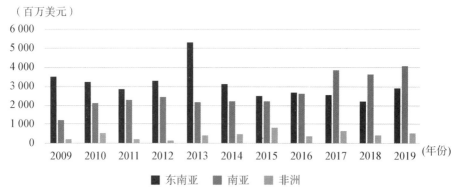

图 4 - 3 日本 ODA 对东南亚、南亚、非洲贷款额(2009—2019 年)

数据来源:根据 *Japan's White Paper on Development Cooperation* 数据自行整理。

---

① GMS 最初涉及 5 个国家(缅甸、老挝、泰国、柬埔寨和越南)以及中国的云南省,2005 年中国的广西壮族自治区也加入了这一机制。

表 4-7　日本 ODA 对东盟、大湄公河次区域贷款额(2009—2019 年)

(单位:百万美元)

年份 受援国家 或地区	2009	2010	2011	2012	2013	2014
泰国	63.31	154.76	240.89	203.69	535.23	366.32
缅甸	0	0	0	0	2 044.67	11.14
柬埔寨	20.94	15.64	20.88	45.67	22.89	23.16
老挝	22.59	19.88	6.85	0.01	1.4	12.31
越南	1 305.05	958.38	1 198.72	1 866.99	155.12	1 755.54
GMS 总额	1 411.89	1 148.66	1 467.34	2 116.36	2 759.31	2 168.47
ASEAN 总额	3 517.97	3 242.34	2 822.68	3 268.5	5 293.76	3 093.25
GMS/ASEAN(%)	40.13	35.43	51.98	64.75	52.12	70.10

年份 受援国家 或地区	2015	2016	2017	2018	2019
泰国	125.68	378.18	350.34	240.69	229.87
缅甸	95.71	199.28	151.96	312.06	496.57
柬埔寨	78.6	31.64	64.19	72.74	84.64
老挝	26.64	16.81	30.17	46.97	10.32
越南	1 327.42	1 293.84	1 478.72	606.87	577.38
GMS 总额	1 654.05	1 919.75	2 075.38	1 388.98	1 386.88
ASEAN 总额	2 515.09	2 691.6	2 582.11	2 233.94	2 889.69
GMS/ASEAN(%)	65.77	71.32	80.38	62.18	47.99

数据来源:根据 *Japan's White Paper on Development Cooperation* 数据自行整理。

在政治互信与经济合作方面,日本依旧打出其惯用的"套路牌":签署合作倡议、建立合作伙伴关系、提供高额贷款。2008 年 1 月 16 日,作为大湄公河次区域的最大援助国,日本以"信任、发展、稳定"为核心政策与 GMS 五国在东京召开了第一次外长会议。随后,日本以趁热打铁之势继而召开了日本—湄公河经济部长会议、日本—湄公河峰会和日本—湄公河首脑会议,积极打造与

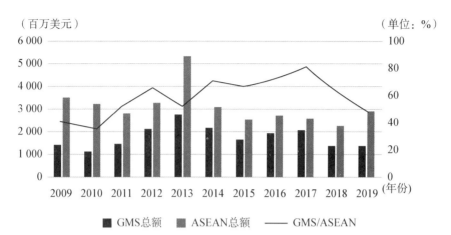

图 4-4　日本 ODA 对大湄公河次区域贷款额及在东盟区占比(2009—2019 年)

数据来源:根据 *Japan's White Paper on Development Cooperation* 数据自行整理。

GMS 五国的全方位合作平台。2012 年第四届日本—湄公河国家领导人峰会上,日本与 GMS 五国签署了《东京战略》,表示在未来三年会向大湄公河次区域提供 6 000 亿日元的援助。安倍在 2013 年 1 月,借与印度尼西亚总统苏西洛举行记者会时又适时提出了对东南亚地区的"新五项外交原则",高调表达日本与东盟加强经贸合作的重要性,打造了双方近 10 年的合作框架。当年内,安倍先后走访了东盟 10 国中的 7 国,其中便包括 GMS 的缅甸、越南和泰国。2015 年,第七届日本—湄公河国家领导人峰会发布《新东京战略》(*New Tokyo Strategy 2015*),这一战略协议成为日本在未来几年对 GMS 五国援助的行动指南,它指出日—湄间的四点合作支柱:①发展湄公河地区的工业基础设施,加强区域内和与周边地区的"硬连接";②产业人力资源开发,加强"软联通";③实现绿色湄公河;④与各利益相关方协调。日本借此机会向缅甸、老挝、越南和柬埔寨再次追加了 2 000 万美元无偿援助,用于巩固深化与湄公河域内国家的双边关系。

　　"印太战略"提出后,日本对 GMS 援助则更加重视,对此 GMS 五国领导人则高度赞赏了日本对湄公河流域发展所作出的贡献。以 2016 年为例,作为缅甸的最大援助国,日本对其提供的双边贷款援助总额为 199.28 万美元,无偿援助总额(含技术援助)为 307.54 万美元。作为柬埔寨的第二大援助国,2016 年日本共向其提供了 31.64 万美元的贷款援助和 109.28 万美元的无偿援助(含技术援助)。2017年8月,第十次湄公河—日本外长会议菲律宾马尼拉举行,日本借机与泰国缔结了"日本外务省和泰国王国外务省之间的合作备忘录"。① 在会上,时任日本外相河野太郎特别谈到因《新东京战略2015》的援助推动,GMS地区的基建发展成绩可喜,例如,柬埔寨南北高速公路建设改善项目和越南南北高速公路建设项目已取得突破性进展。

2018年,日本与GMS又签署了《2018年湄公河—日本合作战略》,为双方的未来合作指明了方向,确立了三大合作支柱:充满活力和有效的互联互通;以人为中心的社会;实现绿色湄公河。订立了三个实现目标:可持续发展;自由开放的印太地区;GMS国家间经济战略合作。GMS国家也对日本在过去3年对该区域给予的7500亿日元资金援助表示诚挚感谢。2019年11月,日本与GMS又共同发表了"面向2030年可持续发展目标的湄公河—日本倡议"(Mekong-Japan Initiative for SDGs toward 2030),决定将利用符合国际标准的高质量基础设施投资、吸引外资,挖掘湄公河流域的潜力,努力建设三大优先领域:环境和城市问题;可持续的自然资源管理和利用;包容性增长。

除去以上两方面,加强对GMS的文化援助也备受日本重视。加强文化援助实质上是日本推动其国家软实力建设的重要步骤,这一行动不仅可以推广日本本土文化的传播,更是在受援国树立日本形象的好机会。日本在这方面的援助途径主要依靠媒体传播与国家层次间传播。动漫是日本媒体传播的重要方式,日语教育则是国家政府重视的官方推广途径。日本政府非常重视在GMS五国推广日语教育,时至今日该地区的日语教育已经做到了全方位覆盖。例如,老挝国立大学法律系与政治系和日本名古屋大学合作设立了日本法教育研究所,将日语与研究工作进行有效结合。而在缅甸,日本则向青少年推广交流计划,创立了21世纪东亚青少年交流计划(Japan-East Asia Net Work of Exchange for students and Youths Program, JENESYS),将日语学习与理解日本文化相结合,以便更好地渗透"日本影响力"。又如,越南国内学习日语的人数占据非汉字圈国家的第一位,甚至在小学都开设了日语课程,这

---

① Ministry of Foreign Affairs of Japan, *White Paper on Development Cooperation 2017—Japan's International Cooperation*, pp. 99 - 101, 2018 - 10 - 09, https://www.mofa.go.jp/files/000406627.pdf.

与日本常年输出文化援助与宣传密不可分。长此以往,日本不仅可以在 GMS 发挥文化影响力,更是为其政治经济援助寻到了宣传途径。

(二) 辐射援助二区——南亚小国全覆盖

南亚次大陆共计 8 个国家与地区,包含 3 个临海国家(印度、巴基斯坦、孟加拉国),2 个内陆国家(不丹、尼泊尔),2 个岛国(斯里兰卡、马尔代夫),以及 1 个克什米尔地区,总计覆盖全球 20% 以上的人口,不仅是世界上人口最为密集的地区,也是除非洲以外贫困人口最多的地区,加之宗教、领土、恐怖主义等问题,已经引起国际社会的特别关注。此外,南亚次大陆具有重要的地缘位置,三面环海,南临印度洋、西临阿拉伯海、东临孟加拉湾,与中国、东南亚及西亚多个国家领土接壤,实乃"兵家"必争之地。因此,近十年来,除去与印度建立了全球战略合作伙伴关系外,日本也通过持续性援助方式与南亚小国保持密切联系,竭力打造成熟稳定的外交关系,希望这些国家也可以助力日本实现大国梦想。

日本对南亚小国的援助主要集中在 4 个国家——孟加拉国、斯里兰卡、尼泊尔和巴基斯坦(图 4-5)。因南亚自身综合了领土、安全、贫困等问题于一身,因此,日本针对该地区的特点,其具体援助方案则有别于其他区域,即重视安全、重视"人"、深化海上事务与经济合作。

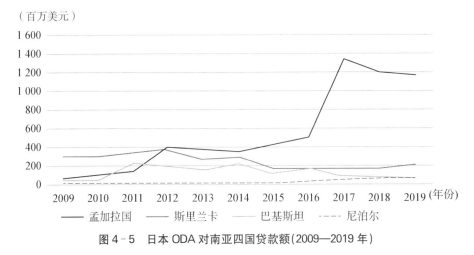

(百万美元)

图 4-5 日本 ODA 对南亚四国贷款额(2009—2019 年)

数据来源:根据 *Japan's White Paper on Development Cooperation* 数据自行绘制。

首先，安全援助主要表现在支持南亚地区的反恐事业。日本政府在 ODA 白皮书中多次表示南亚各国在国际反恐事业中扮演重要角色。以巴基斯坦为例，早在 2009 年 4 月，日本便与其在东京召开了"民主巴基斯坦之友部长级会议和巴基斯坦援助会议"（The Friends of Democratic Pakistan Ministerial Meeting and Pakistan Donors Conference），随即在同年 11 月双方签署了《应对恐怖主义威胁新战略协议》（New Strategy to Counter the Threat of Terrorism），日本承诺支持 10 亿美元用于推动巴基斯坦的反恐事业。在反恐基础上，日巴逐渐深入合作，于 2011 年 2 月巴方总统扎尔达里访日期间，两国签署了《日巴全面伙伴关系联合声明》（Japan-Pakistan Comprehensive Partnership），部分资金将用于巴基斯坦的安全发展。时至 2019 年 4 月，巴方外长库雷希与日本外相河野又交换了两个无偿援助项目协议，其中重点之一便是为内陆后勤基地提供货物检查、稳固反恐事业持续进行。

其次，日本极为重视南亚地区"人"的发展，不仅是对当地民生的关怀，还是以人道主义提供的救援方式，日本在南亚都投入了大量的 ODA 资金。早在 2010 年，日本就通过参与 18 个国家组织的联合合作计划（Joint Cooperation Strategy）参与到孟加拉国的减贫工作中去。2015 年尼泊尔遭遇特大地震时，为应对此次灾害，日本不仅派出了救援队，还提供了紧急救援物资、避难所以及近 1 400 万美元的人道主义救援资金，改善了 13 592 个撤离家庭的生活条件。为保障尼泊尔震后中长期重建工作的有序进行，日本还在仙台举行的联合国世界减灾大会（UN World Conference on Disaster Risk Reduction）上提出"重建更美好"（Build Back Better）概念，同时提供了超过 320 亿日元援助资金，用于重建 4 万户房屋、280 所学校及重要公共基础设施。2010 年 7 月，巴基斯坦发生巨大洪涝灾害时，日本不仅提供了 6 架直升机和强有力的医疗救援队，还特别在 2010 年 11 月的巴基斯坦发展论坛（Pakistan Development Forum）上为巴方灾后重建提供了 5 亿美元的援助支持。2016 年 5 月，日本还特别为在巴基斯坦根除脊髓灰质炎提供了 63 亿日元的贷款援助。对于斯里兰卡，日本则将其界定为"传统亲日国家"①，还提出支持斯方在 2020 年以前成

① 外務省「対スリランカ民主社会主義共和国　国別開発協力方針」，2018 年 1 月、http://www. mofa. go. jp/mofaj/gaiko/oda/files/000072263. pdf、2021 年 6 月 15 日。

为中等收入国家。为改善斯里兰卡的民生质量,日本于 2020 年 7 月对该国提供了 2 亿日元药品援助和 3 亿日元的粮食援助。此外,日本还邀请、派遣具有影响力的国家未来重点人才赴斯里兰卡,以此推动斯方对日本的理解,培养亲日派、知日派夯实日本的外交基础。①

再次,作为新兴潜力发展区域,日本已经并持续多年与南亚小国深化海上事务与经济合作。这一援助模式在孟加拉国与斯里兰卡表现得尤为突出。近年来,在孟加拉国开展业务的日本公司越来越多,呈持续增长趋势。2014 年 5 月,日孟两国启动全面伙伴关系(Comprehensive Partnership),日方承诺 4—5 年内向孟加拉国提供 6 000 亿日元的援助支持。同时,在深化合作的背景下,日本在孟加拉国发起了"孟加拉湾经济增长带倡议"(the Bay of Bengal Industrial Growth Belt,简称 BIG - B 计划)。该计划提出日本援助孟加拉国经济发展的三大支柱——经济基础设施、投资环境和互联互通模式。特别是在印太战略提出的同年,孟加拉国总理哈西那访问日本、参加七国集团伊势峰会外展会议(Outreach Meeting of the G7 Ise-Summit)期间,安倍公开表示将通过 BIG-B 计划的援助贷款(1 735 亿日元)支持孟加拉国成为中等收入国家。此后,在 2018 年 6 月和 2019 年 5—6 月,日本通过两次"交换说明"(*Exchange of Note*)与孟加拉国分别达成 6 个②和 5 个③援助项目协议,以便于促进孟加拉国国内的互联互通以及经济基础设施发展。

针对斯里兰卡,2014 年 9 月,安倍晋三是 24 年来首个以在任身份访斯的日本首相。安倍在访问期间即承诺将尽快加强两国在海上领域的合作,努力使斯在 2020 年之前成为一个摆脱贫困的中等收入国家。日本也会加强对其基础设施的改造,并努力改善在斯日企的商业环境。2015 年 1 月斯里兰卡新一届政府上台后,日本继续深化和扩大与该国合作。同年 10 月,斯里兰卡总理维克勒马辛哈访问日本,两国领导人发表《全面伙伴关系联合宣言》,针对斯

---

① 外務省「JENESYS 事業概要　令和元年度(JENESYS2019)」、https://www.mofa.go.jp/mofaj/files/000466278.pdf、2021 年 6 月 15 日。

② 其中三个代表性项目为 Dhaka Mass Rapid Transit Development Project Ⅲ、Martarbari Port Develoment Project(engineering service)和 Jamuna Railway Bridge Construction Project Ⅰ.

③ Martarbari Port Develoment Project Ⅰ、Dhaka Mass Rapid Transit Development Project(Line 1)Ⅰ、Martarbari Ultra Super Critical Coal-Fired Power Project Ⅴ、Foreign Direct Investment Promotion Project Ⅱ、Energy Efficiency and Cinservation Promotion Financing Project(Phase 2).

里兰卡的未来发展提出了三项倡议——促进投资和贸易，开展国家发展计划合作，促进民族和解与建设和平。2016 年 5 月，斯里兰卡总统西里塞纳访问日本、参加七国集团伊势峰会外展会议期间，安倍首相表示将通过"扩大质量伙伴关系"与斯里兰卡加强合作，宣布日本将提供约为 380 亿日元的贷款，用于建设国家电力输配网络和发展供水设施，同时也将通过公共和私营部门合作促进科伦坡港及其附近地区的发展。西里塞纳总统于 2018 年 3 月再次访问日本，两国正式确认了互联互通和海上事务领域的合作关系，为实现自由开放的印太区域共同努力。

（三）辐射援助三区——非洲东海岸国家

非洲是日本抛出"印太战略"的发源地，并被划入"日版"印太区域范围，这也是"日版印太战略"与美国及其他西方国家版本最显著的不同之处，从中表达了日本对非洲的重视。在印太战略的总方针下，日本对非洲的 ODA 也正式迈向了战略援助阶段。此前，日本对非洲 ODA 虽起步于 1966 年向尼日利亚、坦桑尼亚以及乌干达提供援助贷款，但受限于冷战的政治时代框架，日本在冷战结束前对非援助仍以美国及西方阵营马首是瞻，未显示出自身的援助特点。冷战结束后，TICAD I 的召开促使日本决意重新打造与非洲的外交关系。进入新世纪后，日本经过几届 TICAD 会议的不断深化合作，其对非援助政策也完成了战略阶段的过渡。

日本对非洲的援助有两个显著特点。其一，日本对非洲重点援助范围并非是整体非洲大陆，而是撒哈拉以南非洲地区。日本把撒哈拉以南非洲地区的 49 个国家划分为四个分区，即东非洲、南非洲、西非洲和中非洲。从援助总体情况来看，东非洲是接受日本援助的核心区域，南非洲、西非洲、中非洲较之东非洲则略逊一筹。其二，日本对非洲的传统援助方式是无偿援助，其比值在大多数年份都高于 50%（参见表 4-8）。但随着"印太战略"的出笼，日本与非洲间合作的不断深化，为加强对非洲潜力的挖掘，近年来日本对非洲的援助模式已有所调整，即对贷款援助的数额也不断提高（图 4-6），对无偿援助金额有所减少，这一变化使得日本对非援助呈现出新的特点：推动经济合作、注重安全治理、强调"各个击破"。

表 4 - 8 　日本对撒哈拉以南非洲贷款援助额(2009—2019 年)

单位:百万美元

年份	双边无偿金额	技术援助金额	当年无偿援助总额	当年被援助总额	无偿/被援助总额
2009	943.79	331.11	1274.9	1400.37	91.04%
2010	1131.01	408.02	1539.03	1718.68	89.55%
2011	1048.9	450.63	1499.53	1636.88	91.61%
2012	1101.1	595.88	1696.98	1717.89	98.78%
2013	1089.78	447.74	1537.52	2896.49	53.08%
2014	760.01	386.14	1146.15	1643.27	69.75%
2015	724.95	332.8	1057.75	1866.98	56.66%
2016	688.69	397.05	1085.74	1490.07	72.87%
2017	637.51	379.92	1017.43	1703.29	59.73%
2018	590.48	312.34	902.82	1333.4	67.71%
2019	675.71	310.5	986.21	1553.46	63.48%

数据来源:笔者根据 *Japan's White Paper on Development Cooperation* 数据整理。

图 4 - 6 　日本 ODA 对撒哈拉以南非洲贷款额(2009—2019 年)

数据来源:笔者根据 *Japan's White Paper on Development Cooperation* 数据整理。

东京非洲发展国际会议(TICAD)是日本在非洲地区建立的机制合作组织,至今已举办 7 届,该机制已经成为日本与非洲展开各项合作工作的具体操作工具,同时也是日本颁布"印太战略"的发源地。2016 年,在肯尼亚内罗毕 TICAD Ⅵ 会议上,安倍首相优先提出"自由开放的印度—太平洋战略",旨在通过改善互联互通促进整个地区的稳定和繁荣,通过一个自由开放的印太地区,在亚洲和非洲之间建立联系。① 日本坚称,非洲将是印太战略中重要的一洲,对日本的发展具有重要意义。日本政府倡议非洲各国应与国际社会在以下三方面共同努力:促进经济多样化和工业化;促进有韧性的卫生系统发展;促进社会稳定。安倍还宣布了日本对非洲未来政策规划,即在经济发展方面为非洲各国提供建设支持,承诺尊重非洲国家所有权,排除强加干预的可能性。日本将利用自身质量与实力投资非洲的未来(2016—2018 年),这些倡议包括努力开发约 3 万工业人力资源,在非洲各地增加可获得基本保健服务约 200 万人,并通过 5 亿多美元的援助拯救约 30 万人的生命。2019 年的 TICAD Ⅶ 会议上,日本政府又承诺会在 2019—2021 年向非洲民间提供支援投资 200 亿美元。

安倍希望非洲作为"印太战略"重要合作伙伴参与到未来的建设中,②因此,除经济援助外,安全援助也是日本援非的重要领域,主要体现在参与和平行动及提供联合国维和行动(PKO)培训和建立海外军事基地两个方面支持。其一,日本政府曾公开表示:日本将积极推进非洲发展,重点是为维护非洲的和平与稳定做出贡献,③日本将与国际社会共同面对非洲地区的挑战。④ 因此,在 TICAD 的几届会议上,日本政府都积极表示要参与非洲地区的和平行动,并将这一承诺付诸实践,连年都向在非洲的 PKO 提供持续性培训援助,以提高非洲国家的维和能力。其二,日本以打击海盗、维护稳定为借口于 2009 年在吉布提建立了第一个军事联络办公室。2010 年 4 月,日本在吉布提又设立了以临时代办为首的驻非洲使团,以此巩固与非洲的外交基础。2012 年,日

---

① Ministry of Foreign Affairs of Japan, *Diplomatic Bluebook 2017*, p171, 2017 - 09 - 15, https://www.mofa.go.jp/files/000290287.pdf.

② Ministry of Foreign Affairs of Japan, "Free and Open Indo-Pacific", https://www.mofa.go.jp/files/000430632.pdf.

③ Ministry of Foreign Affairs of Japan, *Diplomatic Bluebook 2011*, p16, https://www.mofa.go.jp/policy/other/bluebook/2011/pdfs/chapter2_p9_16.pdf.

④ Ministry of Foreign Affairs of Japan, *Diplomatic Bluebook 2018*, p169 - 171, 2018 - 09 - 20, https://www.mofa.go.jp/files/000401236.pdf.

本驻吉布提共和国的外交使团又升级为大使馆,强化日本海上自卫队在索马里海岸和亚丁湾打击海盗的能力。日本认为吉布提是国际安全的基地,也是"自由开放的印度—太平洋战略"的核心国家。① 吉布提不仅拥有重要的战略位置,②还有美军在非洲最大的军事基地,法军在海外最大的军事基地,以及中国人民解放军的保障基地。③ 日本在这里建立军事基地,一来可以确保其在中东、非洲进口石油和天然气的海上通道安全畅通;二来可以监视中国依靠这条海上"生命线"获取石油等战略资源的具体情况;④三来可以在今后冠冕堂皇地继续扩大在非洲的军事援助。

考虑到撒哈拉以南非洲国家数量庞大的现实情况,日本对非洲的"重点国家"采取了各个击破的援助策略。举例来讲,肯尼亚常年占据日本对非最大受援国地位,被日本称为"东非洲的门户国家";而莫桑比克则被日本明确定义为"印太战略"的核心国家,日本不仅通过援助私营企业的方式提高该国的经济竞争力,还利用高层互访洽谈双边经济合作。⑤ 还有阿比执政期间的埃塞俄比亚也深受日本 ODA 的青睐:一则是因为埃方坐拥重要的战略位置和丰富的自然资源;二则是因为埃方曾在 2017—2018 年担任联合国安理会非常任理事国,在国际社会对日本争取联合国安理会常任理事国具备一定的话语权。

安倍曾直言,日本现在不是一个二流国家,永远也不会是。⑥ 安倍曾决心将日本打造成世界秩序的推动者、守护者和引领者,试图摆脱日本在政治上作为"中等国家"的弱势地位。因此,针对中国的迅速崛起和"一带一路"合作倡议的提出,日本在近 10 年应用了"日本式经济方略"的援助模式对东南亚、南

---

① Ministry of Foreign Affairs of Japan, *Diplomatic Bluebook 2018*, p173, 2018 - 09 - 20, https://www.mofa.go.jp/files/000401236.pdf.

② 吉布提穿越印度洋、连接欧洲和亚洲的贸易大动脉之一,位于非洲东海岸,扼守亚丁湾,横锁苏伊士运河出口,与波斯湾将阿拉伯半岛夹在中间。

③ 中华人民共和国国防部:《中国人民解放军驻吉布提保障基地成立》,2017 年 7 月 11 日,http://www.mod.gov.cn/shouye/2017-07/11/content_4785240.htm,2020 年 2 月 11 日。

④ 龚伟:《日本对非提供政府开发援助的"政治功能"评析》,《太平洋学报》2014 年第 2 期,第 67 页。

⑤ 参见:Ministry of Foreign Affairs of Japan, *Diplomatic Bluebook 2018*, 2018 - 09 - 20, https://www.mofa.go.jp/files/000401236.pdf.

⑥ 安倍晋三「日本は戻ってきました」,2013 年 2 月 22 日、http://www.kantei.go.jp/jp/96_abe/statement/2013/0223speech.html、2021 年 8 月 30 日。

亚以及非洲重点国家展开战略性扶持,以巨额贷款或无偿援助的经济诱惑拉拢这些国家靠近日本、支持日本,以非直接又目的性极强的援助手段"团结"这些国家成为日本应对中国崛起的"帮手"。并以这些国家"在应对中国崛起中所发挥的不同作用"为标准来进行分类,作为量化援助资金支持的具体依据,这一问题将在下一节的案例分析中具体展开讨论。

第三节 分析框架与案例选择

本文所提出的研究问题是"为什么日本在经济实力相对下降的时期反而提升了在印太区域的 ODA 贷款额",笔者认为其根本原因在于中国崛起,这也是本研究的自变量(independent variable),日本 ODA 贷款额的涨落幅度则是本研究的因变量(dependent variable)。从前文的分析中可以看出,在近十年中,特别是"一带一路"倡议提出后,为达到应对中国崛起的外交目标,日本虽然对援助印太区域表现出极大的热情,但并不代表日本对其中任一单独国家都会给予持续上升的贷款支持,而是有选择、有区别的。换言之,日本的援助战略会根据受援国的"具体表现"加以调整——有些国家接受的援助金额呈上升趋势,有些国家则是曲折发展的,而还有国家呈下滑趋势。笔者就受援国在接受日本援助过程中的"具体表现"对它们进行了三种分类,并以南亚地区的巴基斯坦、印度和孟加拉国作为具体案例加以论证佐证(参见表 4-9)。

表 4-9　　　　　　　南亚三国接受日本援助之案例分析

受援国类型 (代表性国家)	"一带一路"背景下 经济合作	"印太战略"下 援助合作	案例
A(巴基斯坦)	★★★★★	★	中巴经济走廊
B(印度)		★★★★★	亚非增长走廊
C(孟加拉国)	★★★	★★★	孟中印缅经济走廊

南亚地区是印太战略提出后,日本 ODA 最为关注的地区,其接收贷款额也在近年来超越东南亚,成为当之无愧的日本第一大受援区,印度更是成为日本在全球范围内的最大受援国。因此,以该地区作为印太区域受援案例分析

的主体更具代表性。按照经济方略的理论分析框架,日本使用的经济工具是
ODA,其外交目标则是应对中国崛起、追求日本的大国梦想。日本希望借提升
ODA 贷款额影响转变受援国的外交态度,使它们投靠"日本阵营",所以"一带
一路"背景下的经济合作便成为印太战略背景下 ODA 的主要针对对象。据近
十年数据显示可见(图 4-7),2016 年印太战略提出后,巴、印、孟接收的日本
贷款援助趋势实际上呈三种趋势:巴基斯坦以下降趋势为主,印度基本是持续
上升状态,孟加拉国是在迅速提升后有少量回落趋势但并不明显。因何会出
现这样迥然不同的援助趋势呢? 笔者认为,与这三个国家和中国的外交关系
以及对"一带一路"合作倡议表现的支持态度有着密切关系。如表 4-9 所示,
五星代表非常支持、一星代表可以接受、三星代表犹疑中顺利推进。因此,笔
者提出如下假设:①若印太受援国与中国保持优质外交关系,日本的援助力度
将呈下降趋势;②若印太受援国与中国存在长期外交冲突,日本的援助力度将
呈上升趋势;③若印太受援国与中日两国同时保持平衡外交关系,日本的援助
度将适时做出调整。接下来,笔者将以三个具体案例为重点节点验证如上
假设。

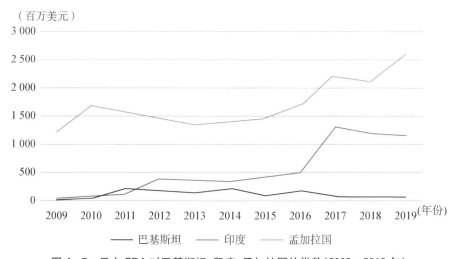

图 4-7　日本 ODA 对巴基斯坦、印度、孟加拉国的贷款(2009—2019 年)

资料来源:根据 *Japan's White Paper on Development Cooperation* 数据自行整理。

一、巴基斯坦——中巴经济走廊

中巴经济走廊是贯通南北海陆丝绸之路的枢纽性工程,它将中国的中西部、中亚、南亚、中东和印度洋地区联结在一起,北接丝绸之路经济带,南临海上丝绸之路。这一项目不仅能够带动巴基斯坦经济社会发展,还有望成为中国西部以及阿富汗和中亚内陆国家最近的出海口和海上丝绸之路的重要支点,[①]因此,中巴经济走廊也同样能为"一带一路"沿线国家带来经济发展红利,在整个"一带一路"合作框架下具有举足轻重的位置。

（一）案例回顾

巴基斯坦地处"新丝绸之路经济带"和"21 世纪海上丝绸之路"交会处,是建设"中巴经济走廊"最重要的国家。2013 年 5 月,李克强总理访问巴基斯坦,首次提出建设"中巴经济走廊"的设想,提议中巴共同研究、制定走廊的远景规划,推动互联互通建设和投资经贸合作,同时决定由中国国家发改委和巴基斯坦计划委员会成立联合工作组,开展互联互通相关项目的研究工作。[②] 这一规划作为"一带一路"倡议的重要补充内容,旨在加强中巴之间在交通、能源等领域的合作。同年 7 月,巴基斯坦总理谢里夫回访中国时积极响应了中方的这一建议,同意由上述两部门牵头,成立中巴经济走廊远景规划联合合作委员会,并在各执行部门设立秘书处。双方同意建设"四位一体"的"中巴经济走廊"合作项目,即以公路、铁路、油气管道和光缆为核心的远景规划设计,特别要在重要项目上加大对巴基斯坦的援助力度,建立健全合作机制,缓解巴方电力紧缺的困境。双方达成了因远景规划合作框架而设计的早期收获项目。[③]到 2014 年 2 月,巴基斯坦总统侯赛因对中国进行国事访问时,中巴经济走廊远景规划联合合作委员会已经成立,并举行了综合规划、交通基础设施和能源

---

① 杜幼康:《"一带一路"与南亚地区国际合作前瞻》,《人民论坛·学术前沿》2017 年第 4 期,第 63 页。

② 中华人民共和国中央人民政府:《中华人民共和国和巴基斯坦共和国关于深化两国全面战略合作的联合声明》,2013 年 5 月 24 日,http://www.gov.cn/jrzg/2013-05/24/content_2410193.htm,2021 年 11 月 12 日。

③ 中华人民共和国中央人民政府:《关于新时期深化中巴战略合作伙伴关系的共同展望》,2013 年 7 月 5 日,http://www.gov.cn/jrzg/2013-07/05/content_2441468.htm,2021 年 11 月 12 日。

联合工作组的首轮会议。

2015 年 4 月,"中巴经济走廊委员会"在伊斯兰堡正式成立,巴基斯坦拉哈尔轨道交通橙线项目签约标志着"中巴经济走廊"正式启动。4 月 20 日,习近平主席访问巴基斯坦时,中巴经济走廊被正式确认为"一带一路"的旗舰工程,中巴双方也一致同意将两国关系升级为"全天候战略合作伙伴关系",意喻中巴两国"风雨无阻、永远同行",这一战略定位是中巴全天候友谊和全方位合作的鲜明写照。[1] 双方同意,以中巴经济走廊为引领,以瓜达尔港、能源、交通基础设施和产业合作为重点,未来形成"1+4"经济合作布局,并同意尽快完成《中巴经济走廊远景规划》。同年 8 月,"中巴经济走廊"论坛在新疆克拉玛依举行,双方围绕"共商中巴合作、共建繁荣走廊、共享和谐发展"的主题,就"城市合作、产业对接、信息走廊、人文社会"等议题展开热烈讨论,并签署了 20 项合作备忘录,总价值约 103.5 亿元人民币。此外,在中巴经济走廊远景规划合作委员会第三次会议时为中巴共建"走廊"制定了阶段性推进目标:2017 年以前要完成早期项目,2020 年要完成中期项目,2025—2030 年则要完成长期项目,其中早期收获项目重点需要聚焦于解决巴基斯坦的电力供应不足的问题。可喜的是,截至 2016 年,两国便已经有 17 个早期收获项目在建设过程中,包括目瓜达尔自由区起步区、白沙瓦至卡拉奇高速公路(木尔坦至苏库尔段)和喀喇昆仑公路二期升级改造工程三大代表性项目。[2]

(二)小结

以"中巴经济走廊"作为日本对巴基斯坦贷款援助变化的分析节点是较为合适的。从时间来讲,该走廊的正式启动在 2015 年,也就是"印太战略"正式发布的前一年;从性质上讲,《关于中巴经济走廊远景规划合作的谅解备忘录》是"一带一路"展开国际合作后签约的第一个正式合作文件,具有历史性意义;从态度来看,巴方对该走廊建设以及对"一带一路"倡议都表现出了极大的热

---

① 习近平:《构建中巴命运共同体开辟合作共赢新征程——习近平在巴基斯坦会议发表重要演讲》,《光明日报》2015 年 4 月 22 日,2 版,https://epaper. gmw. cn/gmrb/html/2015-04/22/nw. D110000gmrb_20150422_2-02. htm,2021 年 11 月 12 日。

② 人民网:《"一带一路"为中巴合作注入活力——访中国驻巴基斯坦大使孙卫东》,2017 年 4 月 20 日,http://world. people. com. cn/n1/2017/0420/c1002-29224382. html,2021 年 11 月 12 日。

情和绝对的支持。从政治基础来看，中巴友谊被喻为"比山高、比海深、比蜜甜"的关系，中方盛赞巴基斯坦是"好朋友、好邻居、好伙伴、好兄弟"，这无疑为走廊的发展建设扫清障碍。但是这也正是日方不愿意看到的情形。笔者在上文曾经谈到，近年来日本对巴基斯坦的重视程度其实是日渐提高的，仅从近十年的援助数据来看（表 4-10），日方给巴方提供的援助贷款虽经历过明显的数据起伏，但是也着实经历了一段"蜜月期"，比如 2011—2016 年之间尽管有过降低，但是援助贷款总额基本保持在一个较高的水平，而到了 2017—2019 年则出现了滑坡式跌落现象。此外，日本一向认为巴基斯坦是站在全球反恐阵线前沿的，因此，对巴方投入了大量的反恐支持与安全援助，这一点在前文也有所叙述。所以，在日本单方耗费过极大援助代价的情况下，巴基斯坦仍然坚定不移地站在中国的立场上谋事发展，使得日本对极富自信的经济工具产生了怀疑，并随之下调了援助金额。尽管巴方对中国及"一带一路"的支持不是日本对其降低援助的唯一原因，但无法否认其导火索般的作用。

表 4-10　　　　　日本 ODA 对巴基斯坦的贷款（2009—2019 年）

单位：百万美元

受援国/地区 ＼ 年份	2009	2010	2011	2012	2013	2014	2015	2016	2017	2018	2019
巴基斯坦	38.68	41.9	214.12	193.19	157	211.5	113.78	162.6	75.79	56.82	57.65

数据来源：根据 Japan's White Paper on Development Cooperation 数据自行整理。

二、印度——亚非增长走廊

"亚非增长走廊"（Asia-Africa Growth Corridor，AAGC）计划是利用日本的资金与技术，印度在非洲的外交资源、经济联系与地缘纽带，致力于推进非洲大陆发展的"三赢"选择。[①] 这一计划主要是日印在"印太战略"的总体框架下，为应对中国崛起，打着"助力非洲发展"的旗号联合开发起来的。该项目的总体布局以"一带一路"倡议为针对对象、以与中国竞争为主要目的，是"日印

---

① 王秋彬、王西蒙：《日印"亚非增长走廊"计划：进展与挑战》，《现代国际关系》2018 年第 2 期，第 50 页。

两国以各自对非合作平台为基础、以日印'特殊战略与全球伙伴关系'为支撑打造的经济合作框架"①。其整体规划则与"一带一路"的海上丝绸之路几乎吻合。

（一）案例回顾

印度是南亚最大的国家,三面环海——被阿拉伯海、孟加拉湾、印度洋包围。与中国有边境接壤地区,与非洲东海岸国家隔海相望,与东南亚国家亦保持密切联系,被日本列入实施"印太战略"的核心国家。而"亚非增长计划"则是利用印度的地缘优势建立起来的,连接东南亚、南亚及非洲三地的互联互通项目,其总体上有三条设计主线:一是将印度最西部的古吉拉特邦的贾姆讷格尔(Jamnagar)与亚丁湾的非洲国家吉布提相连;二是将非洲国家肯尼亚的蒙巴萨岛(Mombasa)、坦桑尼亚的桑给巴尔岛(Zanzibar)与印度德干半岛东南部的泰米尔纳德邦的马杜赖(Madurai)相连;三是将印度加尔各答与缅甸西部港口城市实兑(Sittwe)相连。

在日本提出"印太战略"的同年(2016 年),印度公开拒绝参与"一带一路"建设,理由是中巴经济走廊作为"一带一路"的旗舰项目,穿越印度主张的克什米尔地区,严重侵犯了印度的国家主权,导致印度无法在这样的情况与中国共建"一带一路"。② 与此同时,印度则与日本继续加紧筹划准备已久的"亚非增长走廊"计划。

"亚非增长走廊"项目从雏形到成型经历了较长的历史沿革期。日本与印度早在 2000 年就建立了"面向 21 世纪的全球合作伙伴关系",印度又在 2004 年一跃成为了日本的最大受援国,便利了两国通过 ODA 合作共振、共同协作。2005 年,日印两国首脑确立了年度互访机制,2006 年两国关系升温至"全球战略伙伴关系"。2010 年,日印两国就开始筹划建立非洲发展合作机制。2014 年,日印又将双边关系升级至"特殊战略和全球伙伴关系"。③ 2015 年,两国首

---

① 张宏明:《大国经略非洲研究(下册)》,北京:社会科学文献出版社,2019 年,第 562 页。

② 叶海林:《莫迪政府对华"问题外交"策略研究——兼论该视角下印度对"一带一路"倡议的态度》,《当代亚太》2017 年第 6 期,第 35 页。

③ 王秋彬、王西蒙:《日印"亚非增长走廊"计划:进展与挑战》,《现代国际关系》2018 年第 2 期,第 48 页。

脑互访又发表"印度和日本愿景 2025",提出两国共建"和平与繁荣的亚太地区与世界",2016 年印度总理莫迪在访日期间与日本联合发表宣言,进一步重申"两国将通过双边或与其他伙伴的合作,改善亚洲与非洲的互联互通,实现亚太区域的自由与开放,对于维持整个区域的持续繁荣至关重要"[①]。2017 年 5 月,印度在举办亚洲开发银行年会期间发布了《亚非增长走廊:致力于可持续与创新发展的伙伴关系》的愿景文件,日印联合开发非洲的梦想最终落实行动。

（二）小结

"亚非增长走廊"的生成可以看作是印度"放下"中国、"靠近"日本的一个典型案例。印度与中国的矛盾焦点不仅限于是否参与"一带一路"建设的问题,还与两国自建交(1950 年)后的几次领土边境冲突有着历史性关联,这其中也牵涉到巴基斯坦与中印两国关系复杂的过去。1959 年 8 月,中印在朗久发生了第一次武装冲突,巴基斯坦则利用这次机会推动了中巴边界问题的解决,同时也为中国恢复联合国合法席位作出了巨大的努力,让中国看到了巴基斯坦愿与中方发展友好关系的决心。但是,与此同时,巴方未能与印度解决好边境问题,且埋下了与印度发生矛盾外交关系的隐患。1962 年 10 月,中印边界爆发了第二次冲突,在此次冲突的处理过程中,巴方坚定地站在了中方立场上,无疑对已不和睦的印巴关系雪上加霜。加之印巴本身存在宗教、民族、历史、领土等多方面的纠纷矛盾,因此,在"中巴经济走廊"朝利好的方向发展时,印度果断拒绝了参与"一带一路"建设。总结原因,主要有三:第一,印度怀疑中国"和平崛起"的真实目的;第二,印度视"一带一路"倡议为中方利用基建工程挑起的地缘恶性竞争事件;第三,印度自莫迪上台后一直同日本一样有着自己的"大国梦想",所以不允许周边邻国挑战它的"权威"。印度从不掩饰对中国的敌意,例如在 2018 年 7 月 8 日召开的印度驻邻国大使会议上,印度外长斯瓦拉吉和外交秘书顾凯杰主持了针对中国问题的讨论。会议认为中国对巴基斯坦的政治经济主导日益增强。除去巴基斯坦,中国与其他南亚国家也日

---

① 转引自王秋彬、王西蒙:《日印"亚非增长走廊"计划:进展与挑战》,《现代国际关系》2018 年第 2 期,第 49 页。

益接触频繁，这不得不引起印度的警惕，且提醒印度邻国也需注意。这样的讲话内容体现了印度政府对中国"一带一路"倡议的一贯态度和基本思路。所以说，鉴于以上三点及印巴固有矛盾，印度选择与日本联手共同对抗中国。而日本也乐见其成，不仅表达了愿与印度共建美日印澳四边机制的强烈意愿，同时迅速对印度增加援助金额（参见表 4－11），以期用金钱牢牢拴住这个"盟友"，充分体现了"日本式经济方略"的特点：以经济工具刺激鼓励，加强对受援国的政治控制，在改变受援国外交态度的基础上为己所用，以针对它们臆想的共同"敌人"。

表 4－11　　　　　日本 ODA 对印度的贷款（2009—2019 年）

单位：百万美元

年份 受援 国/地区	2009	2010	2011	2012	2013	2014	2015	2016	2017	2018	2019
印度	1 191.72	1 670.75	1 585.04	1 484.02	1 357.76	1 407.56	1 497.56	1 743.96	2 212	2 137.43	2 586.31

数据来源：根据 *Japan's White Paper on Development Cooperation* 数据自行整理。

三、孟加拉国——孟中印缅经济走廊

"孟中印缅经济走廊"主干道全长 2 800 多千米，地处东亚、南亚和东南亚之间。由东向西把中国云南昆明通过缅甸的曼德勒和孟加拉国的达卡到印度西孟加拉邦的加尔各答连接起来。南向则将孟、印、缅印度洋港口与海上丝绸之路串联，是中国西南地区和印度东北诸邦通往印度洋的佳选路径。北向则途经中国的川渝经济带，接丝绸之路经济带和长江经济带。这一经济走廊的目标不仅是惠及四国，而是希望在"一带一路"经济合作框架指导下，促进东亚、南亚、东南亚三大经济板块的联动发展。

（一）案例回顾

孟加拉国身兼两处"要职"：其一，它是"一带一路"重要沿线国家；其二，它是"印太战略"重要覆盖国家。换言之，孟加拉国同时具备了中日两国对外合作策略的重要支点国家身份。而支点国家是实现一国重大目标具有关键性意

义的国家。① 从地缘位置上讲,孟加拉国地处南亚,南临孟加拉湾,东南部则与缅甸接壤,东西北三面与印度相邻。它虽与中国不接壤,但属于邻近的周边国家范畴,也是中国西南陆路进入印度洋的必经之国。从对外关系上讲,孟加拉国虽然信奉伊斯兰教,但却是一个温和的宗教国家,不仅与中国保持尚佳的双边关系,也对中国发起的"一带一路"表现了一定的支持态度。鉴于这样多元化的因素,在"一带一路"倡议提出后,中方便提议建设孟中印缅经济走廊,与中巴经济走廊一道成为"一带一路"的重点合作工程。

"孟中印缅经济走廊"的提出原是 1999 年云南省的一个地区性倡议,目的是将昆明与加尔各答陆路相连。到了 2013 年 5 月,李克强总理访问印度时,与时任印度总理辛格签署联合声明,倡议建设"孟中印缅经济走廊",才把这一规划从地区性设计构想升格为区域间合作计划。这一倡议很快得到了孟加拉国与缅甸两国的积极响应。到 2013 年 10 月,该项目实际上已经进入正式启动阶段。12 月,孟中印缅第一次工作组会议召开,在对既往地区性合作论坛经验梳理的基础上,达成了在该走廊内优先建设交通基建、投资贸易及人文交流等方面的发展项目,并签署了会议纪要和经济走廊的联合研究计划。② 2014年 12 月,第二次工作组会议在孟加拉国召开,深入讨论了四国提交的国别报告,为今后的发展提出了规划性意见,中国提出的相关议题也得到了积极的肯定。但是,在印度计划召开的第三次会议却没有成为现实,这一项目的实施被迫搁浅,究其阻力主要来自印度。

2015 年,中国国家发改委正式接手该项目,将其变为"一带一路"整体框架下的一部分。此次事件成为印度拒绝推动"孟中印缅经济走廊"发展的导火索,也同时加剧了印度对"一带一路"倡议的排斥心理,印度认为中方未经印度同意便私自将"孟中印缅经济走廊"纳入"一带一路"是缺乏磋商的单方面行事;又由于印度尚未加入"一带一路",这表明中方未对印度表现出应有的尊重与重视。因此,这一经济走廊的项目成绩实际上远落后于中巴经济走廊。为改变这一状况,2016 年 10 月,习近平主席访问孟加拉国,表达了中方愿意积极

---

① 参见:徐进、高程、李巍等:《打造中国周边安全的"战略支点"国家》,《世界知识》2014 年第 15 期,第 14—23 页。

② 中华人民共和国中央人民政府:《孟中印缅经济走廊联合工作组第一次会议在昆明召开》,2013 年 12 月 20 日,http://www.gov.cn/jrzg/2013-12/20/content_2551411.htm,2021 年 11 月 12 日。

推动四国政府间合作框架的态度，并希望早日启动早期收获项目。① 终于，在时隔两年后，"孟中印缅经济走廊"于 2017 年 4 月重新启动，只是鉴于印度的不配合态度，该走廊的发展前景并不被各方看好。

（二）小结

巴基斯坦和印度在本篇文章中应该归结为"极端案例"分析，也就是通常由被检验对象的极端情况来定义案例，即它们最理想的类型。② 尽管这样的案例看似违反了社会科学中警告我们不要"基于因变量选择案例"的"民间智慧"，③但实则是为一般性案例分析提供了变量的整个变化范围和总体性图谱，④"孟中印缅经济走廊"就是在日本援助印太国家中具有代表性的一般性案例分析，并且在日本援助众多印太国家的案例中具有普遍性代表意义。

我们需要看到的是，即便在中国与孟加拉国已经建立战略合作伙伴的前提下，孟加拉国仍然是一个对"一带一路"有条件的支持者。⑤ 第一，对于"一带一路"可能为孟加拉国带来的发展机遇是孟方愿意积极回应这一倡议的主要原因之一；第二，孟加拉国地处"多事之秋"的南亚，这不得不令其将地缘、宗教、边境等问题作为综合考虑要素，这些因素正是孟加拉国直面"一带一路"的现实阻碍；第三，虽然中国在近年来表现出对孟加拉国的重视，但是无法否认的是，长期以来，中国对孟加拉国比较忽视，两国经贸特别是投资关系未能取得重大突破，⑥可以说孟加拉国是被中国"遗忘的角落"：一方面，孟加拉国虽与中国保持长期友好的外交关系，但未能达到中巴间友谊的程度；另一方面，域

---

① 新华网：《中华人民共和国和孟加拉人民共和国关于建立战略合作伙伴关系的联合声明》，2016 年 10 月 15 日，http://news. xinhuanet. com/politics/2016-10/15/c_119721775. htm，2021 年 11 月 12 日。

② ［美］约翰·吉尔林：《案例研究：原理与实践》，黄海涛、刘丰、孙芳露译，重庆：重庆大学出版社，2017 年，第 76 页。

③ Barbara Geddes, "How the Cases You Choose Affect the Answers You Get: Selection Bias in Comparative Politics", *Political Analysis*, Vol. 2, 1990, pp. 131 - 150.

④ ［美］约翰·吉尔林：《案例研究：原理与实践》，黄海涛、刘丰、孙芳露译，重庆：重庆大学出版社，2017 年，第 78 页。

⑤ 杨怡爽：《"一带一路"视角下的中孟合作意愿、需求与空间》，《印度洋经济体研究》2017 年第 4 期，第 19 页。该结论源自该文章作者对孟加拉国实地调研得出。

⑥ 陈利君：《印太战略背景下应注重加强中孟合作》，《人民论坛·学术前沿》2018 年第 15 期，第 78 页。

外势力对孟加拉国"虎视眈眈",意欲拉拢为己用。所以说,这种处于"中间地带"的外交关系促使孟加拉国与中国的合作需要多一层慎重考虑,也是这样的顾虑给日本宣传拓展印太战略可趁之机。

近十年来,日本对孟加拉国的重视与日俱增,两国首脑有过较为频繁的互访经历:孟加拉国总理拉赫曼、哈西娜和齐亚,总统拉赫曼和艾沙德都造访过日本,而日本首相海部俊树、森喜朗、安倍晋三等也访问过孟加拉国,这种互访经历为稳固日孟双边关系提供了良好的基础。特别是在 2014 年,总理哈西娜表示孟加拉国将退出联合国安理会非常任理事国的竞选转而支持日本,同时孟加拉国也获得了日方 6 000 亿日元的援助。[①] 该事件被视为日孟外交关系上的一次重大突破,是"日本式经济方略"的标志性成果。究其原因,与日本长期对孟加拉国投入巨额援助有着密不可分的联系。自 1972 年日孟建交到 2001 年,日本共计援助孟加拉国 80.12 亿美元,这些资金主要用于孟加拉国的基础设施建设,用于提升整个国家的发展水平。近 10 年日本对孟加拉国的援助更是达到了历史性高峰,尤其是 2016 年以后,日本对孟加拉国的 ODA 贷款援助一直持续在一个极高的水准(参见表 4-12),不仅重视经济援助,还重视孟加拉国的安全援助,日孟两国于 2017 年 3 月签署了《经济与社会发展项目》(*Economic and Social Development Program*),其中 10 亿日元将用于孟加拉国的反恐事业。即便是孟加拉国对"孟中印缅经济走廊"建设表现出了支持的态度也并未大幅影响日本对其援助的力度。相反,日本更加热衷于扶持孟加拉国,支持其早日脱离世界最不发达国家行列。这些举动实则都是日本在利用 ODA"争取"孟加拉国成为日本"友好合作伙伴"共同对抗中国的策略,需要引起中国的重视。

表 4-12　　　　日本 ODA 对孟加拉国的贷款(2009—2019 年)

单位:百万美元

受援国/地区 \ 年份	2009	2010	2011	2012	2013	2014	2015	2016	2017	2018	2019
孟加拉国	60.36	73.15	145.47	392.29	371.73	344.93	422.07	501.13	1 336.66	1 200.67	1 162.46

数据来源:根据 *Japan's White Paper on Development Cooperation* 数据自行整理。

① 中国社会科学网:《日本经济支援孟加拉,寻求"入常"支持》,2014 年 5 月 27 日,http://www.cssn.cn/gj/gj_gjwtyj/gj_rb/201405/t20140527_1186655.shtml,2021 年 11 月 10 日。

结　论

　　日本在国内经济持续走低的近十年却不惜投入大成本援助印太区域国家,根本原因是日本政府寄希望政府开发援助(ODA)可以成为与中国及其"一带一路"倡议相匹敌的有效工具,左右印太国家对中国的外交态度或双边关系,体现了日本要与中国竞争的强烈国家意愿。然而,促使日本"决心与中国一争高下"的原因是多方面的,不仅限于中国崛起刺激了日本的民族自尊心,更源自日方对国内政治与民意因素和国际关系与盟国因素的双重考量。

　　其一,从国内政治导向上讲,利用ODA影响或干预印太国家的外交选择验证了日本不甘心居于"二流国家"的位置,体现了日本要求自己担当国际重任、充当国际领袖的迫切希望,而成就自由与开放的印太战略则对日本具有重要意义。① 但是,在日本经济持续走低的现实情况下,日本政府需要与民众解释资金流向问题,也需要用"外交成绩"向国民交代政府实施ODA是正确的选择,这一点在每年的日本《外交蓝皮书》都会有专门的内容予以说明。所以,在民意的督促下,日本政府更清楚务必使得ODA的具体措施各司其职、ODA整体战略物尽其用。

　　其二,国际因素是日本重要的考虑对象。首先,从印太区域自身来谈,日版印太战略涵盖国家广、数量多,这就导致域内各国与国际社会大国间的关系错综复杂,会出现"选边站"的情况,这也是日本与中国竞争、拉拢印太国家的一个主要诱因。其次,日本仍隶属于美日同盟框架下,且保持着与美不平等的盟友关系,所以日本必须考虑其"盟主"美国的态度。美国的印太战略虽然与日本划定的界限有所不同,但是近年来美国对中国的政治经济打压、对印太地区的关注以及对美日印澳四边机制的重视都说明美国对日本与中国竞争这件事是默许甚至支持的,这就促使日本可以肆无忌惮、尽其所能与中国正面对抗、想方设法抑制中国崛起,那么ODA便成为了"一把好枪",指挥印太受援国的对华态度。再次,由日本最初提议建立的美日印澳四边机制间的大国关系在近年来关系愈发火热,并且在对抗中国的问题上形成了一致。先是印度公

---

　　① 印太战略对日本具有重要意义的观点在近几年的日本《外交蓝皮书》中多次被提及。

然反对加入"一带一路",扬言这是中国搞地缘政治的阴谋;后是美国特朗普政权对中国无端挑起贸易争端、澳方外长更于 2021 年 4 月 21 日,单方宣布撕毁中方同澳大利亚维多利亚州政府签订的"一带一路"备忘录和框架协议,向其他三位"盟友"表忠心。这些都成为日本坚定对华竞争到底的实际诱因。

正如习近平主席所言"我们不惹事,也不怕事"①,面对来势汹汹的日本"印太战略",中国应积极应对。首先,我们需要认清中国已经是印太区域一员的事实。换言之,中国并非"印太"的局外人,②尤其是"一带一路"的提出和建设,意味着中国的自我定位发生了重大转变,可以看出中国已将自己定位为了亚洲中心国家和欧亚大陆国家。③ 所以说,时至今日的中国已无法置身于印太的事外,必须直面日本发起的竞争。第二,中国也需改善和思考与南亚大国印度间的关系。印度之所以拒绝参与"一带一路"的主要原因可以归结于中巴关系、印巴关系的冲突,所以如何调解三国的多边关系是中国外交的重任之一。中国需要认识到争取印度融入"一带一路"的可能性,这主要表现在中印经贸往来持续升温,以及印度是亚投行资金最大的受益者。④ 而印度与日本、美国关系日益密切,也无疑是对其加入"一带一路"的巨大阻碍。但是印度对"一带一路"的预设作用并无需夸大,因为在印度未曾参与的这些年,"一带一路"蓬勃发展之势是世界公认的。第三,中国仍要继续发挥小国外交的优势,比如对东南亚邻国、对南亚小国以及非洲兄弟的友好外交关系仍需持续下去。在过去,成功的小国外交使中国重回联合国,那么现如今,小国外交的成败仍然对中国和平崛起以及"一带一路"倡议能否继续优势性地走下去起着重要作用。第四,中国需要更加重视援助的质量与实用性。相比在援助规模上一争高下,不如重视援助项目改善受援国民生的效力,让每一个项目成果成为与受援国结下友谊的象征才是良好援助效力的表现。面对美日印澳的挑衅,中国更需要用高质量的援助工程来赢得人心,用实际效果吸引区域内摇摆不定的国家。

---

① 人民网:《习近平:"我们不惹事,也不怕事"》,http://world.people.com.cn/n/2014/0330/c157278-24773400.html,2021 年 11 月 13 日。

② 林民旺:《"印太"的建构与亚洲地缘政治的张力》,《外交评论》2018 年第 1 期,第 35 页。

③ 张蕴岭:《风物长宜放眼量——关于"一带一路"的再思考》,《世界知识》2016 年第 10 期,第 60—61 页。

④ 新华网:《专访:印度已成为亚投行最大获益者——访亚投行副行长丹妮·亚历山大》,2018 年 5 月 15 日,http://www.xinhuanet.com/2018-05/15/c_1122837105.htm,2021 年 11 月 13 日。

第五，任何一个国家在实施援助的过程中，最基本的落脚点是符合本国国情，符合本国经济发展水平，而不是关注"与谁对抗"的问题。曾几何时，美国通过马歇尔计划的大力援助，使得西欧国家获得了战后复兴，但同时也把西欧国家变成了与美国共同对抗苏联的利器。显然，从当下日本 ODA 战略与印太区域紧紧相连的现状中亦可以窥探到重复历史的意味。但若日本经济持续走低，却仍为与中国竞争、逆势而为增大援助的话，结果只能适得其反。同时，中国也要吸取日本的教训，需根据自身国情合理推动援助发展，避免落入与日本恶性竞争的漩涡中。"路漫漫其修远兮，吾将上下而求索"。这正是对中国当下发展最真实的写照。

第五章 安倍政府的对美政策评析 及日美关系展望

陈友骏　王星澳

2020 年 8 月 28 日,安倍晋三宣布因身体原因辞职。此后,自民党经过党内选举,推选菅义伟作为总裁任职新一任首相,这标志着安倍第二次执政的结束与"后安倍时代"的开始。尽管安倍不再担任首相职务,但由于菅义伟当选自民党总裁一事本身受到了以安倍为代表的细田派的大力支持,且安倍在自民党内依然拥有巨大的影响力,因而"后安倍时代"将不可避免地带有"安倍色彩",菅义伟政府将基本延续安倍政府时期的内外政策。有鉴于此,有必要对特朗普时期[①]的安倍政府对美政策进行回顾及梳理,在此基础上研判菅义伟政府对美政策的大致框架。

本文试图从政治、经济、军事三个维度出发,梳理特朗普时期安倍政府的对美政策构成,并在此基础上探究安倍政府对美政策调整的动因,最后尝试对"后安倍时代"的菅义伟政府对美政策进行前瞻性分析。

第一节　特朗普时期安倍政府对美政策构成

特朗普在首次国会演说中明确宣布,将以"美国优先"作为自己执政期间对外政策的行动指南。在特朗普眼中,"美国优先"包括以下基本内涵:在贸易问题方面,"自由贸易必须建立在公平贸易基础之上";在同盟关系方面,"我们

---

① 本文中"特朗普时期"指唐纳德·特朗普任职美国第 45 届总统的 2017—2020 年,限于篇幅限制,本文主要研究特朗普时期安倍政府对美政策。

的伙伴必须履行他们的经济义务","我们在北约、中东及太平洋地区的伙伴都必须在战略和军事行动中承担直接和重要的职责,承担公平的军事开支"。① 遵循"美国优先"的执政思路,特朗普政府采取了一系列措施向日本政府施加压力,要求日本解决日美贸易"不公平"问题、承担更多的军事开支等。

面对特朗普上台以来对日本施加的种种压力,一方面,安倍政府频频展现对美合作姿态,尽量满足特朗普政府对日要求,同时安倍本人也借助多种场合积极寻求同特朗普构建良好私人关系,试图以"公私兼顾"方式谋求巩固和加强日美同盟关系;另一方面,安倍政府秉持"合而不从"的底线思维,在特定问题上以"巩固和提升日美同盟关系"作为战略掩护,"见缝插针"地利用特朗普政府推行政策中存在的空间展现和提升自身战略自主性,②以灵活的方式坚定地维护日本核心利益。具体而言,安倍政府在政治上,加强同特朗普及其亲信沟通、迎合特朗普个人喜好,同时在国际事务积极扮演为盟友分忧的"知心伙伴"角色;在军事上,以日美同盟为轴心,进一步拓展其军事同盟网络,继续加强自卫队能力和体制建设,切实强化日本的军事能力;经济上,以满足特朗普政府贸易要求并且扩大对美投资的让利方式锚定美同盟关系,同时利用特朗普政府"退群"行为所造成的"国际治理真空",积极谋求自身在国际经济治理规则改革中的主导地位。

一、政治上迎合特朗普及其亲信,扮演为美分忧的"知心伙伴"角色

第一,安倍积极加强与特朗普本人的沟通交流,希冀以此"增信释疑",化解双方分歧。在2016年特朗普胜选后,安倍便急忙赶往美国与特朗普当面会谈,试图同特朗普阵营建立起沟通渠道,并且希望以此弥补在大选期间安倍政府对特朗普的怠慢。③ 安倍称,由于当时未预料到特朗普胜选,也不了解特朗

---

① White house, "Remarks by President Trump in Joint Address to Congress", 2017 - 02 - 28, https://www. whitehouse. gov/briefings-statements/remarks-president-trump-joint-address-congress/, 2020 - 12 - 20.

② 陈友骏:《特朗普政府对日政策的评价与前瞻》,《日本学刊》2019年第6期,第64页。

③ 廖勤:《安倍急见特朗普,试探还是求安抚》,《新华网》,2016年11月19日,http://www. xinhuanet. com/world/2016-11/19/c_129370236. htm,2020年12月27日。

普的政治构想,因而决定先向特朗普阐明自身的印太地区政策。[1] 此后安倍保持了同特朗普的高密度联系,不断加深双方相互了解。日本外务省公布的《外交蓝皮书》显示,至 2019 年末,包括电话会谈在内,安倍同特朗普共计进行了 47 次首脑会谈。[2] 安倍保持同"政治素人"特朗普的高频交流,一方面是期望以"特殊待遇"的方式迎合特朗普"美国优先主义"心理,[3]另一方面则是出于加深特朗普对日本了解、增进双方私人友谊、化解日美分歧的考虑。

表 5-1　　　安倍晋三与特朗普主要会晤情况(2016—2019 年)

时间	会谈地点及方式	主要内容
2016 年 11 月 18 日	纽约	安倍晋三会晤候任美国总统特朗普,旨在增进双方相互了解;安倍向特朗普阐明自身对印太地区主张
2017 年 1 月 28 日	电话会谈	双方就 2 月 10 日在白宫举行首次首脑会谈达成一致。
2017 年 2 月 11 日	白宫	双方决定创设以副首相麻生太郎和副总统彭斯为首的"跨领域"新经济对话机制,以强化日美经贸关系
2017 年 3 月 7 日	电话会谈	双方一致认为"朝鲜的威胁已经上升到新的阶段"
2017 年 4 月 24 日	电话会谈	双方一致要求朝鲜停止核试验及弹道导弹发射等行为
2017 年 9 月 21 日	纽约	日美韩三国首脑就继续加大对朝施压达成共识
2017 年 11 月 5 日	东京	双方就朝核问题和日美贸易问题进行磋商
2018 年 4 月 17 日	美国	双方再次确定朝鲜弃核方针,并讨论了日美贸易赤字等问题
2018 年 4 月 28 日	电话会谈	双方一致对韩朝两国 27 日举行的首脑会谈表示欢迎
2018 年 9 月 26 日	纽约	双方同意将启动包括农产品关税问题在内的双边谈判

---

[1]　共同通信社『トランプ氏は「平均的な米国人」安倍晋三前首相インタビュー(2)』、2020 年 11 月 25 日、https://this.kiji.is/702865717033043041?c=39546741839462401,2021 年 1 月 6 日。

[2]　外務省「外交青書 2020」、25 頁、2020 年 10 月 21 日、https://www.mofa.go.jp/mofaj/fp/pp/page22_1003299.html, 2020 年 12 月 29 日。

[3]　陈友骏:《特朗普政府对日政策的评价与前瞻》,《日本学刊》2019 年第 6 期,第 65 页。

续表

时间	会谈地点及方式	主要内容
2019 年 2 月 20 日	电话会谈	双方讨论即将举行的美朝领导人第二次会谈
2019 年 2 月 28 日	电话会谈	双方就美朝领导人第二次会谈进行探讨,安倍晋三表示愿"亲自面对金正恩"
2019 年 5 月 6 日	电话会谈	双方就朝鲜日前试射数枚短程发射体(疑似导弹)问题进行磋商,并确认将在对朝政策上保持一致
2019 年 6 月 28 日	大阪	双方确认将携手应对伊朗及朝鲜问题
2019 年 9 月 25 日	纽约	日美两国首脑会晤并最终签署《日美贸易协定》。日本同意大幅降低对美农产品施加的关税水平,但美方并未同意取消日本汽车以及汽车零部件关税,仅同意暂时不提高汽车关税

资料来源:笔者根据各种资料编制。

第二,设法给予美国"优先"的特殊礼遇,以彰显美国在日本对外关系中的重要性。

其一,"冷处理"特朗普对安倍政府的诸多"侮辱",强调日美友好关系。特朗普上任后,在未与盟友日本商议的情况下单方面宣布退出 TPP(跨太平洋伙伴关系协定,Trans-Pacific Partnership Agreement),使得安倍投入巨大心血的 TPP 协定面临"夭折"危机。再如,2019 年 4 月 26 日,特朗普携同夫人与访美的安倍夫妇合影留念时,将安倍"挤出"红毯,与同年 4 月 11 日韩国总统文在寅访美时美韩首脑分别占据一半红毯合影留念形成鲜明对比。[①] 面对特朗普政府种种略显羞辱意味的单边主义行为,不论是在公开演讲,还是在政治文件中,安倍政府都没有表达任何不满,而是选择不断强调日本与美国关系之"友好"。

其二,竭力维护美国政治"大国"形象。众所周知,"政治素人"出身的特朗普在公开场合表述时缺乏传统政治精英的严谨,经常"语出惊人",发表一些不合时宜或者不符合美国总统身份的言论。而在面对特朗普的此类发言时,安

---

① 崔天也:《白宫合影被特朗普抢走大半 C 位,日本网友:安倍好惨啊》,2019 年 4 月 28 日,https://world.huanqiu.com/article/9CaKrnKk7ZJ,2020 年 12 月 27 日。

倍总是表示对特朗普本人的支持，尽力维护美国的政治大国形象。例如，在2017年9月25日面对金融时报记者询问如何评价特朗普对朝鲜的"狂论"①时，安倍表示"日本一贯支持美国的立场"，将会同美国保持鼎力合作，不断向朝鲜施压直至其改变政策。②

其三，恭维特朗普及其亲近人士，谋求构建私人亲密关系。在2017年5月的记者会上，安倍表示日本高度评价特朗普总统"所有选项都摆在桌面上"的这一坚定承诺。③ 2019年5月25日，在安倍政府的安排下，特朗普还成为日本"令和"时代到访的首位国宾，受到了天皇给予的最高礼遇。安倍还效仿祖父岸信介，多次寻找机会陪同特朗普打高尔夫，开展所谓的"高尔夫外交"。安倍甚至还代表日本，以提名特朗普作为诺贝尔和平奖候选者的方式迎合特朗普"好面子"的个人喜好，寄希望以此增进两国战略友好关系。公开表态称赞特朗普、寻找与特朗普共同爱好、以最高礼遇迎接特朗普来访等事例，处处体现着安倍政府"讨好"特朗普本人、试图与特朗普构建两国首脑间"莫逆之交"的想法。而且，由于特朗普高度信任自己的女儿伊万卡（Ivanka Trump）及女婿库什纳（Jared Kushner），将许多重要职位托付二人，展现出鲜明的"任人唯亲"的倾向，因而安倍政府除了恭维特朗普本人以外，还创造机会讨好深受特朗普信任的伊万卡。2017年11月3日，安倍在第四届国际女性会议（WAW! 2017）的演讲上表示，日本决定出资5 000万美元支持伊万卡提出的设立妇女创业融资倡议。④ 总而言之，在特朗普时期，安倍政府通过包括但不限于上述的多种方式迎合特朗普本人"好面子"的个人喜好，也时而借机恭维伊万卡等特朗普"核心圈子"人士，试图以此同特朗普阵营构建亲密"私交"，从而进一步推进美日关系。

---

① 特朗普在2017年的联合国大会一般性辩论发言中称朝鲜最高领导人金正恩为"火箭人"（Roket Man）并表示，"如果美国被迫自卫或保护盟国，那么将别无选择，只得彻底摧毁朝鲜"。

② 首相官邸「安倍内閣総理大臣記者会見」、2017年9月25日、http://www. kantei. go. jp/jp/97_abe/statement/2017/0925kaiken. html、2021年1月31日。

③ 首相官邸「内外記者会見」、2017年5月27日、http://www. kantei. go. jp/jp/97_abe/statement/2017/0527kaiken. html、2021年1月31日。

④ 首相官邸『国際女性会議WAW! （WAW! 2017)特別イベント「女性のエンパワーメント」安倍総理スピーチ』、2017年11月3日、http://www. kantei. go. jp/jp/98_abe/statement/2017/1103waw. html、2021年1月31日。

其四,凸显美国在日美同盟中的领导地位,积极扮演日本在日美同盟中的"追随者"角色。继模仿里根经济学,将自己的经济主张称为"安倍经济学"之后,安倍又在 2017 年 5 月中旬举行的《华尔街日报》晚宴上发表讲话,模仿特朗普"美国优先"的表述,称自己作为日本首相主张"日本优先"(Japan First),①以此展现对美的战略追随姿态。再例如,"自由且开放的印度太平洋"(Free and Open Indo-Pacific, FOIP)这一概念最早由安倍晋三于 2016 年 8 月 27 日在第六届非洲开发会议(TICAD)上提出,但直到 2017 年特朗普政府正式提出"印太战略"之前,日本政府并未将其写入正式文本之中。② 而在"印太"概念得到特朗普政府接受之后,安倍政府便迅速在 2018 年版《外交蓝皮书》及《防卫计划大纲》中添加了"印太"的相关表述。这一事实表明,安倍政府并不贪图概念提出者这样的"虚名",而是积极游说、耐心等待,直到盟友美国接纳自身设想之后才迅速"跟进"。由此可见,安倍政府在对美政策中高度注重扮演外交话语"跟随者"的角色,绝不做"越俎代庖"之事。

第三,安倍政府还积极为美国"分忧",以凸显自身盟友价值。例如,安倍于 2019 年 6 月前往德黑兰,试图调解美国与伊朗因伊核问题而激化的紧张关系,实现了日本首相时隔 41 年以来首次访问伊朗。③ 安倍的伊朗之行虽然没有达到预期效果,却受到了华盛顿的肯定与支持。需要指出的是,尽管伊朗关乎日本的能源"生命线"安全,但是日本并未参与签署伊核协议,在伊核问题上属于彻底的"局外人"。由此可见,安倍此行的主要目的,是希望充分发挥自己的外交能动性,助力美国贯彻其战略意志,凸显日本作为美国盟友的价值。

综上,安倍政府正是通过与特朗普保持高频联系、给予美国"优先"礼遇、坚持"美主日从"地位、主动帮助美国贯彻其战略意志的方法,向特朗普传达"日本尊重美国在同盟中领导地位、满足于扮演美国追随者角色"的鲜明信号,从而实现其强化日美同盟关系的战略目标。

① 首相官邸「ウォール・ストリート・ジャーナル主催 CEO カウンシルディナープログラム安倍総理スピーチ」,2017 年 5 月 16 日、http://www. kantei. go. jp/jp/97_abe/statement/2017/0516wsj. html,2021 年 1 月 26 日。

② 陈友骏、于娣:《21 世纪 10 年代日本军事战略的嬗变态势及动因分析》,《日本问题研究》2020 年第 5 期,第 50 页。

③ 环球网:《安倍访问伊朗欲充当调停人角色,日媒:他在追寻他父亲的足迹》,2019 年 6 月 13 日,https://world. huanqiu. com/article/9CaKrnKkTJd, 2021 年 2 月 3 日。

二、军事上渲染"安全威胁",试图实现更大幅度的"借船出海"

军事方面,日本不断强调自身"安全保障环境严峻",为自身发展进攻性军事力量提供"合理性"与"合法性"。2017 年,朝鲜发射经过日本本土上空的弹道导弹,同年 9 月进行第六次核试验等行为引起了安倍政府的强烈抗议。在 2017 年 11 月的国会演说中安倍表示,"当前日本周边的安全保障环境处于战后最严峻的状态",因而"需要开展积极的外交政策"[①]。不仅如此,安倍政府还以中国在东海、南海的海洋活动与朝鲜核试验、弹道导弹问题为由头,在"积极和平主义"的口号下,一方面寻求加强同相关国家及国际社会的合作,尤其是希望通过增强日美同盟关系、推进双边及多边军事同盟体制建设,以应对来自朝鲜和中国的"安全威胁"。另一方面,安倍政府不断增加军费开支、提升武器研发能力,切实推动本国军事实力建设。可见,凭借"安全威胁"这一绝佳"理由",安倍政府不断强化同美国等军事联系、不断增加军费开支以扩大军备建设,试图实现更大幅度的"借船出海",完成日本防卫政策的"由守转攻"。

第一,安倍政府进一步推进以日美同盟为核心的同盟体系建设,并以此作为军事战略依托。这一点主要体现在 2018 年版《防卫计划大纲》(简称《大纲》)中。相较于 2010 年、2013 年版《大纲》,2018 年版《大纲》更加强调在"印太构想"指导下同亚太地区国家开展合作的重要性,并且进一步扩大了防卫合作对象,这使得日本的防卫合作对象不再局限于亚太地区。[②] 其中尤其令人瞩目的是,日本表明将发展日美印三国联合,体现出日本试图联合印度,从印度洋和南亚方向加强对华制衡的战略意图。可见,以日美同盟为主轴,进一步拓展其军事合作伙伴关系,这既是特朗普时期安倍政府对美军事政策的主线,更是安倍政府推行对华制衡政策的战略依托。

第二,安倍政府稳步提升驻日美军"温馨预算"。要求盟国承担更多的军费负担也是特朗普"美国优先"政策的重要内容构成。2019 年 3 月,特朗普政府以有关国家从美国驻军中获得了好处为由,开始内部讨论所谓的"成本＋

---

① 首相官邸「第百九十五回国会における安倍内閣総理大臣所信表明演説」,2019 年 11 月 17 日、http://www.kantei.go.jp/jp/98_abe/statement2/20171117shoshinhyomei.html,2020 年 12 月 15 日。

② 陈友骏、于娲:《21 世纪 10 年代日本军事战略的嬗变态势及动因分析》,《日本问题研究》2020 年第 5 期,第 46 页。

50"计划,要求美国海外驻军所在国承担美国驻军的所有费用,并额外支付
50%。这意味着,部分国家的美国驻军费用负担可能要增加5倍以上。① 对
此,安倍政府以稳步提升在日美军驻留经费负担(一般被称为"温馨预算",
HNS)的方式,向特朗普政府展现愿积极满足其要求的姿态。日本防卫省公布
的资料显示,2016年至2020年,日本负担的在日美军驻留经费负担呈现不断
增长趋势,并于2020年达到1993亿日元。② 虽然安倍政府提升的"温馨预算"
数额同特朗普政府要求盟友承担驻军费用相比仅是"九牛一毛",但安倍政府
以此展现出了积极配合美方要求的顺从姿态,为日美就驻军费用问题谈判争
取了谈判时间和外交空间。③

第三,以"两步走"方式突破"专守防卫"原则,实现防卫政策"由守转攻"的
实质性转变。2018年12月,日本内阁通过了新《防卫计划大纲》以及配套的
《中期防卫力整备计划》,标志着安倍政府迈出了其突破"专守防卫"原则的第
一步。日本政府为表明将"贯彻专守防卫的基本方针",在2018年版《大纲》中
规避了有关发展"对敌基地攻击能力"的表述,试图以此缓和在野党及国民的
反对情绪,掩盖其真实意图。然而,2018年版《大纲》却写明,为了"确保自卫队
队员安全、有效阻止对日本的攻击",将提升自卫队在威胁区域外应对"尝试侵
略我国的舰艇及登陆部队"的"防区外防御能力"(日文表述:スタンド・オフ
防衛能力)④。换言之,日本将研发防区外对地、对舰导弹,以在实质上大幅提

---

① 韦宗友:《"美国优先"对美韩、美日同盟的影响》,《国际问题研究》2019年第6期,第92页。

② 关于日本历年支付给驻日美军费用具体内容,请参见,防卫省「平成29年版防衛白書」、305頁、https://warp. da. ndl. go. jp/info; ndljp/pid/11502835/www. mod. go. jp/j/publication/wp/wp2017/pdf/29020403. pdf、2021年2月18日;防衛省「平成30年版防衛白書」、282頁、https://www. mod. go. jp/j/publication/wp/wp2018/pdf/30020403. pdf、2021年2月18日;防衛省「令和元年版防衛白書」、329頁、https://www. mod. go. jp/j/publication/wp/wp2019/pdf/R01030204. pdf、2021年2月18日;防衛省「令和2年版防衛白書」、319頁、https://www. mod. go. jp/j/publication/wp/wp2020/pdf/R02030204. pdf、2021年2月18日;防衛省「在日米軍駐留経費負担の推移」、https://www. mod. go. jp/j/approach/zaibeigun/us_keihi/suii_img_r02. pdf、2020年12月29日。

③ 由于特朗普政府驻日美军预算要求大幅超过往年规模,而日方却坚持维持原有水平不变,因而日美双方最终未能就驻军费用问题达成共识。2020年秋安倍晋三因病辞职后,接手的菅义伟政府考虑到特朗普卸任在即,且新政府安全保障战略不明,因而宣布推迟谈判。拜登政府上台后,日美双方达成共识,宣布2021年度继续执行现行的特别协定,日本负担2017亿日元,2022年度以后另行协商。

④ 防衛省「平成31年度以降に係る防衛計画の大綱について」、2018年12月18日、19頁、https://www. cas. go. jp/jp/siryou/pdf/h31boueikeikaku. pdf、2021年3月8日。

升日本的军事进攻能力。此外,从大纲所述的"引进远程巡航导弹、改装'出云'级驱逐舰"等明显突破"专守防卫"原则的具体规划中不难看出,安倍政府实际上是在"掩耳盗铃",企图通过该版《大纲》以实质上增强日本军事进攻能力,为自卫队最终获取"对敌基地攻击能力"做准备。①

2020 年 6 月,安倍政府以中国、朝鲜导弹技术已取得大幅进步或突破,光凭"专守"及导弹防御系统不足以保障日本安全为由,决定着手修改 2013 年版《国家安全保障战略》,迈出了其突破"专守防御"原则的第二步。通过修改《国家安全保障战略》,安倍政府试图使自卫队获取更为强力的进攻及反击能力,从而获取"对华有效战略威慑"能力,实现日本在军事安全问题上的"正常化"与"攻击转型",从而"正面突破专守防卫国策",最终实现日本防卫政策"由守转攻"的实质性转变。② 斯德哥尔摩国际和平研究所(SIPRI)2021 年 3 月 15日公布的信息显示,2016—2020 年日本的武器进口增加了 124％。③ 可见,在安倍政府的积极推动下,日本事实上已步入"大幅扩军"的道路。就这样,安倍政府通过步步为营的"两步走"方式,逐步架空"专守防卫"原则,以实现日本防卫政策"由守转攻"的巨大转变。

综上所述,安倍政府通过渲染自身"面临严峻安全威胁",为自身发展进攻性军事力量提供"合理依据";发展以日美同盟为核心的同盟体系作为自身战略依托;以稳步提升"温馨预算"方式争取谈判时间与外交空间;最终,以"两步走"的方式,分步骤修改防卫文件。由此,安倍政府试图实现更大幅度的"借船出海",完成日本防卫政策"由守转攻"的转型。

三、经济上以让利锚定日美关系,利用"经济治理真空"提升影响力

第一,满足特朗普"美国优先"要求,推动日美 FTA(自由贸易协定)谈判。

---

① 杨伯江:《改元之年的日本与"新时代中日关系"构建——2019—2020 年形势回顾与展望》,杨伯江主编:《日本研究报告(2020)——改元之年的日本与"新时代中日关系"构建》,北京:社会科学文献出版社,2020 年,第 11 页。

② 吴怀中:《后安倍时代的日本安全保障战略》,《日本学刊》2020 年第 5 期,第 19—20 页。

③ SIPRI, "International arms transfers level off after years of sharp growth; Middle Eastern arms imports grow most, says SIPRI", 2021 - 03 - 15, https://sipri. org/media/press-release/2021/international-arms-transfers-level-after-years-sharp-growth-middle-eastern-arms-imports-grow-most, 2021 - 03 - 16.

安倍政府对美政策在经济层面上主要表现为对美经济妥协。特朗普上台后,宣称日本必须减少对美贸易逆差,削减农产品关税,扩大美国对日汽车出口。为避免美国对日本产汽车增收关税,安倍政府被迫同意与美国开展 FTA 谈判,并于 2019 年 10 月 7 日正式签署贸易协定。① 根据协议,日本政府放开了长期实施保护的农产品市场,使得美国超过 90% 的对日出口农产品获得免税或优惠关税。在 2019 年 9 月 25 日两国签署的初步协议中,日本宣布将对约 70 亿美元的美国农产品开放市场,消除或大幅削减美国牛肉、猪肉、小麦、玉米、葡萄酒等农产品的关税。美国则对约 4 000 万美元的日本农产品消除或大幅削减关税,同时对日本的机械设备、自行车、乐器等工艺品消除或大幅削减关税。② 值得注意的是,为减轻来自国内相关利益集团压力,安倍政府此前"煞费苦心"地采用"货物贸易协定"(Trade Agreement on Goods, TAG)这一新名词来指代日美 FTA,试图借此表明该协定仅涉及货物贸易领域而不涉及金融保险等敏感服务贸易领域。③ 但是,在特朗普政府的重重压力下,安倍政府最终不得不"食言",在日美贸易协议内写入涉及两国间约 400 亿美元的数字贸易内容。④ 此外,为了给特朗普连任"加分",在安倍政府的努力下,日美双方自 2019 年 4 月 15 日开始的日美贸易谈判仅经历不到 6 个月的时间便达成协议。安倍的这一举措自然也受到了特朗普的高度评价。⑤

第二,扩大对美投资,进一步"绑定"日美关系。早在 19 世纪 70 年代,在面对美国对日本愈演愈烈的倾销调查时,日本企业就有过通过扩大对美投资来规避贸易摩擦负面效应的尝试。⑥ 由于特朗普重视美国国内投资与就业,安倍便"投其所好",借助访美演讲及其他公开场合积极游说日本经济界扩大对

① 邝梅:《特朗普政府 FTA 政策调整分析》,2019 年 11 月 29 日,http://www. rmlt. com. cn/2019/1129/562990. shtml,2021 年 2 月 18 日。

② 韦宗友:《"美国优先"对美韩、美日同盟的影响》,《国际问题研究》2019 年第 6 期,第 91 页。

③ 陈友骏:《特朗普政府对日政策的评价与前瞻》,《日本学刊》2019 年第 6 期,第 66 页。

④ 邝梅:《特朗普政府 FTA 政策调整分析》,2019 年 11 月 29 日,http://www. rmlt. com. cn/2019/1129/562990. shtml,2021 年 2 月 18 日。

⑤ 张玉来:《日美贸易谈判解析——一场"迷你交易"难解结构性困境》,杨伯江主编,《日本研究报告(2020)——改元之年的日本与"新时代中日关系"构建》,北京:社会科学文献出版社,2020 年,第 92 页。

⑥ 张玉来:《日美贸易谈判解析——一场"迷你交易"难解结构性困境》,杨伯江主编,《日本研究报告(2020)——改元之年的日本与"新时代中日关系"构建》,北京:社会科学文献出版社,2020 年,第 95 页。

美投资和经济布局,以增进与特朗普的私人友谊,强化日美同盟经济纽带。2017 年 2 月 9 日,安倍在访问美国时提出"日美成长雇佣协议",表示将在今后 10 年内向美国基础设施建设领域投资 1 500 亿美元,以及在美国创造 70 万个就业岗位和一个市值规模达 4 500 亿的基建市场。① 日本贸易振兴机构(JETRO)公布的数据显示,日本在美直接投资存量由 2016 年末的 4 525.12 亿美元增长至 2019 年末的 5 332.56 亿美元,增加约 800 亿美元,年平均增长率超过 5.6%。② 安倍政府推动日本官民共同扩大对美投资的种种举措迎合了特朗普政府"美国优先"的心理,因而受到了特朗普及华盛顿的高度评价。③

第三,充分利用特朗普时期形成的全球经济治理真空,争取日本在全球经济治理改革过程中的主导性地位。特朗普政府上台后,美国的 FTA 政策出现大幅度调整,其多边贸易自由化政策的立场同样发生了重大变化。清华大学邝梅教授指出,由于美国经济实力的相对下降,美国无法在 WTO 框架下实现经济利益最大化,因而特朗普政府宣称,WTO 损害美国经济利益,试图通过向 WTO 提出改革要求、威胁"退出 WTO"等方式向 WTO 改革进程施压,以期 WTO 施行更符合美国经济利益的改革措施。④ 对此,安倍政府充分把握机会,试图在与美合作的旗号下争取自身在自由贸易规则制定领域的主导地位。在 2019 年 1 月 28 日的国会施政演说中安倍表示,面对贸易保护主义,日本必须高举自由贸易的大旗,"推广自由公正的贸易圈",将就补贴、数据流通及电子商务等领域的规则制定问题同美欧展开合作,制定符合新时代精神的公平规则。⑤ 由此可见,虽然在形式上安倍政府表示坚定地"站在美国一边",但是安倍政府在多边自由贸易问题上的主要目标是借助美国及欧洲的影响力,提升自身在自由贸易规则制定过程中的影响力。

---

① 连俊:《安倍去美国打的这场高尔夫"入场费"不会低》,2017 年 2 月 12 日,http://opinion.china.com.cn/opinion_53_157153.html,2021 年 2 月 18 日。

② 日本貿易振興機構(ジェトロ)「直接投資統計」、https://www.jetro.go.jp/world/japan/stats/fdi.html、2021 年 3 月 15 日。

③ 陈友骏:《特朗普政府对日政策的评析与前瞻》,《日本学刊》2019 年第 6 期,第 67 页。

④ 邝梅:《特朗普政府 FTA 政策调整分析》,2019 年 11 月 29 日,http://www.rmlt.com.cn/2019/1129/562990.shtml,2021 年 2 月 18 日。

⑤ 首相官邸「第百九十八回国会における安倍内閣総理大臣施政方針演説」、2019 年 1 月 28 日、http://www.kantei.go.jp/jp/98_abe/statement2/20190128siseihousin.html、2021 年 2 月 18 日。

第二节 安倍政府对美政策调整动因

日本位处欧亚大陆的边缘地带,且日本本岛及其他岛屿扼守着太平洋通道。这样的地理特征使得日本成为域外大国向东北亚投射力量的天然支点。此外,同英国类似,由于日本本身相较于欧亚大陆缺乏足够体量,因而在面对欧亚大陆陆权强国时处于天然劣势地位,倾向于以控制海洋通道方式保障国家安全。鉴于此,日本同美国在控制海洋通道问题上利益高度一致。日本相对美国综合国力存在巨大差距,美国对日本依旧保持着较为有力的控制等因素也决定了日本对外政策的基本内涵是扮演美国"追随者"的角色,并在美国主导的国际秩序下参与亚太事务。特朗普时期日本对美政策的调整同样无法脱离上述现实基础,但由于受到安倍晋三个人的执政理念、特朗普政府政策强烈的"特朗普风格"以及近年来中国综合国力的迅速提升等因素影响,这一时期的安倍政府对美政策又显现出不同于以往的阶段性特征,即在强化日美同盟关系的同时,充分利用乃至创造机会,拓展日本的战略自主性并发挥日本在国际事务中的影响力。

一、安倍晋三个性化的执政理念

安倍晋三于 2013 年 9 月 26 日的联合国大会上正式提出"积极和平主义"的概念,宣称将会"努力使日本从积极和平主义立场出发,更进一步积极地参加以联合国维持和平行动(Peace Keeping Operation,PKO)为首的联合国集体安全保障措施"[①]。在"积极和平主义"的口号下,安倍政府积极推动修宪、解禁集体自卫权等,试图在"国际合作"基础上积极发挥日本在军事领域的国际影响力,从而为日本突破战后国际秩序束缚、实现国家"正常化"目标创造法律及舆论基础。[②] 其实,安倍在其 2006 年出版的著作《建设美丽国家》中就已经详细阐述了其鲜明的意识形态外交主张及追求日本实现"正常化"的夙愿。特

---

① 首相官邸「第 68 回国连総会における安倍内阁総理大臣一般討論演説」,2013 年 9 月 26 日、http://www.kantei.go.jp/jp/96_abe/statement/2013/26generaldebate.html,2020 年 12 月 25 日。

② 王珊:《安倍政权"积极和平主义"辨析》,《现代国际关系》2014 年第 6 期,第 9—10 页。

朗普时期安倍政府对美政策调整的主观因素,也正是根源于安倍个性化的执政理念。

第一,借助价值观同盟确立日本对华的优越地位,以实现"中日和解"是安倍外交理念的核心内容。日本学者矶田道史指出,从日本历史上看,日本的国家意识往往随着海洋彼岸强国的出现而高涨。伴随着中国的崛起,日本开始了注重自身独特性、追求"独立自主"的新一轮尝试。① 面对中国的崛起,安倍政府选择"去中国化"、加快推动修宪等追求"独特性""自主性"的行为,恰恰印证了矶田道史的这一判断。

不过,诚如廉德瑰教授所指出的那样,安倍的价值观外交构想,本质上就是试图利用美国亚太战略调整所带来的战略机遇,通过形成包围中国的有利外交态势,获得在对华谈判时的优势地位,从而获得外交利益。② 安倍在追求"独立自主"的过程中,始终不愿以平等姿态面对中国,而是选择在维系对华政治关系的同时,积极联合美国构建"民主自由"价值观同盟来包围、制衡中国。二战后日本在追求"和平与繁荣""摆脱战后体制"的目标过程中,将中国设定为当事国、在面对来自美国"压迫"时,谋求对华优越的行为,实质上是福泽谕吉、丸山真男所说的日本"压迫转移"机制的具现。③ 在安倍眼中,通过联合美国构建价值观同盟以压制中国,日本可以在洗刷"战败国"的历史自卑感的同时获取在亚洲的领导地位,④并且让中国代替日本,成为"恶"的角色与受压迫的对象。如此,日本便可以在国际秩序和日美同盟体系两个层面实现地位提升。也就是说,在安倍看来,日本的"正常化"与"独立自主",必须建立在对华优势的基础之上,换言之,实现对华优势地位既是日本追求"正常化"的目标,又是日本实现"独立自主"的标志。为了实现这一目标,安倍设想将日美同盟改造为提供和平与稳定的国际公共产品的平台,并且以"共同价值观"为纽带,

① 「(座谈会)平成から令和へ　新元号のメッセージ　辰巳正明さん、水上雅晴さん、磯田道史さん」、『朝日新聞』、2019 年 4 月 2 日、https://www.asahi.com/articles/DA3S13960805.html、2021 年 3 月 5 日;转引自高洪:《日本确定"令和"年号过程中的政治因素探析》,《日本学刊》2019 年第 3 期,第 9 页。

② 廉德瑰:《日美同盟实相》,上海:上海社会科学院出版社,2017 年,第 196 页。

③ 李永晶:《友邦还是敌国?——战后中日关系与世界秩序》,上海:上海人民出版社,2018 年,第 99 页。

④ 廉德瑰:《日美同盟实相》,上海:上海社会科学院出版社,2017 年,第 203 页。

通过"日美＋x"的形式强化平台力量，进而借助这一多边机制的力量形成并维系日本对华优势地位。而特朗普政府上台后推行的对华强硬政策，恰恰构成安倍推行其价值观外交构想的"战略机遇"。

不过，在推动构建价值观同盟包围中国的同时，安倍政府也在严格管控中日冲突。据日本共同社报道，2016 年安倍出于避免中日关系迅速恶化的考虑，曾叫停派遣海上自卫队军舰穿越中国南海的人工岛附近海域的计划。[①] 在 2018 年美国政府宣布将对从中国进口的 500 亿美元商品加征 25％关税[②]后，安倍政府并没有跟随美国在贸易问题上对华施压，而是选择维持和改善中日关系。2018 年 8 月，日本海上自卫队派遣巡逻机于南海美济礁附近空域飞行一事遭到中方抗议后，安倍政府再次出于避免加剧中日对立的考虑，选择对相关信息"冷处理"，要求"不要向媒体积极外宣"。[③] 可见，安倍政府虽然对华有着根深蒂固的不信任及敌意，希望构建包围中国的意识形态同盟体系，但是中日关系急速恶化并朝不可控方向发展也是安倍政府不愿看到的，安倍政府更无意卷入中美对抗之中。正如蔡亮研究员所指出的那样，尽管安倍政府清醒地意识到，自己无力同中国展开综合国力竞争，但日本却可以利用当前亚太区域一体化进程中的窗口期，通过在制度层面确立对华优势获取规则收益。[④] 通过确立制度的方式确立对华优势，为日本谋求规则性利益是安倍价值观外交构想的核心构成。

综上所述，安倍认为在构建以日美为核心的价值观联盟、确立对华优势的基础上，逼迫中国进行大幅让步、实现"中日和解"，是实现日本利益最大化的"最佳选项"。也正是基于这一考量，安倍认为在确立对华优势之前有必要维持良好的中日关系，防止中日过早"摊牌"。

---

① 共同网：《独家：日本曾计划让海自舰船驶过中国"领海"》，2020 年 11 月 21 日，https://china. kyodonews. net/news/2020/11/fe76c572131a. html，2020 年 11 月 23 日。

② 中华人民共和国中央人民政府：《国务院关税税则委员会关于对原产于美国 500 亿美元进口商品加征关税的公告》，2018 年 6 月 16 日，http://www. gov. cn/xinwen/2018-06/16/content_5299069. htm，2021 年 3 月 14 日。

③ 共同网：《分析：日本未公布飞行遭中方抗议意在避免对立》，2021 年 2 月 26 日，https://china. kyodonews. net/news/2021/02/aa5c4cbfb03d. html，2021 年 2 月 27 日。

④ 蔡亮：《安倍政府区域一体化政策的战略意图剖析——基于机会窗口与规则收益的视角》，《日本学刊》2019 年第 1 期，第 95 页。

第二,顺应美国对日军事要求,提升日本"安全自助"能力是安倍政府为实现"独立自主"目标而采取的阶段性策略。作为一名保守主义者,安倍的政治夙愿,便是使日本成为"正常国家",实现日本的"真正独立"。安倍认为,美国拥有强大国际影响力、经济实力及军事实力,可以为日本提供核保护伞并维持远东地区的稳定。而且,美国同日本还有着共同的价值观基础。因而,从安全角度考虑,对于日本而言,与美国结盟是必须且最佳的选择。[1] 然而,若要实现日本的"独立自主",就需要有"最大程度的自助努力"和"自己保护自己的国家"的决心,[2]即实现日本的"安全自助",摆脱安全上的对美依赖。鉴于此,限制日本发展军力的和平宪法便成为安倍实现夙愿的"眼中钉"。在《建设美丽国家》一书中,安倍写道:"随着 1951 年《旧金山和约》的缔结,虽然日本在形式上恢复了主权,但是从宪法到作为教育方针之根本的教育基本法,日本的战后体制都是在被占领的时期形成的……国家的骨架只有经由日本国民亲手从零搭建起来,才能够真正恢复独立。"[3]也就是说,安倍认为,要实现日本的"独立自主",就要由日本人自己重新制定宪法,而这在一定程度上就意味着恢复日本的"行使武力权"。不过,日本在安全上的"独立自主"将严重动摇驻日美军存在的合理性,进而危及美国在东亚的军事存在。这是美国所不能容忍的。事实上,在美国或明或暗的干预下,二战以来日本历次修宪的尝试也均以失败告终。[4] 也就是说,长期以来,美国构成日本实现"正常化"的主要阻力。

然而,中国的崛起深刻地改变了东西方力量对比。面对这一"百年未有之大变局",美国越来越需要借助日本的力量来维系其东亚主导地位,越来越希望日本在军事方面承担更多的义务以共同应对"中国挑战"。特朗普竞选期间及上台后屡屡提及日美同盟在安保问题上"单务性"的不公平,而这恰好为安倍政府"被迫"接受美国要求、规避和平宪法限制而发展进攻性军事力量创造了绝佳理由。在接受采访时安倍曾解释说,特朗普所说的日美同盟"不公平"实际上也是大多数美国人的想法,而自己改变宪法解释、制定安保法案的初衷

---

① 安倍晋三『美しい国へ』、文藝春秋 2006 年、129 頁。
② 安倍晋三『美しい国へ』、文藝春秋 2006 年、129 頁。
③ 安倍晋三『美しい国へ』、文藝春秋 2006 年、28～29 頁。
④ 廉德瑰:《日美同盟实相》,上海:上海社会科学院出版社,2017 年,第 107 页。

正是为了使日美同盟变得"公平"。① 于是，在提升同盟"双务性"的口号下，安倍政府出台 2018 版《大纲》，推动修改《国家安全保障战略》，试图绕过宪法对发展进攻性军事力量的限制，在事实上实现日本的"安全自助"。由此也可以看出，在安倍的构想中，不论是确立对华军事优势，还是发展自身军力，都需要以日美同盟作为基础。

综上所述，安倍政府之所以不惜以近乎"卑微"姿态讨好特朗普政府、接受特朗普政府种种单边主义要求、以在政治、军事、经济等领域向特朗普政府"让利"方式巩固并加强日美同盟关系，是因为安倍希望以增强日美同盟关系的方式，实现自身"确立对华优势""实现安全自助"的执政追求。

二、对特朗普"美国优先"政策不确定性的对冲

从历史上看，外部因素深刻地影响了现代日本的外交政策制定及国内政治结构，②这使得日本战略文化呈现出"外压应对式决策"的特点。③ 二战后，美国政府精准地把握住了日本战略文化的这一特点，通过发挥其对日本内政外交的巨大影响力，使得战后日本最终形成了对"坚定追随美国"这一外交政策的路径依赖。例如，在 1989 年澳大利亚提议创建 APEC 后，日本外务省担心他国怀疑日本试图以此重建"大东亚共荣圈"，提出秘密应对方针，甚至向驻外公馆发出"搞垮通产省 APEC 构想"的训令。但是，在美国明确表态同意创建 APEC 后，外务省便跟随美国转为支持态度。④ 有学者指出，二战后日本这种以顺从姿态迎合、讨好美国的做法，是导致美国转变对日认识、调整对日占领政策的重要因素。⑤ 综上所述，跟随美国既是战后日本外交传统，也有着使日本获得美国宽松的战后政治处理并成功融入美国主导的政治经济秩序等

---

① 共同通信社『トランプ氏は「平均的な米国人」安倍晋三前首相インタビュー(2)』2020 年 11 月 25 日，https://this.kiji.is/702865717033043041?c=39546741839462401，2021 年 3 月 10 日。

② Kenneth B. Pyle, "Profound Forces in the Making of Modern Japan", *The Journal of Japanese Studies*, Vol.32, No.2, 2006, p.393.

③ 杨伯江：《战后 70 年日本国家战略的发展演变》，《日本学刊》2015 年第 5 期，第 18 页。

④ 《解密：日本外务省曾就创建 APEC 与通产省对立》，2020 年 12 月 23 日，https://china.kyodonews.net/news/2020/12/77a1312fd0c6-apec.html，2020 年 12 月 27 日。

⑤ 牟伦海：《"想象的同盟"：战后美日同盟的文化起源探析》，《日本学刊》2020 年第 6 期，第 132 页。

"积极效应"。因而,特朗普上台后,安倍政府坚定地跟随美国的政策选择,实质上也可视为是日本外交传统的延续。

　　不过正如前文所述,安倍政府在跟随美国的同时,却又展现出追求自主性的一面。这一看似矛盾的现象,是因为安倍政府试图以加强日美同盟关系并不断提升自身战略自主性的方式,对冲①特朗普政府"美国优先"政策带来的不可控风险。正如中国社科院日本研究所杨伯江教授所指出的那样,对于特朗普政府"美国优先"政策所带来的"莫大的不确定性",安倍政府选择以"坚持既定方针"与"变通灵活应对"两重手段加以应对。②

　　一方面,安倍政府坚定地执行"跟随美国",加强日美同盟关系的传统外交路线。特朗普政府在军费分担等问题伤害了日美互信,使得日本"被抛弃"的担忧逐步上升。鉴于此,安倍政府积极强化同美国的同盟关系,要求美国就钓鱼岛适用于《日美安保条约》第五条进行表态,逼迫美国"站队",再次给予日本安全承诺。此外,安倍政府还不断通过政治文件和公开讲话强调"日美同盟关系达到历史高点",以期消除特朗普在竞选时发表的质疑日美同盟关系讲话的负面影响。安倍政府通过同特朗普进行频繁首脑交流,满足特朗普"让日本承担更多同盟义务"要求的方式,向特朗普展现了日美同盟的重要性,最终获得了美国的政治承诺,完成了日美同盟可靠性的"再确认"。同时,安倍政府还以在日美贸易谈判中以向美国放开本国农产品市场等方式让利美国,希望以此锚定日美经贸关系,避免日美关系因贸易摩擦而产生对立。也有学者指出,安倍此举是希望引导美国保留在自由贸易框架内并向世界展现日本维护国际秩序的姿态。③ 总而言之,坚定"跟随美国",加强日美同盟关系是安倍政府对美对冲政策的明线。

　　另一方面,安倍政府在对外经贸及政治关系两个层面上谋求战略自主,以

---

　　① 对冲(hedging)指在面对不可控风险时,以同时进行反向操作以规避风险的行为。需要注意的是,对冲只能转移而无法消除风险。详细参见王玉主:《对冲策略及对中国—东盟关系的意义》,《世界经济与政治》2021年第1期,第24页。

　　② 杨伯江:《国际变局冲击下的日本与中日关系》,杨伯江主编,《日本研究报告(2017)——日本海洋战略转型与中日关系》,北京:社会科学文献出版社,2017年,第30页。

　　③ 葛建华:《日欧应对美国挑起的经贸摩擦:途径与方法》,张季风主编,《日本经济与中日经贸关系研究报告(2020)——中美贸易摩擦背景下的日本经济》,北京:社会科学文献出版社,2020年,第164页。

对冲美国优先政策对日美关系造成的不确定性影响。

其一,对外经贸关系层面,安倍政府通过调整对外经济战略,谋求实现贸易合作伙伴的多元化、确立自身在区域性自由贸易谈判中的主导性地位,以应对特朗普政府带来的贸易保护主义冲击。2017 年 TPP 缔结后,安倍政府便试图将其作为自身未来区域贸易谈判的"基准",凭借 TPP 的高标准为日本在其他区域贸易谈判中争取更有利的条件。① 在特朗普政府宣布退出 TPP 谈判后,安倍政府利用美国缺位后日本获得谈判天然领袖地位这一"天赐良机",迅速转变了原有政策,牢牢把握住规则设计主导权,使得日本一跃成为推动亚太区域自由贸易的主导力量。② 正是在安倍政府推动下,代替 TPP 的 CPTPP 得以最终顺利签署。此外,日本还同欧盟于 2018 年 7 月 17 日签署了日欧经济伙伴关系协定(EPA),谋求同欧盟建立更紧密的贸易合作关系。安倍在 2018 年 1 月的施政演说中表示,日本将会"继续作为自由贸易的旗手,把基于自由与公正的 21 世纪经济秩序拓展至世界"。③ 在日本外务省 2018 年发布的《外交蓝皮书》中,再一次强调了日本"自由贸易旗手"的身份。④ 此后,安倍政府不断为推动贸易自由化发声,并且积极参与各种自由贸易安排。尽管为维系日美同盟关系,日本有时会追随美国,在一些具体经济问题上"非难"中国,但由于日本自身也是特朗普政府贸易战的对象,且中日在维护世界自由贸易体系问题上存在共同利益,因而日本在经贸问题上更多地希望借助中国力量,对抗美国的单边主义霸凌行为、缓解日美之间的经贸矛盾。⑤ 从受到特朗普政府的贸易保护政策影响,日本由原先的观望姿态转为积极推进 RCEP(区域全面经济伙伴关系,Regional Comprehensive Economic Partnership)协定谈判并签署

---

① 首相官邸「第百九十三回国会における安倍内阁总理大臣施政方针演说」、2017 年 1 月 20 日、http://www. kantei. go. jp/jp/97_abe/statement2/20170120siseihousin. html、2021 年 1 月 25 日。

② 张乃丽:《日本的自由贸易战略转变与经验借鉴》,《人民论坛•学术前沿》2019 年第 22 期,第 43 页。

③ 首相官邸「第百九十六回国会における安倍内阁总理大臣施政方针演说」、2018 年 1 月 22 日、http://www. kantei. go. jp/jp/98_abe/statement2/20180122siseihousin. html、2020 年 12 月 15 日。

④ 外务省「外交青书 2018」、2018 年 9 月 20 日、208 页、https://www. mofa. go. jp/mofaj/fp/pp/page25_001612. html、2021 年 1 月 4 日。

⑤ 张季风:《2019—2020 年日本经济、中日经贸关系回顾与展望》,张季风主编,《日本经济与中日经贸关系研究报告(2020)——中美贸易摩擦背景下的日本经济》,北京:社会科学文献出版社,2020 年,第 16 页。

一事中,也可以看出安倍政府试图以对冲方式应对美国贸易保护主义政策不确定性的考量。

其二,对外政治关系层面,安倍政府积极开展"俯瞰地球仪外交",以对冲美国单边主义政策给日本外交环境带来的不确定性。特朗普政府上台后奉行的单边主义政策给日本带来诸多外交压力,使得中国成为安倍外交工作的重点对象。安倍政府以中日关系正常化 45 周年为契机,接连对华释放积极信号,使得中日关系不断回暖。在 2017 年的 G7 峰会上安倍表示,"将从大局出发,推进建立稳定的关系",表达了改善同中国关系的意愿。[1] 在 2017 年第 23 届国际交流会议晚餐会上,安倍转变了以往对"一带一路"的警戒姿态,首次展现了对"一带一路"倡议的欢迎态度。[2] 此后双方高层沟通频频,双方关系逐步向前发展。2018 年 10 月 25 日,安倍晋三访华,实现了日本首相时隔 7 年的正式访问,中日双方就开展第三方市场合作、共同维护自由贸易、本币互换、推动亚太经济一体化进程等多个领域的合作达成了共识,为两国关系向前发展夯实了基础。[3] 中日关系的回暖固然是中日发展的大势所趋,然而安倍政府改变对华态度的背后,反映出安倍政府的深层战略思考,即日本无力在没有美国明确支持情况下与华对抗,因而必须改善中日关系,避免出现日本独自面对中国这一不利处境。

除中国外,安倍政府还积极发展同印度、印度尼西亚、澳大利亚、越南等区域大国及中等强国的外交关系,试图拓展日本自主外交空间,塑造日本外交战略支点。[4] 其中,印度是安倍价值观外交构想中的重要成员。为了拉拢印度参与日本"对华包围网",安倍政府在经济和技术层面积极发展同印度合作,不断增强两国友谊与互信。在 2017 年 9 月的印度高铁开工典礼上,安倍表示,日本将"毫无保留"地与印度分享新干线等铁路安全知识和经验,还将协助印度

---

[1] 《境外媒体:杨洁篪访日中日互释改善关系意愿》,《参考消息》2017 年 5 月 31 日。

[2] 首相官邸「第 23 回国际交流会议「アジアの未来」晚餐会安倍内阁总理大臣スピーチ」,2017 年 6 月 5 日,http://www.kantei.go.jp/jp/97_abe/statement/2017/0605speech.html,2021 年 1 月 28 日。

[3] 新华网:《推动构建更加成熟稳健的中日关系——解读日本首相安倍晋三访华》,2018 年 10 月 27 日,http://www.xinhuanet.com/world/2018-10/27/c_129980550.htm,2020 年 12 月 29 日。

[4] 吴怀中:《"特朗普冲击"下的日本战略因应与中日关系》,《日本学刊》2017 年第 2 期,第 11 页。

"Make in India",即实现印度高铁国产化。[1] 此外,日本为与参与竞标高铁的法国企业竞争,给出了"超出常理的价格"。[2] 安倍政府"不惜血本"地为印度提供资金技术,协助印度实现高铁国产化,虽然也有扩大日本基建出口的考虑,但更多的是出于加强日印战略合作关系、携手印度对抗中国这一战略意图。在 RCEP 谈判中同样能够看出日本"联印抗中"的战略考量。在印度宣布退出 RCEP 谈判后,日本随即宣布"不会考虑在没有印度的情况下签署 RCEP"。[3] 可见,安倍政府试图通过支持体量与中国相近的印度,塑造"对华包围网"在南亚的战略支点,希望借助印度的力量来平衡中国在亚太的力量与话语权。

由此可见,安倍政府以追随美国、加强日美同盟关系为明线,以积极拓展自身在对外经贸关系及对外政治关系中的战略自主性为暗线,通过一明一暗的反向操作,试图对冲特朗普政府"美国优先"政策带来的种种不确定风险。

三、制衡中国、防范朝鲜的现实主义需要

二战后日本在知识界"进步派""保守派"的论争之中,逐渐形成了以高坂正尧为代表人物的"日本式现实主义"思潮。"日本式现实主义"认为,日本外交的价值在于和平,而这种价值正符合"和平宪法"的基本精神;其主张在维持均势的前提下,通过创立国际法、提升联合国权威,使得各国在维护自身理念和利益的情况下渐进地实现和平。[4] 在这一思潮影响下,二战后的日本的对外政策带有浓厚的现实主义色彩和务实传统,但同时也展现出对价值观等"软实力"的高度重视。[5] 例如,作为唯一受到核武器打击的国家,日本民间有着强大

---

[1] 首相官邸「高速鉄道起工式典　安倍総理スピーチ」,2017 年 9 月 14 日、http://www.kantei.go.jp/jp/97_abe/statement/2017/0914india.html,2021 年 3 月 27 日。

[2]《工期 4 年:印度国家高铁与日本新干线终于签建造合同》,《参考消息》2020 年 11 月 30 日。

[3] 环球网:《日本高官:没有印度就不签 RCEP》,2019 年 11 月 30 日,https://world.huanqiu.com/article/9CaKrnKo4pW,2021 年 2 月 13 日。

[4] 关于"日本式现实主义",详细参见张帆:《战后日本现实主义国际政治思想的原点——日本型现实主义析论》,《日本学刊》2018 年第 2 期,第 136—156 页。

[5] 对于日本外交实践中这一兼具现实主义和自由主义表征的特点,有日本学者将其称之为"海洋现实主义"。详情参见:Takuya Matsuda, "Explaining Japan's post-Cold War security policy trajectory: maritime realism", *Australian Journal of International Affairs*, Vol.74, No.6,2020, p.687, 2021 - 03 - 26.

的反对核武器的舆论,但日本政府对待核武器的态度却十分"暧昧"。1979 年
3 月,时任首相大平正芳就表示,日本宪法并不禁止"不超过最小限度范围的核
武器",只是因日本政府选择无核政策才不拥核。[①] 2021 年 1 月 22 日生效的
《禁止核武器条约》的缔约国多为曾受核试验伤害的国家,而曾遭受核武打击
的日本本应对参加该条约持积极态度,但日本官房长官加藤胜信却表示日本
不会签署《禁止核武器条约》。[②] 日本之所以对核武器采取较为暧昧的态度,是
因为其在国家安全方面高度依赖美国的"核保护伞",但又希望借"唯一受核武
器攻击国家"这一特殊受害者身份,坐收"和平国家"美名,不愿自主拥核。[③] 总
之,正是受这一思潮影响,安倍政府在理想主义的价值观掩饰下,推行与华对
抗的现实主义政策,不断渲染中、朝"安全威胁","挟美抗中",在自由贸易谈判
等领域中积极与华对抗。

第一,渲染中、朝"安全威胁",为自身发展军力提供合理性。安倍政府长
期将中、朝视为"安全威胁",在政治军事方面时刻保持着对中、朝的警惕。
2017 年朝鲜试射的 ICBM 级弹道导弹甚至经过日本上空,对日本构成了直接
而紧迫的安全威胁。为了应对这一安全威胁,安倍政府除与其核心盟友美国
就朝鲜威胁进行反复"确认"之外,安倍政府还利用一切机会,寻求同包括中国
在内的国家的广泛合作。如 2018 年 4 月 15 日,中日两国外长在东京的会谈
上确认将在朝鲜问题上进行紧密合作。尽管如此,在朝鲜宣布停止进行核试
验,日本受到来自朝鲜的安全威胁逐渐缓和后,日本便再次回归渲染"中国威
胁"的老路。防卫省 2019 年 9 月 27 日发布的《防卫白皮书》中,相较朝鲜,进
一步突出了中国对日本的"安全威胁"。[④] 日本政府还在历年颁布的《外交蓝皮
书》中不断强调其安全环境之"严峻",称中国"大幅增加军费"、增强军事实力
的行为"缺乏透明度",还称中国"单方面采取与现有国际秩序不相容的主张",

① 廉德瑰:《日美同盟实相》,上海:上海社会科学院出版社,2017 年,第 51 页。

② 共同网:《禁核条约生效在即小国的苦难是原动力》,2021 年 1 月 7 日,https://china. kyodonews.net/news/2021/01/5ab270e6ba2b-.html,2021 年 1 月 10 日。

③ 张帆:《战后日本现实主义国际政治思想的原点——日本型现实主义析论》,《日本学刊》2018 年 第 2 期,第 153 页。

④ 防衛省「令和元年版防衛白書」,44 页、https://www.mod.go.jp/j/publication/wp/wp2019/ pdf/R01010102.pdf,2021 年 3 月 15 日。

是"以武力改变现状"。① 安倍政府正是借助渲染来自中国及朝鲜的"安全威胁",为自身积极拓展安全同盟,实施引进宙斯盾系统等增强军事实力的政策选择提供合理性支撑。

第二,以让利方式拉拢美国,"挟美抗中"。近年来中国军事现代化进程稳步推进,使得将中国视为挑战者的美国在亚太维持军事存在的成本与"风险"迅速上升。在此背景下,美国开始进行"战略收缩",计划将驻扎冲绳的7 800名人员中约5 000名海军陆战队员转移至关岛。② 这意味着驻扎冲绳的美军人员将再一次大幅削减。美军这一调动表面上是满足了日本"减轻冲绳基地对当地负担"的一贯要求,实际却是因为美军顾忌中国导弹射程,希望撤离出受威胁地区而进行的战略收缩。③ 由于美国将其军事存在撤出亚太意味着日本在与中国"对峙"时将失去最有力援助,因而美军这一动向使得日本"被抛弃"(abandoned)的恐惧迅速提升。因此,安倍政府选择以让利美国及增强自身军事能力的方式,提升自身在同盟中价值、强化同盟关系,避免再次出现尼克松访华这样的中美"私下"达成和解、日本"被美抛弃"的"越顶外交"情形。

第三,在区域性自由贸易谈判中与华对抗,争夺贸易规则制定主导权。正如张乃丽教授所指出的,安倍政府自由贸易战略的重要目标之一,就是"向美靠拢、牵制中国",在强化日美同盟多领域合作的同时,以签署自贸协议方式抢占资源,获取地缘优势,从而实现削弱中国在亚太影响力、牵制中国发展的目标。④ 安倍政府时期日本自由贸易战略的转变也包含着制衡中国的战略考量。中国经济占东亚经济比重的迅速上升,降低了日本在东亚的经济地位,而中国

---

① 关于日本对东亚安全情势的表述,详情参见:外务省「外交青书2017」,2017 年 9 月 26 日、3~4页、https://www. mofa. go. jp/mofaj/gaiko/bluebook/2017/pdf/pdfs/1. pdf,2021 年 1 月 3 日;外务省「外交青书2018」,2018 年 9 月 20 日、4 页、https://www. mofa. go. jp/mofaj/gaiko/bluebook/2018/pdf/pdfs/1. pdf,2021 年 1 月 3 日;外务省「外交青书2019」,2019 年 11 月 7 日、14~15 页、https://www. mofa. go. jp/mofaj/gaiko/bluebook/2019/pdf/pdfs/1_2. pdf♯page=1,2021 年 1 月 3 日;外务省「外交青书2020」,2020 年 10 月 21 日、12 页、https://www. mofa. go. jp/mofaj/gaiko/bluebook/2020/pdf/pdfs/1_2. pdf♯page=1,2021 年 1 月 3 日。

② 环球网:《驻日本冲绳的美军将部分转赴关岛耗资 87 亿美元》,2019 年 5 月 16 日,https://world. huanqiu. com/article/9CaKrnKkwrO,2021 年 3 月 27 日。

③ 共同网:《聚焦:驻日美国海军陆战队整编促使私定协议》,2021 年 1 月 25 日,https://china. kyodonews. net/news/2021/01/88ba1f7f82dd. html,2021 年 2 月 3 日。

④ 张乃丽:《日本的自由贸易战略转变与经验借鉴》,《人民论坛・学术前沿》2019 年第 22 期,第 43 页。

大力推动产业结构升级等举措也使得中日之间同质化竞争日益加剧。这些因素使得日本高度警惕东亚区域经济合作中的中国角色。[1] 因此,日本在东亚区域经济合作中,热衷于借助他国经济力量制衡中国地位。例如,2019 年 11 月,在印度政府宣布退出 RCEP 谈判后,日本经济产业副大臣牧原秀树表示,日本"只考虑有印度参加的谈判",将"继续劝说印度加入"。[2] 此外,CPTPP 和日欧 EPA 这两大跨区域自由贸易协定均由日本主导,也都涉及国有企业、产业补贴、强制技术转让等针对中国的限制性条款。[3] 由此可见,制衡中国始终是安倍政府自由贸易战略中的重要考量。

第三节 日美关系发展前景及对华影响

2021 年 3 月 3 日,拜登政府发表《暂定版安全指针》,称全球"民主体制"正遭受以中、俄为代表的敌对"威权主义势力"(Authoritarian Power)的挑战,为应对这一挑战,美国将"再次确认同盟关系";同日、韩、澳加强"民主主义同盟";以印太及欧洲为重点重新部署军力,从而"恢复美国在国际机构中的领导地位"。[4] 可见,加强日美同盟关系,联合所谓"意识形态盟友"与华竞争、对抗将是拜登政府亚太政策的基本思路。对于拜登政府伸出的加强日美同盟关系、构建遏华"包围网"这一"橄榄枝",菅义伟政府欣然接受,希望利用美国调整亚太政策这一战略机遇,进一步强化自身军事体制及能力建设,并通过在美国主导的同盟体系框架内扮演"二把手"角色,实现提升自身国际地位的"大国梦"。

一、后安倍时代日美关系走势

总体而言,菅义伟政府将继续沿着安倍政府安排好的既定路线前行,即通

---

① 肖琬君、冼国明:《RCEP 发展历程:各方利益博弈与中国的战略选择》,《国际经济合作》2020 年第 2 期,第 15 页。

② 环球网:《日本高官:没有印度就不签 RCEP》,2019 年 11 月 30 日,https://world. huanqiu. com/article/9CaKrnKo4pW? qq-pf-to=pcqq. c2c,2021 年 3 月 22 日。

③ 张乃丽:《日本的自由贸易战略转变与经验借鉴》,《人民论坛·学术前沿》2019 年第 22 期,第 40 页。

④ White house, "Interim National Security Strategic Guidance", 2021 - 03 - 03, pp. 7 - 15, https://www. whitehouse. gov/wp-content/uploads/2021/03/NSC-1v2. pdf, 2021 - 03 - 26.

过进一步绑定日美同盟关系、提升自身武力,提高自身在美国主导的同盟体系框架中地位,并且在地区乃至全球事务中发挥自主作用、竞争主导权。[①]

第一,菅义伟政府将积极配合美国对华制衡政策,试图以积极外交活动转移国内视线,渡过执政危机。新冠疫情在全球范围的持续发酵使得世界经济遭受沉重打击。在此背景下,日本政府推行积极的财政政策,期望以大幅提升财政支出的方式应对新冠疫情带来的经济困境。[②] 然而,在疫情本身得到有效控制前,日本政府的积极财政政策效果有限。在菅义伟政府上台之初,民众对这位"平民首相"满怀期待,但在疫情防控不力、国内经济下行、内阁丑闻频出的三重打击下,菅义伟政府支持率不断下降。日本共同社 2021 年 2 月初开展的舆论调查显示,菅义伟内阁的支持率已经跌至 38.8%。[③] 面对此执政危机,菅义伟政府效仿安倍政府在 2015 年和 2017 年应对支持率暴跌的举措,再次祭出以积极外交活动转移国内视线的"法宝"。[④] 因此,尽管菅义伟政府多次强调构筑稳定中日关系的重要性,但却积极跟随美国对华制衡政策,在强化自卫队军备、联合"民主伙伴"举行军事演习等事宜上表现出明显的"遏华"色彩,还不断借助媒体及外交场合渲染"中国威胁",扮演美国"意识形态"同盟体系的"急先锋"。

其一,积极配合美国筹建美日印澳 4 国(QUAD)机制,试图将其发展为遏华"小北约"。2021 年 3 月 12 日,QUAD 举行首脑视频会议,宣布将就疫苗生产、气候变化、海洋安全保障等议题,在医疗、科学、金融、制造等领域加强合作。[⑤] 此外,4 国还表示将在供应链调整问题,尤其是稀土和半导体供应问题

① 吕耀东:《后安倍时代的日本外交:变数及走向》,《日本学刊》2020 年第 5 期,第 17 页。

② 国际货币基金组织(IMF)发布的数据显示,日本政府为应对新冠疫情而增加的财政支出达7 800亿美元,位居第二。美国增加约 3.5 万亿美元,位居第一。参见:IMF Fiscal Affairs Department, "Fiscal Monitor Database of Country Fiscal Measures in Response to the COVID - 19 Pandemic", https://www. imf. org/en/Topics/imf-and-covid19/~/media/Files/Topics/COVID/FM-Database/FiscalMeasuresDatabaseJanUpdate-030221.ashx, 2021 - 03 - 27.

③ 共同通信社『森組織委会長「不適任」59%　内閣支持 38%、共同通信調査』,2021 年 2 月 7 日、https://this.kiji.is/731082553863553024? c=39546741839462401,2021 年 3 月 14 日。

④ 杨伯江:《安倍"超长期执政"背景下日本战略走向与中日关系——2017—2018 年日本形势回顾与展望》,杨伯江主编,《日本研究报告(2018)——安倍"超长期执政"背景下日本战略走向与中日关系》,北京:社会科学文献出版社,2018 年,第 3 页。

⑤ 外務省『日米豪印首脳共同声明:「日米豪印の精神」』,2021 年 3 月 13 日、https://www.mofa.go.jp/mofaj/files/100159229.pdf,2021 年 3 月 13 日。

上展开合作,旨在降低对中国进口的依赖程度。[①] 尽管4国首脑一再表示该会议并无针对中国之意,但QUAD会议的议题设置却处处针对中国。同时,日本希望将QUAD框架发展为遏华联盟的意图也是欲盖弥彰。

其二,鼓励日本人出任国际机构高级官员,试图以此获取国际规则制定主导权并抗衡中国影响力。随着全球化的不断发展,跨国、跨区域乃至全球性问题不断涌现,国际社会愈来愈需要借助国际组织开展全球治理。然而,以美国为首的西方发达国家因民粹主义、贸易保护主义思潮泛起,不愿承担应负义务,使得全球治理出现严重赤字。作为负责任大国,中国在各类国际组织中积极发出中国声音,提出中国方案,为全球治理注入了澎湃"正能量"。但是,日本政府却将中国的贡献污名化为"扩大影响力",并试图推举日本政商界精英参与各类国际组织职员选任,希望以此主导各领域的国际规则制定,并"抗衡中国影响力"。[②]

其三,通过对俄"强硬"外交,展现日本积极扮演美国同盟体系"急先锋"的姿态。虽然菅义伟政府基本继承了日本保守政治家所一贯主张的"战后外交总结算"[③],但由于美国长期将俄罗斯视为竞争对手及安全威胁,因而为了同美国保持对外政策上的一致,菅义伟政府在上台后采取了更为强硬的对俄态度,在公开讲话中表示,要求俄罗斯归还"北方四岛"。这意味着相较于安倍政府时期要求俄罗斯"归还二岛"的方针,菅义伟政府在"北方四岛"问题上立场发生了大幅倒退。菅义伟政府此举使得日俄之间的领土谈判再次陷入僵局。[④]俄罗斯总统普京表示,将遵守新宪法"禁止割让领土"条款,明确拒绝了日方

---

① 共同网:《日美澳印将就尖端技术和供应网展开合作》,2021年3月13日,https://china.kyodonews.net/news/2021/03/9f2730cd8e3e.html,2021年3月14日。

② 共同网:《日本政府为获得国际机构要职大力采取措施》,2021年1月31日,https://china.kyodonews.net/news/2021/01/9a98a257212f.html,2021年2月3日。

③ "战后外交总决算"是安倍内阁于2018年10月出台的外交方针,旨在彻底"清算"与中国、朝鲜、俄罗斯等国家的"历史遗留问题",改革基于"冷战结构"的"战后体制",使日本成为"没有历史包袱的政治大国"。同俄罗斯就"北方四岛"(俄罗斯称"南千岛群岛")问题进行领土谈判是"战后外交总决算"的重要内容。详情参见:吕耀东:《国际变局下安倍"战后外交总决算"的政策动向》,杨伯江主编,《日本研究报告(2019)——国际大变局:日本的选择与应对》,北京:社会科学文献出版社,2019年,第102—119页。

④ 共同网:《菅义伟北方四岛发言令俄方认为日本态度变强硬》,2021年2月7日,https://china.kyodonews.net/news/2021/02/4b4f89cecc39.html,2021年2月17日。

"归还领土"要求。① 菅义伟政府不惜以日俄关系为代价跟随美国,可见其参与美国为核心的同盟体系意愿之强烈。

综上所述,面对国内执政的重重压力,菅义伟政府已经下定决心追随美国"印太战略",试图以 QUAD 为自身战略依托,通过参与美国对中、俄的全面制衡来进一步强化日美关系,赚取"外交分",从而摆脱自身面临的内部政治危机。

第二,菅义伟政府将利用美国对华制衡政策需要,遵循"3+3"思路大力发展进攻性军事力量,试图从根本上推动日本防卫政策"由守转攻"的战略转型。日本政府不断追求发展自身军事力量有着多重原因。由于美国在保卫日本问题上表态模糊且对日保卫承诺时常反复,因而日本对美国保卫日本承诺存在严重不信任。此外,中国军事现代化的发展受到日本的歪曲解读,成为右翼势力不断发展军力的"合理依据"。然而,这些都无法掩盖日本保守主义势力试图通过发展武力,在事实上"夺回"被和平宪法"剥夺"的"战争权"、实现日本"正常化"的深层意图。综合实力的相对衰弱使得美国在维持亚太主导地位时感到"力不从心",因而愈发依赖日本力量以提高自身面对中国时的地位。日本政府精准把握了美国这一战略需求,因而在美国"要求"之下大力发展军事力量,试图在事实上完成防卫政策"由守转攻"的转型,为日本成为"正常国家"奠定基础。因而不难理解,菅义伟政府上台后,将接过安倍政府既定的突破"专守防御"的接力棒,继续发展日本导弹、战机和舰只等进攻性战力。

其一,大力发展"防区外导弹",提升军事进攻能力。2020 年 12 月 18 日,日本内阁国家安全保障会议通过决议,新造 2 艘宙斯盾舰以替代"陆基宙斯盾系统"计划,并且计划提升 12 式陆基反舰导弹射程,试图将其改进为可从敌方射程外发动攻击的"防区外导弹"。② 新引进的宙斯盾舰可以进一步提升日本海上自卫队的防御与进攻能力,同时也能满足美国对增强日本导弹防御能力

---

① 共同网:《普京拒绝日本归还北方四岛的要求》,2021 年 2 月 15 日,https://china. kyodonews. net/news/2021/02/26d292ec6067. html,2021 年 2 月 20 日。

② 防衛省「新たなミサイル防衛システムの整備等及びスタンド・オフ防衛能力の強化について」,2020 年 12 月 18 日、https://www. mod. go. jp/j/approach/agenda/guideline/2019/pdf/stand-off_20201218. pdf,2021 年 4 月 1 日。

的要求。① 需要指出的是,因受到国内阻力,菅义伟政府虽然最终放弃将"对敌基地攻击能力"相关表述写入计划于 2020 年末修订的《防卫计划大纲》中,②但菅义伟政府采取"迂回战术",选择以发展"防区外导弹"、获取可从对方射程外发动攻击的"防区外攻击能力"方式,为最终获取"对敌基地攻击能力"开辟道路。③

其二,扩大先进隐身战机引进规模,借此推动防空体制改革。2018 年末,日本内阁国家安全保障会议通过决议,将原先引进 42 架具有高隐身性能的F35 - A 战机的计划改为引进 147 架,并且暗示新引进的战机中将包含 42 架F35 - B 型战机。④ 相较而言,日本航空自卫队原先使用的 F15 战斗机飞行性能优越但无隐身能力,适合执行紧急升空等牵制任务,而计划引进的 F35 战机不仅隐身性能强,还具有超视距战斗能力,且通信能力也有大幅提升。⑤ 值得注意的是,防卫省计划引进的 F35 - B 型战机可搭载在准航母"出云"号护卫舰上,这意味着日本自卫队的"防区外攻击能力"将大幅提升。此外,防卫省还以"应对中国军方在东海的频繁活动"为由,表示将在引进 F35 战斗机的基础上,降低紧急升空次数,以此推动日本防空体制由被动的升空牵制向主动的广域警戒监视转型。⑥

其三,推进海上军备建设,增强海自综合作战能力。日本防卫省计划至2023 年度建造 10 艘新型护卫舰"FFM",并计划在未来增加至 22 艘。这种新型舰艇船体紧凑,执勤船员较往期型号更少,且具有不易被雷达探知的特点,

---

① 人民网:《日本拟新造两艘"宙斯盾"舰专家:满足日美同盟需要》,2020 年 11 月 30 日,http://military. people. com. cn/big5/n1/2020/1130/c1011-31949688. html,2021 年 1 月 4 日。

② 共同网《详询:日本防卫大纲放弃写入对敌基地攻击能力》,2020 年 11 月 5 日,https://china. kyodonews. net/news/2020/11/052e2b9f35f7. html,2020 年 11 月 8 日。

③ 共同网:《独家:日政府拟大幅增加陆基反舰导弹开发费》,2020 年 12 月 7 日,https://china. kyodonews. net/news/2020/12/bdc02967dbec. html,2020 年 12 月 10 日。

④ 防衛省「F - 35A の取得数の変更について」,2018 年 12 月 18 日,https://www. mod. go. jp/j/approach/agenda/guideline/2019/pdf/f35a. pdf,2021 年 4 月 1 日。

⑤ 共同网:《侧记:F - 35 性能虽强却不适合紧急升空》,2021 年 3 月 3 日,https://china. kyodonews. net/news/2021/03/7c87b98cb081-f-35. html,2021 年 3 月 5 日。

⑥ 共同网:《独家:日本抑制紧急升空次数隐形战机改变防空体系》,2021 年 3 月 3 日,https://china. kyodonews. net/news/2021/03/73ab36572cc0-. html,2021 年 3 月 5 日。

可以执行扫雷等多种任务。[①] 此外,日本政府在 2018 年末公布的《中期防卫力整备计划》中写明,日本将在 2019—2023 年间共计建造共 23 艘各类舰艇,总排水量达 6.6 万吨。[②] 可见,日本正在快速发展先进海上军事装备,试图将海上自卫队打造为一支具有综合作战能力的一流海上军事力量,为在海上同中国"武力对峙"提供战力保障。

概言之,菅义伟政府军事发展战略具有强化武器装备"进攻性""先进性""综合性"三大能力,涵盖海、陆、空三大军种的"3+3"特点。菅义伟政府正是在这一"3+3"思路下,以美国对日军事"要求"为战略掩饰,全面推进日本军事能力发展,并从根本上推动日本防卫政策"由守转攻"的战略转型。

第三,菅义伟政府将利用美国对日战略需求,在美国同盟体系及全球治理体系两个层面追求自身自主性及地位提升。提升战略自主性、实现国际地位的提升是战后日本保守主义势力的政治夙愿。拜登上台后实施联合盟友制衡中国的战略,使得美国对日本的战略需求进一步提升,这给菅义伟政府提升战略自主、实现日本地位提升带来了战略机遇。2021 年 3 月 17 日,日本外相茂木敏充在电视节目中表示,日本有必要在美国提出要求前积极分担职责,展现自身存在感。[③] 菅义伟政府还通过同英国开展外长防长共同参与的"2+2 会谈"、加强同德国在防务领域合作等方式,拓展自身战略自主空间,提升国际政治军事地位。

菅义伟政府提升地位和自主性的追求并不局限在由美国主导的同盟体系之中,在全球治理体系中也可见到相应的举措。例如,菅义伟政府充分利用因新冠疫情而暴露的全球卫生治理缺位,计划以政府开发援助(ODA)方式为基础,建立旨在加强各国抗传染病能力的新国际卫生组织,并试图以此向国际社会展现日本的领导力,提高日本在国际卫生治理体系中的政治地位。[④]

---

① 共同网:《海自新型护卫舰"最上"号下水》,2021 年 3 月 3 日,https://china.kyodonews.net/news/2021/03/412b9bf94507.html,2021 年 3 月 5 日。

② 首相官邸「中期防衛力整備計画(平成 31 年度～平成 35 年度)について」,2018 年 12 月 18 日、29 頁、https://www.cas.go.jp/jp/siryou/pdf/h3135cyuukiboueiryoku.pdf,2021 年 4 月 2 日。

③ 共同网:《详讯:日美防长会谈曾提及台湾突发事态》,2021 年 3 月 21 日,https://china.kyodonews.net/news/2021/03/c567ef9a3f37.html,2021 年 3 月 22 日。

④ 共同网:《日本政府拟设定国际卫生战略的新组织》,2020 年 12 月 26 日,https://china.kyodonews.net/news/2020/12/f97d0c51ad71.html,2020 年 12 月 27 日。

二、后安倍时代日美关系发展的对华影响

2021 年 3 月 14 日,美国国务院发布了题为《重申日美同盟牢不可破》的文件,称"美国绝对会参与对日防卫",表示美日将共同"对抗中国在亚洲及世界各地的挑衅",展示了进一步深化日美同盟,对抗中国的意愿。[①] 对此,菅义伟政府积极配合,在经济层面以保障"供应链安全"为由,呼吁日本企业将生产基地迁回国内;外交层面,不断炒作"中国威胁",以此"合理地"参与美国"对华制衡朋友圈";军事层面,加强同美国及部分北约国家军事合作,在亚太频频开展"联合军事演习"。菅义伟政府从这三方面入手,在配合美国对华制衡战略的道路上愈行愈远。尽管如此,菅义伟政府的种种政策都难以达到目的。

第一,经济层面,对华经济的高度依赖使得"对华脱钩"难以实现。尽管拜登在正式就职前称自己对惩罚性关税措施持否定态度,然而其提名的贸易代表办公室代表凯瑟琳·戴(Katherine Tai)却表示,将维持对华制裁性关税,同时要求中方恪守中美第一阶段经贸协议。[②] 可见,拜登政府不会轻易停止对华贸易制裁,而是会充分利用特朗普政府关税制裁政策所展现出的负面效应,以维持对华制裁性关税为威胁,迫使中国在贸易谈判等议题上对美进行更大让步。不过,美国在华商会实施的调查显示,面对中美贸易摩擦所带来的负面影响,在华美国企业主要采取"身处中国,服务中国"策略,将在华企业的产品制造和采购本土化,从而规避中美贸易摩擦带来的负面影响,仅有少数企业考虑"从中国市场撤退"。[③] 美国企业的实际选择证明,美国发动的贸易争端既不得中美经贸界的人心,也不可能达到拜登所希望的使制造业脱离中国、回流美国的战略目标。同样,尽管菅义伟政府受到美国影响,以"出于安全考虑"为由呼吁日本企业将生产基地迁回国内,但是在中国巨大市场的吸引力影响下,采取

---

① U. S. Department of States, "Reaffirming the Unbreakable U. S. -Japan Alliance", 2021 - 03 - 14, https://www. state. gov/reaffirming-the-unbreakable-u-s-japan-alliance/, 2021 - 03 - 16.

② 共同网:《美国候任贸易代表敦促中国遵守经贸协议》,2021 年 2 月 26 日, https://china. kyodonews. net/news/2021/02/f1d934cb4fff. html, 2021 年 3 月 1 日。

③ [日]藤原智生:《日中贸易与投资的现状及展望》,张季风主编,《日本经济与中日经贸关系研究报告(2020)中美贸易摩擦背景下的日本经济》,北京:社会科学文献出版社,2020 年,第 64 页。

实际措施以响应政府号召的日本企业寥寥无几。[①] 此外,在经济上日本对华存在高度依赖。仅以旅游业为例,2019 年,中国游客在日本消费额为 17 704 亿日元,占访日外国人旅行消费额的 36.8%[②],约占日本同年实际 GDP(约555.8万亿日元)的 0.32%,而 2019 年日本实际 GDP 增长率仅为 0.27%。[③] 也就是说,如果失去中国游客的消费贡献,日本经济很可能再度陷入负增长。从旅游业这一侧面可以看出,对中国经济的高度依赖使得日本难以承担彻底倒向美国、中日全面对抗的经济后果,更无法实现中日经济的"脱钩"。

第二,外交层面,美国试图拉拢的"遏华伙伴"对于制衡中国一事态度不一,难以真正形成"对华包围网"。拜登政府上台以来,以维护"自由且开放的印度太平洋"为由,试图联合日本、印度、澳大利亚、韩国等"拥有共同价值观"的国家参与对华制衡,还频频在东亚与盟友举行联合军事演习,试图以武力威慑中国,逼迫中国让步。美国对华制衡的种种举措均得到菅义伟政府大力支持,在 2021 年发布的日美 2+2 会议联合文件中,两国更是直接"点名"中国,毫不掩饰其对华敌意。但是,日美极力试图拉拢的韩国、印度却无意参与对华军事对峙。与美日会议不同,美韩 2+2 会议后的联合声明中并未点名中国,并且韩国外长郑义溶在会后明确表示,"让韩国在中美两国之间选择一方根本不可能,也不可取"。[④] 印度虽然参加了 QUAD,但是出于保持自身战略自主性考虑,也不愿参与对华军事制衡。由此可见,日美大力兜售的建立"遏华同盟"主张难以使其他国家产生共鸣,构建"亚太小北约"的设想不过是日美两国的"一厢情愿"。

第三,军事层面,美日频频开展的军事演习反而暴露其跨国军事合作的"限度"。2021 年 3 月初,日本海上自卫队宣布,日本护卫舰于关岛周边海域同

---

① 共同网:《调查:逾 4 成日企有意摆脱供应链依赖中国》,2020 年 12 月 30 日,https://china. kyodonews. net/news/2020/12/b1ea80573e7c-4. html,2021 年 1 月 3 日。

② 国土交通省『令和 2 年版「観光白書」』,2020 年 8 月 28 日、13 頁、https://www. mlit. go. jp/ statistics/content/001348581. pdf,2021 年 1 月 4 日。

③ 2019 年日本实质 GDP 数据参见:内閣府「2019 年度国民経済計算(2015 年基準・2008SNA)」 https://www. esri. cao. go. jp/jp/sna/data/data_list/kakuhou/files/2019/tables/2019fcm1rn_jp. xlsx、 2021 年 4 月 5 日。中国游客在日消费额占实质 GDP 百分比及 2019 年日本实质 GDP 增长率为笔者根据内阁府数据计算而来。

④ 观察者网:《韩美举行"2+2"会谈,韩国外长:不可能让韩国在中美间选边站》,2021 年 3 月 18 日,https://www. guancha. cn/internation/2021_03_18_584554. shtml,2021 年 3 月 26 日。

西班牙、美国海军开展了军事训练,[①]试图以此向世界展示继英、法、德之后,西班牙也已加入"对华军事包围网"。然而事实上,西班牙参与此次演习的仅是一艘于1927年下水的海军训练帆船。[②] 由此可见,西班牙政府根本无意加入"遏华同盟",只是顾虑到同日、美两国的关系,才不得已派遣一艘"无战斗力"舰船参加演习。日美联合北约国家举行的军事演习反而暴露了其军事合作的"限度",反映了美日试图联合其他国家"围堵中国"的行为不符合世界和平发展之大流,不得各国有识之士的人心。

三、中国的可行性政策分析

尽管菅义伟政府采取的种种举措都难以达到其目的,但日本以"中国威胁"为由配合美国制衡中国、不断强化进攻性军事能力等行为均大幅增加了中日关系的不确定性,中日关系很可能再次呈现"政冷经热"的特征。值得注意的是,受到部分媒体对中国香港"修例风波"的歪曲报道以及日本政府渲染"中国威胁"的影响,日本民众对华亲近感持续降低。日本内阁府2021年2月公布的舆论调查显示,81.8%的日本民众认为中日关系"并不良好",77.3%的日本民众表示对中国"没有亲近感"。[③] 日本对华友好民意下降,对于中日关系而言既是挑战也是契机。正如国务院总理李克强在2021年政府工作报告中指出的,中国应当同所有国家在相互尊重、平等互利基础上和平共处、共同发展,中国应同世界各国携手,共同应对全球性挑战,为世界和平与繁荣作出自身贡献。[④] 中国也应当"迎难而上",在新冠疫情形势依旧严峻、全球经济增长动能不足的背景下,寻找可以同日本携手合作的潜在领域,发挥表率作用。具体而言,中日可以在疫情防控、奥运及推动社会绿色转型等贴近民众生活领域开展合作,夯实中日友好民意基础。此外,中日还可以以知识产权保护问题为抓

---

① 共同网:《海自与西班牙海军在关岛近海联合训练》,2021年3月3日,https://china.kyodonews.net/news/2021/03/121aa50aade5.html,2021年3月5日。

② 环球网:《失心疯? 西班牙海军派艘帆船到关岛,台湾绿媒却激动坏了》,2021年3月5日,https://world.huanqiu.com/article/42BTVJB9PuY,2021年3月10日。

③ 共同网:《聚焦:日中未就习近平访日进行协调欠缺欢迎氛围》,2021年3月4日,https://china.kyodonews.net/news/2021/03/1cd34f16c55c—.html,2021年3月5日。

④ 中华人民共和国中央人民政府:《李克强总理作政府工作报告(文字摘要)》,2021年3月5日,http://www.gov.cn/premier/2021-03/05/content_5590492.htm,2021年3月5日。

手,推动 RCEP 的尽快落实。

第一,在疫情防控、奥运及推动社会绿色转型等领域加强中日合作与交流。作为负责任大国,率先走出新冠疫情阴霾的中国多次以官方身份表示愿意就疫情防控、疫苗援助及奥运问题同日本等国开展合作。此外,中日政府都公布了"脱碳计划",因而在这三个领域中日存在广泛合作空间。

其一,奥运及疫情合作。日本政府对举办东京奥运会抱有巨大期待,希望借助奥运的宣传效果和旅游效应来提振国民自信,刺激消费,为日本令和时代谱写一个充满活力的序曲。然而,新冠疫情的暴发在重创日本经济的同时,也严重打乱了东京奥运会进程。因奥运延期一年,东京奥组委于 2020 年 12 月追加了 2940 亿日元的经费用于重新租借场馆、应对新冠疫情。① 此外,考虑到大量外国观众访日可能带来巨大医疗压力,日本政府最终决定以无海外观众,即以空场的形式举办奥运会。然而,空场举办将使得东京奥运会的经济效应大打折扣。根据日本学者宫本胜浩的计算,东京奥运会和残奥会若空场举办,将带来共计约 2.4133 万亿日元的经济损失。② 对日本面临的"奥运困境",中国政府伸出了友谊之手,展现了愿同日本共同渡过难关的意愿。2021 年 1 月 25 日,国家主席习近平在同国际奥委会主席进行电话会谈中表示:"中方愿同国际奥委会及各国一道努力,为安全顺利举办东京奥运会、北京冬奥会作出努力,为国际社会早日战胜疫情、实现世界经济复苏,维护各国人民生命安全和身体健康作出贡献。"③2021 年 3 月 7 日,国务委员兼外交部长王毅就中国外交政策和对外关系回答中外记者提问时表示,"我们也愿意与国际奥委会合作,向准备参加奥运会的运动员们提供疫苗。"④就此,中国应当继续以最大诚意,通过积极沟通消除日方对中国抗疫援助的误解,在抗疫及奥运问题上同日

---

① 「東京五輪・パラ 1 年延期で大会経費が総額 1 兆 6440 億円に増加」,『NHK NEWS』,2020 年 12 月 22 日,https://www3. nhk. or. jp/news/html/20201222/k10012778531000. html,2021 年 3 月 12 日。

② 共同网:《东京奥运空场举办经济损失估计达 2.4 万亿日元》,2021 年 1 月 24 日,https://china. kyodonews. net/news/2021/01/bf110239838c-24. html,2021 年 1 月 25 日。

③ 求是网:《习近平同国际奥委会主席巴赫通电话》,2021 年 1 月 26 日,http://www. qstheory. cn/yaowen/2021-01/26/c_1127026358. htm,2021 年 3 月 12 日。

④ 中国网:《国务委员兼外交部长王毅就中国外交政策和对外关系回答中外记者提问》,2021 年 3 月 8 日,http://www. china. com. cn/lianghui/news/2021-03/08/content_77282636. shtml,2021 年 3 月 12 日。

本开展务实合作。

其二,绿色转型合作。2020 年 9 月 22 日,国家主席习近平在第 75 届联合国大会一般性辩论上的讲话中宣布:"中国将提高国家自主贡献力度,采取更加有力的政策和措施,二氧化碳排放力争于 2030 年前达到峰值,努力争取2060 年前实现碳中和。"[1]继中国之后,日本、韩国、加拿大等国也纷纷宣布了其碳中和计划。2020 年底,日本经产省公布了"碳中和路线图",宣布日本将加速推进低碳社会建设,并计划于 2050 年实现碳中和。[2] 由此,在加快社会绿色转型、发展清洁能源、推动碳排放市场建设等领域,中日之间存在广泛的共同利益,也需要加强在脱碳技术等领域的合作。

第二,以加强知识产权保护为抓手,推进 RCEP 尽快落实。在 RCEP 谈判中,知识产权保护相关内容是日本等国的重要关切,加强对知识产权的保护也是中国进一步深化改革开放,建设创新型国家的必由之路。在中国"十四五"规划中,明确指出要实施知识产权强国战略,完善知识产权保护制度,推进知识产权保护立法建设。[3] 同发达国家相比,中国在知识产权保护方面存在不足,但在 RCEP 签署前后,中国对知识产权保护力度明显增强,中日在知识产权保护问题上存在广泛合作空间。比如说,2019 年 4 月 23 日中国商标法修正案获得通过,详细规定了对恶意申请商标注册及商标侵权行为的处罚措施。[4]此后,日本企业借助法律手段维护知识产权的事例时有发生。如京都茶叶协会向中国国家知识产权局提出的宣告"京都宇治"商标无效的请求于 2021 年 1月下旬获得批准。[5] 据日媒报道,日本政府已经着手对擅自以日本著名地标等

---

① 中华人民共和国中央人民政府:《习近平在第七十五届联合国大会一般性辩论上发表重要讲话》,2020 年 9 月 22 日,http://www.gov.cn/xinwen/2020-09/22/content_5546168.htm,2021 年 3 月26 日。

② 王林:《日本"碳中和"路线图出炉绿色投资超 2.33 万亿美元,15 年内淘汰燃油车》,《中国能源报》2021 年 1 月 4 日,http://paper.people.com.cn/zgnyb/html/2021-01/04/content_2027777.htm,2021 年 3 月 12 日。

③ 中华人民共和国中央人民政府:《中华人民共和国国民经济和社会发展第十四个五年规划和2035 年远景目标纲要》,2021 年 3 月 13 日,http://www.gov.cn/xinwen/2021-03/13/content_5592681.htm,2021 年 3 月 26 日。

④ 中华人民共和国中央人民政府:《中华人民共和国商标法》,2020 年 12 月 24 日,http://www.gov.cn/guoqing/2020-12/24/content_5572941.htm,2021 年 3 月 26 日。

⑤ 共同网:《中国企业"京都宇治"商标或将失效》,2021 年 3 月 23 日,https://china.kyodonews.net/news/2021/03/1e7783983f52.html,2021 年 3 月 26 日。

名称在中国注册商标的行为罗列清单。① 可见,中日可以在恶意申请注册商标等知识产权保护问题上加强合作,并以此为抓手,推动 RCEP 协议的尽快落实。

结　论

新冠疫情暴发以来,作为率先走出疫情影响的负责任大国,中国表达了向世界各国提供新冠疫苗的意愿。尽管中国助力世界各国尽快渡过新冠难关的举措符合世界人民的根本利益,但是一些国家却持冷战思维,给中国的疫苗援助工作戴上"疫苗外交"帽子,不断渲染"中国威胁",试图构建意识形态同盟围堵中国。美、日、印、澳 4 国希望通过 QUAD 框架向印度提供资金,扩大印度疫苗产能,从而在疫苗供应上与中国展开竞争,"将中国排除在地区疫苗销售之外"。② 以此为背景,中日关系不确定性上升趋势难以逆转。尽管对日本而言在中美间保持相对平衡是最优选择,但在中美矛盾激化至难以调和地步时,日本仍有彻底倒向美国的可能性。③ 鉴于此,中国应如何妥善处理对日、美关系,需要予以进一步的关注与研究。

---

① 共同网:《日本政府对在华遭擅自注册的商标列清单》,2021 年 3 月 29 日,https://china. kyodonews. net/news/2021/03/0e8739881d10. html,2021 年 4 月 7 日。

② 共同网:《聚焦:日美澳印对华包围网必将加剧疫苗供应战》,2021 年 3 月 11 日,https://china. kyodonews. net/news/2021/03/95e48fe38cac. html, 2021 年 3 月 12 日。

③ 卢昊:《后安倍时代的中美日三边关系》,《日本学刊》2020 年第 5 期,第 29 页。

第六章　RCEP 签署对中日经贸合作的影响研究

孙　丽

　　2020 年 11 月 15 日,中国、日本、韩国、澳大利亚、新西兰以及东盟十国共同签署了《区域全面经济伙伴关系协定》(RCEP)。在逆全球化盛行、贸易保护主义抬头、新冠肺炎疫情蔓延的背景下,这个占全球 GDP 总量 32.2%、全球总人口 47.4%、全球贸易总量 29.1% 的世界最大自由贸易区的建立得到了全世界的广泛关注。这份协定不仅仅标志着东亚地区的区域经济一体化进入全新的阶段,作为中日之间首个自由贸易协定,还意味着中日之间有了正式稳定的经贸合作机制。可以预见,RCEP 协定将开启中日经贸合作的新纪元。RCEP 协定货物贸易章节将会提高中日双方货物贸易自由化水平与市场准入水平:根据货物贸易章节第一节第三条,每一缔约方将给予其他缔约方货物国民待遇;第一节第四条规定每一缔约方应当根据关税承诺表削减或取消对其他缔约方原产货物的关税,根据中日双边关税减让安排,协定生效之后,中日之间超过 90% 的货物贸易将分阶段实现零关税;第一节第十三条规定各缔约方取消已计划的对农产品使用出口补贴的权利,可以预计协定生效后,中日双方农产品贸易将会更加顺畅;协定第二节第十七条规定缔约方之间全面取消数量限制。同时 RCEP 协定的生效还会提高中日之间贸易的便利化,例如海关程序与便利化章节包含高于 WTO《贸易便利化协定》水平的增强条款,包括该章节第十条预裁定中,规定了对税则归类、原产地以及海关估价的预裁定等。可以预见,RCEP 协定生效后两国的民众将能够以更低廉的价格享受到更广泛的商品和服务,关税下降、市场准入水平提高,一系列海关程序和贸易便利化措施,将会进一步激发两国之间的贸易潜力,增加双方的贸易福利。

第一节　中日两国经贸合作现状

一、中日合作出现了新的利益契合点

目前中日在经贸领域均面临着来自美国的巨大压力,这是中日加深双方经贸合作的新的利益契合点。2019 年美国挑起与中国的贸易争端,在 2020 年 1 月中美双方签订第一阶段经贸协议后,中美在知识产权、技术转让与农产品贸易方面初步形成共识,但在科技与投资等领域仍然存在明显分歧,同时美国仍然维持着对约 2500 亿美元中国进口商品 25% 的关税,维持对约 1200 余亿美元中国进口商品 7.5% 的关税。与此同时,美国政府也对日发难,意欲通过达成"公平且平衡的协议",来重塑双边贸易关系,改善与日贸易中较大贸易逆差长期存续的情况①。在美日贸易协定谈判中,美国要求日本开放农产品市场,降低农产品关税,同时增加对美投资,帮助美国创造更多就业岗位。但是美国对日本汽车的关税并未降低,未来美日贸易中,日本的贸易福利必定会受到影响。因此在两国在经贸领域均面临美国施压情况下,深化中日经贸合作是两国共同的利益诉求。

二、中日经贸合作规模不断扩大

中日建交 50 余年来,中日贸易取得了长足的发展:2018 年起中国已成为日本第一大贸易伙伴国、第一大出口国和第一大进口国;日本则是中国的第二大贸易伙伴国、第二大出口国和第二大进口国。如图 6-1 所示,根据联合国 Comtrade 数据库的数据,2019 年日本对中国商品出口金额达到 1346.80 亿美元,占日本同期出口贸易总额的 19.09%,自中国商品进口金额达到 1 692.12 亿美元,占日本同期进口贸易总额的 23.47%;同年,日本对其余 13 个 RCEP 成员国出口金额为 1693 亿美元,日本对其余 13 个 RCEP 成员国进口金额为 1855.34 亿美元。可以看出日本与中国的经贸合作规模庞大,仅略小于日本与

---

① Thompson Hine, "White House Releases Fact Sheet on President Trump's First Two Years in Office", 2019 - 01 - 25, https://www. trumpandtrade. com/2019/01/white-house-releases-fact-sheet-president-trumps-first-two-years-office/.

其余 13 个 RCEP 成员国进出口贸易的规模。中国为日本在 RCEP 框架内最为重要的贸易伙伴,在日本对外经贸中举足轻重,中日两国在 RCEP 框架下密切经贸合作既符合两国企业微观主体产品价值最大化、企业价值最大化的目的,更符合中日两国的国家利益。

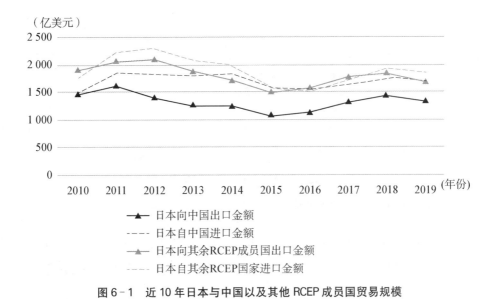

（亿美元）

图 6-1　近 10 年日本与中国以及其他 RCEP 成员国贸易规模

数据来源:联合国商品贸易数据库。

虽然中日双方贸易的绝对数量能够反映中日两国在贸易领域之于对方的重要程度,却无助于考察两国贸易的近期发展势头,为此,本文进一步计算了 2011—2019 年间中日两国进出口贸易的同比增长率,具体如图 6-2 所示。可以看到中日两国的进出口贸易在观测期内现明显的波动态势,没有稳定持续地增长。观测期内,日本对华出口金额的同比增长率最高为 2017 年的 16.65%,最低为 2015 年的-13.52%,两者差距达到 30.17%;日本自华进口金额最高为 2011 年的 20.02%,最低为 2015 年的-11.44%,两者差距达到 31.46%,并且整个期间有一半年份为负增长。双边贸易增长的大幅波动也导致中日双边贸易规模在近十年来并没有实现新的跨越,在 10 年观测期内日本自华进口的年均增长率仅为 1%,对华出口的年均增长率甚至为-1%。简言之,中日双边贸易在近 10 年中增速放缓,发展遇到了瓶颈。

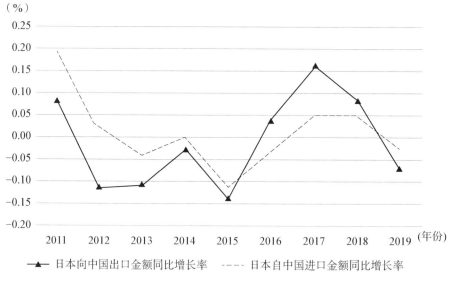

图6-2　近十年中日两国进出口贸易同比增速

数据来源:联合国商品贸易数据库。

虽然日本与中国的双边贸易规模庞大,但是从双边贸易依存度来看,中日经贸合作尚有很大潜力可以挖掘。图6-3以欧盟成员中的法国和德国以及

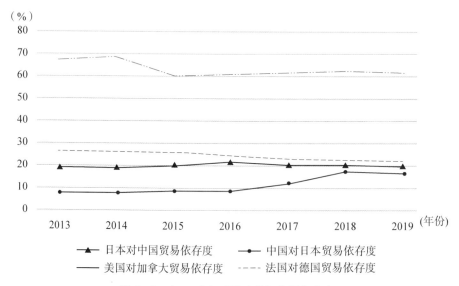

图6-3　中日、美加以及法德间贸易依存度

数据来源:联合国商品贸易数据库。

USMCA 缔约方中美国和加拿大为例进行对比,可以看出目前中日两国间的贸易依存度明显低于法国对德国以及美国对加拿大的贸易依存度,如果比照欧盟成员国间以及 USMCA 各缔约方间的市场开放度,则中日两国的贸易无疑拥有进一步发展的巨大潜力和值得期待的前景,如果能够建立破除各种贸易壁垒的自由贸易区,将为两国带来巨大的利益。

三、中日贸易结构不断优化

在日本与中国经贸合作快速发展、贸易规模不断扩大的同时,中日贸易结构经历了显著的变化。在我国改革开放之后,中日两国贸易结构主要经历了四个时期:第一阶段,产业间垂直分工型的贸易结构(1978—1991 年);第二阶段,从垂直分工型产业内贸易向水平分工型产业内贸易过渡(1992—2000 年);第三阶段,向水平分工型的贸易结构快速发展(2001—2011 年);第四阶段,水平分工型产业内贸易结构稳定发展(2012 年至今)。[①]

根据 UN Comtrade Datebase(联合国商品贸易数据库)[②]中的数据进行测算,可以明显看出中日贸易产品结构不断优化,而其中又以中国向日本出口产品结构的改善最为明显(见表 6-1)。20 世纪 90 年代初,中国主要对日本出口农林牧渔资源等初级产品,1991 年中国对日出口初级产品的平均贸易比重为 58%,劳动密集型产品的平均贸易比重为 32.9%,资本技术密集型产品的平均贸易比重仅为 9.1%。20 世纪 90 年代中期后,中国对日本出口商品结构呈现出升级趋势,工业制成品比重不断上升,中国主要凭借低廉的劳动力成本对日出口劳动密集型产品,1995 年相较于 1990 年劳动密集型产品的平均贸易比重提高了 22.4 个百分点,而初级产品的平均贸易比重大幅下降,降幅达到 32.9%。在进入新千年后,中国对日本出口结构再次转型升级,中国对日本出

---

① 孙丽:《中日贸易结构的变化对中国产业结构转型升级的影响》,《东北亚论坛》2019 年第 6 期,第 95—111+125 页。

② 本文以 SITC Rev4. 作为贸易商品的划分标准,具体划分如下:SITC0,食品及活动物;SITC1,饮料及烟草;SITC2,非食用原料(不包括燃料);SITC3,矿物燃料、润滑油及有关原料;SITC4,动植物油、脂及蜡;SITC5,化学制品及有关产品;SITC6,主要按原料划分类别的制成品;SITC7,机械及运输设备;SITC8,杂项制成品;SITC9,未另分类的其他商品和交易。其中 SITC6 和 SITC8 部门商品为劳动密集型产品,SITC5、SITC7 和 SITC9 为技术和资本密集型产品,且劳动密集型产品与资本技术密集产品归为工业制成品,其余部门商品为初级产品。

口的主要商品转变为工业制成品,同时中国向日本出口产品从低附加值开始向高附加值攀升,资本技术密集型产品出口比例不断上升,2000 年工业制成品的贸易比重达到了 80.7%,其中资本技术密集型产品的贸易比重相较 1995 年继续增加 7.4 个百分点,贸易占比接近 30%;2010 年中国对日出口贸易中,工业制成品的贸易占比达到了 90%,资本技术密集型产品的占比接近 50%,已经明显高于劳动密集型产品的贸易占比,成为中国对日出口最主要的商品。目前中国对日本出口产品中劳动密集型产品出口比例逐年下降,高技术型、高附加值产品在中日两国贸易中的占比逐渐提高,2019 年初级产品、劳动密集型产品以及资本技术密集型产品的贸易占比分别为 9.5%、38.9%、51.6%,意味着 1991—2019 年,中国对日出口初级产品的贸易占比降低了 48.5 个百分点,劳动密集型产品与资本技术密集型产品的贸易占比分别提高了 6 个百分点与 42.5 个百分点。

表 6-1   中国对日本商品出口结构

单位:%

年份	初级产品	劳动密集型产品	资本技术密集型产品
1991	58.0	32.9	9.1
1995	25.1	55.3	19.6
2000	19.3	53.7	27.0
2005	14.0	43.7	42.3
2010	10.1	40.9	49.0
2015	9.2	40.1	50.6
2019	9.5	38.9	51.6

数据来源:笔者根据联合国商品贸易数据库测算得出。

以上关于中国对日本出口结构的测算显示出中国既向日本出口劳动密集型的工业制成品,也向日本大量出口资本技术密集型产品,中国对日出口具有明显的非对称性。这说明中国企业在产品研发与核心技术领域与日本依旧存在着较大的差距,整体上依旧属于技术引进与模仿阶段。在国际产业链上,中国仍位于低端,中国对日出口资本技术密集型产品的贸易比重大幅提高更多的是日本国内产业向中国转移,自中国再次返销日本本土的结果。[①]

四、中日贸易互补性较强

首先通过显示性对称比较优势指数来测算中日贸易的互补性。在该部分的指数测算中,贸易数据的分类依旧使用 SITC Rev4. 作为商品划分的标准。Laursen 改良了显示性比较优势指数,提出了显示性对称比较优势指数,这一指标能更好地衡量专业化程度。这里从比较优势的角度分析中日两国在商品贸易上是否具有互补性。[②]

计算公式为:

$$RSCA = (RCA - 1)/(RCA + 1)$$

$$RCA_{kj} = \frac{X_{kj} / X_{tj}}{X_{km} / X_{tm}}$$

RSCA 为显示性对称比较优势指数,RCA 为显示性比较优势指数。X_{kj} 表示国家 j 出口商品 k 的出口金额,X_{tj} 表示国家 j 的出口总值,X_{km} 表示世界出口产品 k 的出口值,X_{tm} 表示世界出口总值。

中日贸易产品在比较优势上具有差异性、各有侧重,分工明确。从中日贸易商品 RCA 指数看(见表 6-2),虽然中日两国在初级产品上 RCA 指数都在0.8 以下,但中国较日本具有一定的优势,特别是在食品及活动物方面,中日RCA 指数比值较大;在资本技术密集型产品上,日本的 RCA 指数均大于中国,特别在机械及运输设备类产品,其 RCA 值超过 1.25,表明日本在该类产品上具有较强的国际竞争力;在劳动密集型产品上,中国比日本更具有竞争力,特别是在杂项制成品上 RCA 指数远大于 1.25,表现出很强的竞争优势。这一互惠互补、互利共赢的贸易结构特性,极大地促进了中日贸易全面快速发展。

[①] 庞德良、刘胜君:《"一带一路"沿线国家对华对日贸易格局演变》,《东北亚论坛》2016 年第 6 期,第 36—45 页。

[②] Keld Laursen, "Do export and technological specialisation patterns co-evolve in terms of convergence of divergence? Evidence from 19 OECD countries, 1971-1991", *Journal of Evolutionary Economics*, Vol. 10, No. 4, 2000, pp. 415-436.

表 6-2 中国与日本商品贸易的 RCA 指数

贸易商品结构	贸易商品分类 (SITC Rev4.)	日本 RCA 指数	中国 RCA 指数	中国/日本
初级产品	SITC0	0.13	0.41	3.18
	SITC1	0.17	0.16	0.94
	SITC2	0.37	0.18	0.49
	SITC3	0.20	0.19	0.94
	SITC4	0.08	0.10	1.36
劳动密 集型产品	SITC6	0.93	1.38	1.48
	SITC8	0.65	1.91	2.95
资本技术 密集型产品	SITC5	0.95	0.55	0.58
	SITC7	1.57	1.30	0.82
	SITC9	1.24	0.09	0.07

数据来源:笔者根据联合国商品贸易数据库测算得出。

表 6-3 中国和日本商品贸易的显示性对称比较优势指数

贸易商品结构	贸易商品分类 (SITC Rev4.)	日本 RSCA 指数	中国 RSCA 指数
初级产品	SITC0	−0.77	−0.41
	SITC1	−0.71	−0.72
	SITC2	−0.46	−0.69
	SITC3	−0.67	−0.68
	SITC4	−0.86	−0.81
劳动密 集型产品	SITC6	−0.04	0.16
	SITC8	−0.21	0.31
资本技术 密集型产品	SITC5	−0.02	−0.29
	SITC7	0.22	0.13
	SITC9	0.11	−0.84

数据来源:笔者根据联合国商品贸易数据库测算得出。

五、中日贸易竞争性远没有达到激烈的程度

接下来使用 Rose 和 Glick 修正后的 ESI 指数[①]，进一步测算中日两国在世界贸易中的竞争性指数以及在 RCEP 区域内的贸易竞争性指数。

计算公式为：

$$ESI_{ijk} = \left(\frac{X_{iw}^k / X_{iw} + X_{jw}^k / X_{jw}}{2} \right) \times \left(1 - \left| \frac{X_{iw}^k / X_{iw} - X_{jw}^k / X_{jw}}{X_{iw}^k / X_{iw} + X_{jw}^k / X_{jw}} \right| \right) \times 100$$

式中，ESI_{ij} 为 i 国与 j 国在 w 市场上的出口产品相似程度，其中 X 为出口额，k 为产品种类，w 为出口市场。ESI 指数一般情况下大于 0，小于 100，该指数越趋近于 100，表示两国出口的商品结构越接近一致、竞争越激烈；反之，越趋近于 0，则表示出口商品结构相似性越小。

从图 6-4 中可以看出中国和日本的贸易竞争性指数处于波动状态。两国在世界范围内的贸易竞争性指数在近年多处于 75—78，在 RCEP 区域内的贸易竞争性指数处于 78—82，说明中日两国出口产品结构具有一般相似性，且在 RCEP 区域内贸易中的竞争性明显高于中日两国在世界范围中的竞争性。2019 年法国与德国的贸易竞争性指数达到了 87，而日韩两国的贸易竞争性指数更是一直处于 90 的水平，对比之下，中日之间的贸易竞争远没有达到激烈的程度。

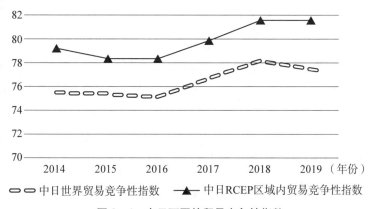

图 6-4　中日两国的贸易竞争性指数

---

① Reuven Glick, Andrew K. Rose, "Contagion and trade: Why are currencycrises regional?", *Journal of International Money and Finance*, Vol 18, No. 4, 1999, pp. 603 - 617.

六、中日产业链合作

中日之间具有天然地缘优势和互补的产业与经济优势。根据韩景华等的测算,在初级品方面,中国自然资源丰富,受贸易不确定后向影响小于日本;日本在农产品、植物材料、动植物油脂、饮料与烟草等一系列初级产品上的全球价值链分工地位高于中国,但是日本自然资源匮乏,生产中的中间品依赖进口,中日两国合作潜力较大。在劳动密集型产品方面,中国相比日本在纺织品上存在出口优势;日本在木及木制品上较中国处于全球价值链较高端位置,拥有出口优势;中日两国在纺织品、木制品等产品上有较大合作空间。在中低技术产品方面,日本在化学产品、橡胶制品的全球价值链分工地位高于中国,具有出口优势;中国在塑料及其制品方面相较日本有更大的出口优势;在石料、水泥、陶瓷以及玻璃制品上,中日两国均位于全球价值链的高端位置,日本分工地位高于中国,但是依赖外国中间品,因而也具有合作的基础。在高技术产品方面,中国已经成为机电产品与运输设备的出口大国,但是全球价值链的后向参与度较深,对国外中间品的依赖程度较高;日本在机电产品、运输设备等产品上的出口优势均明显超过中国,同时日本对国外中间品依赖程度低,高技术中间品出口中前向参与所占比例较高,中日两国加大高技术产品领域的合作符合双方的利益。[①]

日本企业在 20 世纪 80 年代开启对华投资浪潮,在 2001 年中国加入WTO 之后,大批日本制造业企业蜂拥而至,而后日本对华投资规模持续扩大,中国商务部的数据显示,截至 2019 年 12 月,日本在华累计设立企业 52834家,累积投资金额 1157 亿美元[②]。2020 年日本在华企业数量为13 646家,从企业规模来看,多为年收入不满 100 亿日元的中小企业;从行业看,制造业企业占有最大比重。[③] 当前中日贸易的全球价值链特征转向双向度。[④] 以中国商

---

① 韩景华、张思卿,《探索中日全球价值链分工中产业合作方向》,《国际经济合作》2020 年第 4 期,第 103—115 页。

② 中华人民共和国商务部:《中国外商统计公报 2020》,北京:中华人民共和国商务部,2020 年,第 2—5 页。

③ 帝国データバンク(TDB)「日本企業の中国進出、約 1 万 3600 社」2020 年 2 月 27 日、https://www. Tdb. Co. jp/report/watching/press/pdf/p200208. pdf、2020 年 12 月 4 日。

④ 张玉来:《共同打造区域价值链体系——深化中日产业合作的背景与可行性》,《现代日本经济》2021 年第 1 期,第 21—26+1 页。

务部公布的2019年1—9月日本与中国贸易数据为例,在日本对华出口商品中,机械器具及零件出口金额为227.91亿美元,占比达到23.4%;电机、电气、音像设备及其零附件次之,出口金额为196.79亿美元,占比达到17.5%,保持着中间品为主的特征。日本自华进口商品中,占比最高的是电机、电气、音像设备及其零附件,占比为26.4%,进口金额为337.83亿美元;机械器具及零件次之,占比达到19.3%,进口金额为229.03亿美元。由此可见,中日双边贸易的全球价值链特征已经走向了双向化。

RCEP的生效将会加深以上分析的中日制造业存在的内部错位分工优势。首先,RCEP签订后,随着中日两国超过90%的商品贸易实行零关税,双方具有相对出口优势的中间品与制成品能够以更低的成本、更便利地进入对方的市场,将使中日两国减轻对于欧美关键中间品或欧美市场的依赖程度,稳定双方国内的产业链。其次,协定覆盖国家间会产生累积增值的效果,例如原先中国企业从韩国进口一个零部件,需要增值35%才能出口日本享受零关税,但在RCEP以后,中国只需要增值20%,另外15%从韩国增值,再出口日本就能享受零关税,这会增加相关工业制品在区域内流动的便利程度。最后,在初级产品、劳动密集型产品与低技术产品方面,中国相对日本劳动力成本低、产业链条完整、具有规模经济;日本相较于中国处于价值链高端,产品附加值高,但对于国外中间品有较强依赖。在高技术产品生产方面,日本具有明显出口优势,掌握先进技术与关键中间品生产;中国虽然依赖国外中间品,但已经具有强大的生产能力。因此双方之间相互投资会达到双赢的局面。RCEP协定的投资章节,规定了各国均采用负面清单的方式对制造业、农业、林业、渔业、采矿业领域投资做出了较高水平的开放承诺,这将促进中日之间的外商投资活动,增强中日产业链供应链的韧性,加速中日两国产业链的整合。

第二节　RCEP签署对中日经贸的影响模拟分析

RCEP协定中关税减让措施及贸易便利化措施必然使得成员国间贸易成本下降、市场准入水平提高,这会深刻影响中日经贸合作,下面利用GTAP模型来对此影响进行模拟分析。首先通过动态递归的方式,使用世界银行以及国际货币基金组织的相关数据将模型的人口、GDP以及资本存量等基础数据更新到 2019 年。如表 6-4 所示,将 GTAP 第十版数据库中原有的 140 个国家分为七组,分别为中国、日本、韩国、澳大利亚、新西兰、东盟以及其他国家。接着将数据库中的 65 类商品与服务归为七大类,分别为初级产品、资源密集型产品、劳动密集型产品、资本技术密集型产品、运输与通信业、公共设施服务业,具体划分如表 6-5 所示。

表 6-4　　　　　　　　　　　　模型国家分类

国家分类	包含国家
中国	中国(不含香港、澳门、台湾地区)
日本	日本
韩国	韩国
澳大利亚	澳大利亚
新西兰	新西兰
东盟	文莱、柬埔寨、老挝、马来西亚、印度尼西亚、菲律宾、新加坡、泰国、越南、其他东南亚国家①
其他国家	除以上国家外数据库中其余国家

表 6-5　　　　　　　　　　　　模型产品分类

初级产品	水稻、小麦、其他谷物、蔬菜、水果、坚果、油籽作物、甘蔗、甜菜、植物纤维、其他作物、加工大米、牛、绵羊、山羊、其他活动物产品、未加工牛奶、羊毛、蚕丝、牛肉产品、其他肉类产品、动植物油脂、乳制品、糖类、饮料与烟草、其他食品
资源密集型产品	林业产品、渔业产品、煤、石油、天然气、其他矿物产品、
劳动密集型产品	纺织品、服装、皮革制品、木制品、纸制品、印刷品、金属制品、其他制造品
资本技术密集型产品	石油制品、煤制品、化学品、医药产品、橡胶制品、塑料制品、矿物制品、铁、其他金属、计算机、电子及光学设备、机械装备、汽车及零部件、其他交通设备
运输与通信业	陆运、海运、空运、通信
公共设施服务业	电力、燃气、水、建筑业
其他服务业	其他

---

① 由于数据库中缺乏缅甸的具体数据,以数据库中的其他东南亚国家代替缅甸。

其次,设计了两种情景:情景 1 根据 RCEP 协定各国的减税承诺在模型中设计了成员国间两两的关税减让安排,但是剔除了中日两国之间相互的关税减让;情景 2 加入了中日之间的关税减让安排,模拟了完整的 RCEP 协定成员国间的关税减让安排,通过两者对比来分析 RCEP 框架下,中日之间的关税削减以及贸易便利化措施对中日两国宏观经济及双边贸易的影响。在以上两个情境中设定,在商品贸易中,成员国之间初级产品关税保持不变,其余产品降为 0 关税;在服务贸易方面,设定成员国之间的贸易便利化水平提升 5%。

一、RCEP 协定的福利影响

模拟结果如表 6-6 所示在情景 1 中,中国 GDP 增幅为 0.06%,日本 GDP 增幅为 0.04%;中国社会福利增加 95.93 亿美元,日本社会福利增加 76.88 亿美元;中国居民收入增加 0.18%,日本居民收入增加 0.94%,综合来看,中日两国与其他 13 个成员国家在 RCEP 框架下展开经贸合作,中国相比日本获得的收益更大。同时,RCEP 的签订所产生的贸易转移效应会使其他国家产生一定的损失。

表 6-6　　　　　　　　　　　　RCEP 对各国宏观经济的影响

	情景1:剔除中日双方的关税减让安排			情景2:加入中日双方的关税减让安排		
	GDP 变动（%）	福利变动（百万美元）	居民收入变动（%）	GDP 变动（%）	福利变动（百万美元）	居民收入变动（%）
中国	0.06	9 593.3	0.18	0.12	12 984.34	0.16
日本	0.04	7 687.67	0.94	0.11	24 286.21	3.08
韩国	0.29	11 778.58	2.93	0.27	9 963.5	2.47
澳大利亚	0.08	833.39	−0.21	0.08	394.8	−0.38
新西兰	0.08	136.86	−0.1	0.08	90.45	−0.22
东盟	0.07	−2 342.62	−0.34	0.06	−4 380.02	−0.57
其他国家	−0.01	−15 889.92	−0.22	−0.01	−24 071.59	−0.36

续表

情景 2 与情景 1 中日福利变动对比

	中国	日本
GDP	+0.06	+0.07
福利(百万美元)	3 391.04	+16 598.54
居民收入	−0.02	+2.97

注:数据精确到小数点后两位,低于 0.01% 的数据汇报结果为 0。

数据来源:笔者利用 GTAP 第十版数据进行量化模拟得到。

在情景 2 中,中国 GDP 增幅为 0.12%,较情景 1 提高了 0.06 个百分点,日本 GDP 增幅为 0.11%,较情景 1 提高了 0.07 个百分点;中国社会福利增加 129.84 亿美元,较情景 1 多增加 33.91 亿美元,日本社会福利增加 242.86 亿美元,较情景 1 多增加 165.99 亿美元;中国居民收入增加 0.16%,较情景 1 下降 0.02 个百分点,日本居民收入增加 3.08%,增幅较情景 1 增加 2.97 个百分点。对比情景 1 与情景 2,我们发现双方签署的首个自由贸易协定将会给两国带来可观的经济增长,使两国的社会福利增加;而中日在 RCEP 框架下的双边关税减让以及贸易便利化规定将会使日本获益更大。

二、对中日贸易的影响

(一)总体层面

从表 6-7 中可以看出,情景 2 相比情景 1,首先,当 RCEP 协定签署后,会产生明显的贸易转移效应,区域外其他国家的商品出口贸易与进口贸易的金额都有减少,而区域内成员国的出口与进口都有所增加。其次,RCEP 的签署对中日贸易有明显利好,相较于情景 1,在情景 2 中,中国和日本两国的出口增幅和进口增幅都有明显提高,中国方面出口会多增加 0.93%,进口多增加 1.57%,日本方面出口多增加 2.87%,进口多增加 4.64%。由此可见,中日两国在 RCEP 框架下达成双方首个自由贸易协定对中日经贸合作的发展有极大的促进作用,将有助于中日应对新冠疫情以及贸易保护主义给两国对外贸易带来的难题,并在一定程度上减轻美国在贸易领域对两国所施加的压力。

表 6-7 　　　　　　　　　　RCEP 对中日贸易的总体影响

单位:%

	情景1:剔除中日双方的关税减让安排		情景2:加入中日双方的关税减让安排	
	出口变动	进口变动	出口变动	进口变动
中国	1.14	1.70	2.07	3.27
日本	1.04	1.70	3.91	6.34
韩国	4.47	6.43	4.06	5.81
澳大利亚	1.68	2.79	1.64	2.54
新西兰	0.57	0.76	0.53	0.59
东盟	0.79	1.04	0.58	0.75
其他国家	-0.14	-0.27	-0.2	-0.45

情景 2 与情景 1 中日贸易变动对比

	中国	日本
出口变动	+0.93	+2.87
进口变动	+1.57	+4.64

数据来源:笔者利用 GTAP 第十版数据进行量化模拟得到。

(二) 各类商品出口

就各类商品的出口而言,在情景 1 中,中国与除日本外其余 RCEP 国家达成关税减让安排与贸易便利化措施,将会使中国的资源密集型产品、劳动密集型产品以及资本技术密集型产品的出口分别提高 13.11%、1.81%、0.51%;日本与除中国外其余 RCEP 国家达成关税减让安排与贸易便利化措施,将会使日本的资源密集型产品、劳动密集型产品以及资本技术密集型产品的出口分别提高 11.47%、-0.64%、1.31%。通过观察其他国家和地区的出口变化,可以发现除中日韩澳外,新西兰、东盟及其他国家的资源密集型产品出口均会下降,这部分出口的下降将由中国、日本、韩国与澳大利亚代替;情景 1 下,RCEP 成员国劳动密集型产品与资本技术密集型产品的出口均普遍提高,而域外其他国家的出口减少,我们预计 RCEP 的签订会在劳动密集型产品与资本技术密集型产品方面产生明显的贸易转移效应,各成员国对于这两类商品的一部分需求会从域外转向域内国家;在公共设施服务业方面,日本和韩国的出口会减少,因为日韩的水、电等资源紧张,RCEP 提高了服务贸易的便利化与市场准入程度,中国、澳大利亚、新西兰此类资源较为丰富,会替代日韩的出口与生产。

与情景1相比,情景2下各国增减幅度明显不同。两者比较可以清楚地预估RCEP框架内,中日双边减税安排对中日商品双边贸易的影响。从表6-8可以看到情景2相较于情景1,中国的资源密集型商品的出口的增幅减少了0.11个百分点,劳动密集型产品的出口增幅提高了1.93个百分点,资本技术密集型产品出口增幅提高0.66个百分点,各类服务的出口增幅也有所提高;日本的资源密集型商品的出口的增幅提高了28.43个百分点,劳动密集型产品的出口增幅提高了9.98个百分点,资本技术密集型产品出口增幅提高3.19个百分点。考虑到中日两国出口各类商品的绝对数量,我们预计中日在RCEP协定中所达成的双边关税减让安排,将会主要促进中国对日本劳动密集型产品的出口,以及日本对中国资本技术密集型产品的出口。同时不可忽视,协定签署后,日本对中国出口资源密集型产品与劳动密集型产品的增长幅度较大,这说明RCEP的贸易创造效应会一定程度上促进日本劣势产业的发展,并使日本就业岗位增加。

表6-8　　　　　　RCEP对中日两国各类商品出口的影响

单位:%

情景1出口						
	中国	日本	韩国	澳大利亚	新西兰	东盟	其他国家
初级产品	−0.83	−2.94	−5.63	0.24	−0.06	−0.2	0.04
资源密集型产品	13.11	11.47	32.72	0.08	−0.37	−0.61	−0.26
劳动密集型产品	1.81	−0.64	9.98	5.77	−2.74	1.02	−0.39
资本技术密集型产品	0.51	1.31	5.32	4.21	−0.26	0.58	−0.16
公共设施服务业	0.35	−1.67	−2.74	5.45	4.69	3.98	0.13
运输与通信业	0.69	0.34	0.13	3.86	3.16	1.68	0.06
其他服务业	1.22	−0.62	−4.64	4.47	4.41	2.64	−0.07
情景2出口						
	中国	日本	韩国	澳大利亚	新西兰	东盟	其他国家
初级产品	−0.99	−8.85	−4.45	0.51	−0.02	0.06	0.05
资源密集型产品	13	39.9	34.29	0	−0.71	−0.36	−0.32

续表

情景 2 出口							
	中国	日本	韩国	澳大利亚	新西兰	东盟	其他国家
劳动密集型产品	3.74	9.34	9.48	4.35	−4.36	−0.56	−0.77
资本技术密集型产品	1.17	4.5	4.68	4.1	0.12	0.33	−0.24
公共设施服务业	1.86	−5.29	−1.69	5.77	4.75	4.46	0.27
运输与通信业	1.05	−0.24	0.53	3.96	3.26	1.88	0.18
其他服务业	1.73	−3.77	−3.86	4.55	4.4	2.87	−0.04
情景 2 出口与情景 1 出口对比							
初级产品	−0.16	−5.91	1.18	0.27	0.04	0.26	0.01
资源密集型产品	−0.11	28.43	1.57	−0.08	−0.34	0.25	−0.06
劳动密集型产品	1.93	9.98	−0.5	−1.42	−1.62	−1.58	−0.38
资本技术密集型产品	0.66	3.19	−0.64	−0.11	0.38	−0.25	−0.08
公共设施服务业	1.51	−3.62	1.05	0.32	0.06	0.48	0.14
运输与通信业	0.36	−0.58	0.4	0.1	0.1	0.2	0.12
其他服务业	0.51	−3.15	0.78	0.08	−0.01	0.23	0.03

数据来源:笔者利用 GTAP 第十版数据进行量化模拟得到。

（三）各类商品进口

在各类商品的进口方面,在情景 1 中,中国与除日本外其余 RCEP 国家达成关税减让安排与贸易便利化措施,将会使中国的初级产品、资源密集型产品、劳动密集型产品以及资本技术密集型产品的进口分别提高 0.57%、1%、2.77%、2.2%;日本与除中国外其余 RCEP 国家达成关税减让安排与贸易便利化措施,将会使日本的初级产品、资源密集型产品、劳动密集型产品以及资本技术密集型产品的进口分别提高 1.4%、0.64%、2.52%、1.99%。同时可以看到,除新西兰及其他国家在 RCEP 协定签署后资源密集型产品的进口会减少,其余各国的各类产品进口金额都有所增加,这可以很好地反映出 RCEP 协定签署的贸易创造效应。因 RCEP 国家地理距离较近,加之大幅度的关税减让,使得商品进口的成本普遍明显下降,各国会通过进口来替代一部分高成本的本国产品。

进一步从表 6-9 可以看到情景 2 相较于情景 1,中国的资源密集型产品进口增幅提高 0.13 个百分点,劳动密集型产品的进口增幅提高了 2.94 个百分点,资本技术密集型产品进口增幅提高 2.47 个百分点,各类服务的进口增幅也有所提高;日本的资源密集型商品的进口的增幅提高了 1.62 个百分点,劳动密集型产品的进口增幅提高了 12.81 个百分点,资本技术密集型产品进口增幅提高 4.58 个百分点。结合中日两国出口各类商品的绝对数量来分析,预计中日在 RCEP 协定中所达成的双边关税减让安排,将会主要促进中国对日本资本技术密集型产品的进口,以及日本对中国劳动密集型产品的进口。同时日本进口中国的资本技术密集型产品以及中国进口日本劳动密集型产品的金额也会随着关税的减让有明显的增加。综上所述,RCEP 协定下的关税减让以及贸易便利化措施产生的贸易转移与贸易创造效应,将会促进中日经贸合作领域与规模的扩大,以及中日产业链与供应链合作的继续深化。

表 6-9　　　　　　　　　RCEP 对中日两国各类商品进口的影响

单位:%

情景 1 进口							
	中国	日本	韩国	澳大利亚	新西兰	东盟	其他国家
初级产品	0.57	1.4	2.34	−0.22	−0.09	−0.18	−0.22
资源密集型产品	1	0.64	2.48	0.69	−0.79	0.69	−0.2
劳动密集型产品	2.77	2.52	16.12	7.27	1.62	4.22	−0.33
资本技术密集型产品	2.2	1.99	7.87	2.89	0.78	0.84	−0.28
公共设施服务业	1.18	3.16	8.82	0.57	2.06	1.08	−0.47
运输与通信业	0.92	2.15	4.05	0.47	0.87	0.09	−0.23
其他服务业	0.93	2.15	6.08	0.75	1.19	0.52	−0.28
情景 2 进口							
	中国	日本	韩国	澳大利亚	新西兰	东盟	其他国家
初级产品	0.82	4.67	1.98	−0.39	−0.17	−0.4	−0.37
资源密集型产品	1.13	2.26	2.21	0.7	−0.71	0.5	−0.32
劳动密集型产品	5.71	15.33	15.26	7	1.44	3.68	−0.53
资本技术密集型产品	4.67	6.57	7.07	2.58	0.56	0.57	−0.46
公共设施服务业	1.85	9.18	7.63	0.38	1.68	0.6	−0.74
运输与通信业	1.04	6.04	3.58	0.28	0.74	−0.1	−0.39
其他服务业	1.19	6.42	5.42	0.55	1.06	0.22	−0.44

续表

情景 2 进口与情景 1 进口对比							
初级产品	0.25	3.27	−0.36	−0.17	−0.08	−0.22	−0.15
资源密集型产品	0.13	1.62	−0.27	0.01	0.08	−0.19	−0.12
劳动密集型产品	2.94	12.81	−0.86	−0.27	−0.18	−0.54	−0.2
资本技术密集型产品	2.47	4.58	−0.8	−0.31	−0.22	−0.27	−0.18
公共设施服务业	0.67	6.02	−1.19	−0.19	−0.38	−0.48	−0.27
运输与通信业	0.12	3.89	−0.47	−0.19	−0.13	−0.19	−0.16
其他服务业	0.26	4.27	−0.66	−0.2	−0.13	−0.3	−0.16

数据来源:笔者利用 GTAP 第十版数据进行量化模拟得到。

第三节 结论及建议

当前全球范围内逆全球化和保护主义大行其道,加之新冠肺炎疫情在全球范围内延宕反复,这都让世界经济与自由贸易遭到重创。中国和日本两国的制造业在全世界占有举足轻重的地位。在全球经济的艰难时刻,全球产业链的完整运转更加依赖于中日两个重要经济体的合作,但中日两国的自由贸易谈判此前一直停滞不前,中日经贸合作缺乏稳定的机制保障。RCEP 在 2020 年 11 月的签署可谓恰逢其时,该协定将从货物贸易、服务贸易、跨进投资和电子商务等领域有力推动东亚太平洋地区的区域经济一体化进程以及东亚区域价值链构建进程。更为重要的是,RCEP 协定作为中日之间首个自由贸易协定,会使得中日两国经贸合作在未来更加紧密,降低双方对欧美的依赖程度。本章通过 GTAP 模型模拟了 RCEP 签署对中日两国的经贸合作的影响。结果显示,RCEP 的生效将会明显促进中日两国间的进出口贸易,并最终对两国宏观经济发展产生明显利好,提升中日两国总体的福利水平与居民收入水平。

然而不可忽视的是,与 CPTPP 及 USMCA 等高标准的区域自由贸易协定相比,RCEP 有着明显的缺陷,如 RCEP 零关税商品的比重较低,农产品领域的开放程度低,并未涵盖有关国有企业、劳工以及环境等问题的条款。我国当前提出要构建"国内大循环为主体，国内国际双循环相互促进"的新发展格局，我国的区域经济一体化战略也在持续稳步推进，中欧投资协定已经签署，可以想见 RCEP 绝不是中日间自由贸易谈判的终点。中国应借势 RCEP 继续推进自由贸易区战略以及与日本的经贸合作。

第一，借力 RCEP 平台，与日本深度合作、共谋发展。中国应借力 RCEP 平台，进一步加强与日本的经贸合作。一是要以中日第三方市场合作机制和经贸合作机制为抓手，争取在国内多地建设中日经贸合作示范区，在高端装备、人工智能、港航物流、金融服务、环保、文化等领域开展多边合作，同步对接设立日本境外园区及公共海外仓，重点打造面向日本的多式联运转口贸易综合枢纽。二是要积极开拓日本市场，建立通关便利化合作机制，加快在基础设施、贸易、产能输出等方面深度合作，培育新的出口增长点，与日本精准对接、深度合作、共谋发展。三是在 RCEP 基础上进一步减少两国在技术标准与管理服务标准上的差异，在新标准的制定方面深化交流与合作，最大限度减少标准不统一给双方经贸合作带来的制约。

第二，以国内自由贸易试验区对标 RCEP 高标准规则，打造优良的外经贸发展生态圈。习近平总书记在党的二十大报告中明确指出，要"加快建设海南自由贸易港，实施自由贸易试验区提升战略，扩大面向全球的高标准自由贸易区网络"。应主动对标 RCEP 高标准贸易规则，依托各地自贸试验区，加快推进国际贸易"单一窗口"建设，提升监管效率，便利企业通关，调动企业扩大进出口积极性。配合海关继续开展压缩货物通关时间、降低合规成本和免除海关查验无问题企业吊装移位仓储费试点工作，建立口岸收费目录清单制度和公示制度，进一步提高贸易便利化水平。持续推进"放管服"政策，全面推行多证合一，降低制度成本。以此为基础对接未来 CPTPP 规则中的国有企业、环境、劳工标准等高标准规则，为市场开放提供更加完备的影响环境，吸引更多的日本企业来华投资兴业。

第三，推动中日韩自由贸易区谈判，构建"中日韩＋X"的东北亚区域合作模式。随着 RCEP 的签订，半岛问题的缓和，东北亚区域合作热度升温，中韩自贸区的升级版以及中日韩自贸区均正在谈判之中。日本与中国进行产业合作、参与"一带一路"倡议的积极性有所提高，日本作为全球装备制造业竞争力排名前列的国家，在大多数产业上都有非常雄厚的技术储备和开发能力，中国与日本共同签署 RCEP 协定、日本对东北亚区域合作参与度的提高对中国来说是一个重大的机遇。东北亚六国人口占世界比重约 23％，GDP 占世界比重约为 19％，经济结构互补性强，资源、能源丰富，资金和人力资源充足。在中日韩经济合作逐渐加强的同时，俄罗斯的远东开发正在不断提速，日本、韩国、中国均参与其中，对相互间的经济合作平台构建大有裨益。目前，东北亚缺少国家层面制度性合作机制，应尽快达成中日韩自由贸易协定，以此为基础，通过"中日韩＋X"的形式，进一步拓展我国在东北亚地区的战略空间。

第四，拓宽中日第三方市场合作领域，建立合作长效机制。中日双方应该把握 RCEP 签订的契机，在尊重东道国意愿的基础上，探索更多第三方市场合作项目，拓宽双方的合作领域，例如医疗与养老、新能源、电子商务与跨境电商领域、人工智能等领域。中日两国在企业层面可通过合资的方式展开合作，中国提供生产能力，日本提供高新技术，如此可以利用三方优势，达到三方共赢。同时在政府层面应建立中日第三方市场合作的长效促进机制，形成定期交流、组建专门管理机构、完善第三方市场合作信息分享平台与重点国别项目信息库。在资金方面要建立第三方共同投资基金，通过股权与债权等多元化融资方式提供企业需要的融资支持。

第五，以亚太区域价值链对接新发展格局。新冠疫情发生前，全球供应链的区域化格局已逐步形成，中国、美国、德国分别成为亚洲、美洲、欧洲的供应链中心。在全球三大供应网络中，亚太供应链作为全球供应链的重要组成部分，是目前生产链条最多、参与国家最多、贸易额最大、分工结构最为复杂的区域价值链体系。后疫情时代，为了确保供应链的安全性，全球供应链的区域化进程会进一步加快，在国际贸易受疫情影响普遍低迷之际，中国与亚太贸易合作十分抢眼，区域合作进一步加强。根据 WTO 在 2020 年 10 月 6 日发布的《全球贸易数据与展望报告》，2020 年全球货物贸易下降 9.2％，其中亚洲地区出口、进口可能分别下降 4.6％和 4.2％，不到全球降幅的一半。这意味着，2020 年亚洲出口和进口在全球贸易中占比将分别提升 5.1 和 5.5 个百分点。因此，我国应该以我国强大的生产能力与超大规模市场为基础，以 RCEP 协定的签署为抓手，积极主导构建东亚太平洋区域价值链与供应链，以此对接我国"以国内大循环为主体、国内国际双循环相互促进"的新发展格局。

参考文献

［1］孙丽:《中日贸易结构的变化对中国产业结构转型升级的影响》,《东北亚论坛》2019 年第 6 期,第 95—111＋125 页。

［2］庞德良、刘胜君:《"一带一路"沿线国家对华对日贸易格局演变》,《东北亚论坛》2016 年第 6 期,第 36—45 页。

［3］Keld Laursen, "Do export and technological specialisation patterns co-evolve in terms of convergence of divergence? Evidence from 19 OECD countries, 1971 - 1991", *Journal of Evolutionary Economics*, Vol. 10, No. 4,2000, pp. 415—436.

［4］Reuven Glick, Andrew K. Rose, "Contagion and Trade: Why Are Currency Crises Regional?", *Journal of International Money & Finance*, Vol. 18, No. 4,1998, pp. 603—617.

［5］中华人民共和国商务部:《中国外商统计公报 2020》,北京:中华人民共和国商务部, 2022 年。

［6］帝国データバンク(TDB)「日本企業の中国進出、約 1 万 3600 社」,2020 年 2 月 27 日、https://www. Tdb. Co. jp/report/watching/press/pdf/p200208. pdf、2020 年 12 月 4 日。

［7］张玉来:《共同打造区域价值链体系——深化中日产业合作的背景与可行性》,《现代日本经济》2021 年第 1 期,第 21—26＋1 页。

［8］首相官邸「未来投資会議」,2020 年 3 月 5 日、http://www. kantei. go. jp/jp/98_abe/actions/202003/05miraitoushi. html、2020 年 3 月 6 日。

［9］新浪新闻中心:《苗圩出席第四轮中日企业家和前高官对华并致辞》,2018 年 10 月 15 日,https://news. sina. com. cn/o/2018-10-15/doc-ifxeuwws4347715. shtml。

［10］蓝庆新、彭一然:《日本"数字新政"战略动机与发展特征》,《人民论坛》2020 年第 25 期,第 128—131 页。

［11］廖萌:《"一带一路"框架下中日第三方市场合作研究》,《亚太经济》2020 年第 6 期,第 63—69 页。

［12］孙丽、张慧芳:《"一带一路"框架下中日第三方市场合作的可行性与模式选择》,《日本问题研究》2019 年第 2 期,第 13—22 页。

［13］Thompson Hine, "White House Releases Fact Sheet on President Trump's First Two Years in Office", 2019 - 01 - 25, https://www. trumpandtrade. com/2019/01/white-house-releases-fact-sheet-president-trumps-first-two-years-office/.

［14］韩景华、张思卿:《探索中日全球价值链分工中产业合作方向》,《国际经济合作》2020 年第 4 期,第 103—115 页。

［15］王厚双、张霄翔:《"一带一路"框架下中日加强在第三方市场合作的对策思考》,《日本问题研究》2019 年第 2 期,第 23—33 页。

第七章　欧盟碳边境调节机制与世贸规则之冲突及日本之因应

李桦佩

第一节　全球气候变化引发环境措施与贸易规则之冲突

环境保护与贸易自由化同为世界贸易组织所关注的政策目标,在所有的环境政策中尤以全球气候变化议题被公认为是国际社会具有共同利益的议题,而各国也正为因应全球气候变化,相继根据各自的产业特点及经济条件制订环境保护措施,此举极有可能造成在采取环境保护措施时,对自由贸易产生扭曲甚至限制,造成新环境壁垒进而引发国际贸易纠纷。

1992 年国际社会即在联合国主导下对气候变化问题达成《联合国气候变化框架公约》(United Nations Framwork Convention on Climate Change, UNFCCC),为全球气候变化问题制定了国际合作框架,1997 年 12 月在日本京都举行的第三次缔约方大会,全球共计 149 个国家和地区的代表通过了旨在限制发达国家温室气体排放量以抑制全球变暖的《京都议定书》,虽毁誉各半但制定了国际排放贸易机制、联合履行机制和清洁发展机制,并于 2005 年生效。2015 年 12 月在第 21 次联合国气候变化框架公约缔约国会议上(COP21)决定,自 2020 年以后,消除温室气体排放议题由《巴黎协定》(*Paris Agreement*)规制。联合国气候委员会考虑到发展中国家与发达国家的技术发展水平与阶段,制定了"共同但有差别的责任原则"(Common but Differentiated Responsibilities, CBDR),确定发达国家必须承担较发展中国家更重的责任,虽然巴黎协定要求,主要排放国必须每五年提交其实施状况报告，并承担接受评审的义务，但实际的情况是，主要排放大国美国拒不参加。而且，由于大幅减少温室气体排放势必会带来巨大的经济负担，部分国家主张对未致力于实施相应减排措施的其他国家的进口产品采取国境调整措施。

另一方面，世界贸易组织所规制的国际贸易规则，并未由于环境保护重要性的提升进而修订其相关规制，而仅是在既存的世界贸易组织框架内利用既有之规则进行解释调整。1947 年成立的 GATT，目的在于二战后世界经济的重整，显然尚未有就环境与贸易保护政策进行权衡思考的紧迫性。而仅在其第ⅩⅩ条(b)款规定"保护人类、动物之生命或健康，或保存植物之必要"，以及第(g)款限制此等措施"需与保存可耗尽之自然资源相关，如果此等措施同样地也限制国内之生产或消费"。此后，于 1994 年根据"建立世界贸易组织的马拉喀什协定"所成立的世界贸易组织，在其序言中虽然申明，对于"环境保护"和"可持续发展"考虑之并重，且同时设立"关于贸易与环境的决定"(Decision on Trade and Environment)，然而截至目前就涉及环境保护纠纷的争端解决案例中，并无一例真正意义上成功援引第ⅩⅩ条。

而在上述背景下，欧盟首当其冲于 2021 年 7 月 14 日发布了碳边境调节措施提案(Carbon Border Adjustment Mechanism, CBAM)。由于此应对气候变化的环境措施极有可能对贸易造成影响，引发世界贸易组织成员一片哗然与高度关注，各成员国为达碳减排承诺义务而各自出台规制。由此气候变化对策因不断推陈出新而成为国际经贸法上的热点问题，本章首先简介欧盟碳边境调节措施，其次尝试梳理其与世界贸易组织协定适用之冲突，最后试析与欧盟同为发达国家并与其签订有日欧经济协定日本对于该机制之态度。

第二节　欧盟碳边境调节措施之内容

欧盟自 2005 年以来即运营全球最大的碳排放规模的碳排放交易体系(EU Emissions Trading System, EU - ETS)，由于其流动性佳、影响力强，并积累了大量数据与经验，为世界各国提供了一个有效的碳排放交易运行范式。EU - ETS 于 2013 年开始为鼓励企业积极参与，特将排放权免费提供给企业，不料却造成碳泄漏的问题，欧盟旋即推出碳边境调节措施提案(CBAM)积极因应，逐步减少对企业免费提供排放权的比例。因此有必要首先简略认识欧盟碳边境调节措施的出台背景及主要规制。

一、CBAM 之出台背景

欧盟于 2019 年 12 月提出《欧洲绿色新政》(European Green Deal)，共同承诺 2030 年温室气体排放要比 1990 年减少 50％—55％，并于 2050 年实现碳中和，展现了其在加速达成全球气候变化对策下，就碳减排的新一轮雄心及目标，2020 年 3 月公示了影响评价的内容，7 月到 10 月公开实施建议，2021 年 1 月旋即发布了实施报告，并于 2021 年 7 月 14 日发布了 CBAM，此措施的出台与欧盟在碳减排中所面临的碳泄漏问题密切相关，更与欧盟为应对 COVID-19 疫情对经济带来的冲击，为振兴欧盟经济计划由市场募集高达 7 500 亿欧元的"复兴基金"息息相关。

首先，欧盟冀望借由 CBAM 解决碳减排工作中的碳泄漏问题，以维护自身的减排成果。所谓的碳泄漏，是指在仅有部分成员参与的国际联盟内，承担减排义务的国家采取减排行动，导致不采取减排义务的国家增加排放的现象。欧盟出台了一系列环境措施以加快减排进程。但是，由于欧盟采取了严格的气候政策，并对欧盟产品的含碳量设置了较高标准，使得欧盟高碳行业需要购买更多的碳排放配额以抵消其超额碳排放，最终导致欧盟高碳行业的生产成本明显高于气候政策较为宽松的国家的同行业生产成本。为规避欧盟严格的气候政策、降低生产成本，部分高碳行业开始向减排政策更为宽松的国家转移，这导致其他国家的碳排放量有所上升，碳泄漏问题由此而生，欧盟减排的努力可能会付诸流水。欧盟因此提出了 CBAM，并规定除拥有豁免权的国家外，其余国家的产品都将受欧盟 CBAM 之规制。

其次，由于全球传统经济发展陷入瓶颈，欧盟冀望通过 CBAM 应对经济转型实现绿色经济发展。传统经济主要依赖消耗自然资源进行生产活动，在生产活动结束后还会直接向自然排放污染物。随着人口增长与生产规模的扩大，资源缺口日益严重、资源有限性的矛盾也越发突出，而由于未实现循环生产，地球环境自身的净化能力也无法负担污染排放量。为此，欧盟等开始积极探索经济发展模式之转型，冀望逐步实现绿色可持续经济发展，通过 CBAM 欧盟将从 2026 年开始逐步减少 10％的免费碳配额，并于 2035 年完全取消碳配额额度。

CBAM 的规制无疑将促使进入欧盟市场的他国运营商必须根据要求加速减排工作,免费碳配额的取消将提升部分欧盟企业的生产成本,倒逼欧盟企业进行生产方式的改革,从而促使其选择更为绿色的生产方式,进一步助力欧盟绿色经济的发展。

二、CBAM 之主要规制内容[①]

CBAM 共由 6 章 36 条 5 个附件构成,其中有 4 个关键目标:限制碳泄漏;防止国内产业竞争力下降;鼓励外国贸易伙伴和外国生产者采取与欧盟相当/等同的措施;其收益可用于资助清洁技术创新和基础设施现代化,或用作国际气候融资。而其主要规制内容则可概括为以下三个方面的内容:设立申报与惩戒制度、抵扣制度及豁免与回购政策。

(一)申报与惩戒制度

CBAM 首先就申报人资格作了特别规定。申报制度规定,只有获得 CBAM 机构授权,才能将货物进口到欧盟。而且,CBAM 还设有管理系统,以确保每一位申报人都有其独立账户,并以保证金的提交确保未遵守规范之申报人履行违约支付义务。CBAM 更设计了严格的惩戒机制,规定任何未经注册的进口商进口 CBAM 框架下货物的,或者已经注册的进口商未购买或未按期足额购买 CBAM 证书而进口 CBAM 框架下货物的,都将被 CBAM 管理机构处以罚款。此制度为确保欧盟得以严格按照 CBAM 的规定对进口高碳产品征收费用,落实欧盟的碳减排行动。

(二)抵扣机制

CBAM 的抵扣机制主要有两类:一是税基调整,二是税额抵扣。税基调整是根据欧盟本土产品获得的免费碳排放量,将相同的免费碳排放量给予进口产品,以提升进口产品需缴纳的碳关税的起征点。此举不仅避免欧盟本土产品获得免

---

① 参见:EUR-Lex, "Proposal for a Regulation of the European Parliament and of the Council establishing a carbon border adjustment mechanism", 2021 – 07 – 14, https://eur-lex. europa. eu/legal-content/en/TXT/?uri＝CELEX:52021PC0564.

费碳排放量,而且能避免额外增加进口产品的碳关税,从而防止欧盟企业获得双重保护。税额抵扣则是考虑到货物在出口时可能已经在原产国缴纳了碳税或者以其他形式支付了碳价格。为避免双重征税,申报人可以在申报文件中要求减少其购买的 CBAM 证书数量,以抵扣其在产品原产国缴纳的费用。

(三)豁免与回购政策

CBAM 就其适用范围设有特别规范。已纳入 ETS 或已与欧盟建立了碳市场联系的国家享有豁免权。CBAM 对于回购主体也有所限制,其所提供的证书只能由其管理机构进行回购,申报人无权将超额购买的证书转卖给其他申报人或第三方。若 CBAM 申报人购买了超额的 CBAM 证书,CBAM 管理机构仅需回购部分证书,剩余超额证书将在该年度结束时丧失使用效力。此规定有利于欧盟对 CBAM 证书进行管理,减少因证书自由流通而引发的问题。但该项规定也可能导致申报人超额购买 CBAM 证书,不利于申报人降低成本,进而降低申报人产品在欧盟市场的竞争。

表 7 - 1 　　　　　　　　　CBAM 概览①

目的	防止他国因气候变化政策强度的差异而产生碳泄漏 强化世界各国对气候变化政策
引入时间	2023—2025 年作为试营运期,仅对申告排放量征收碳关税,2026 年正式运营
规制对象	非欧盟国(除瑞士、挪威、冰岛、列支敦士登)
规制品项	被列为钢铁、水泥、化肥、铝、电的进口产品
征收方式	产品生产过程中直接碳排放,适用 EU - ETS 价格
支付方式	受 CBAM 约束的进口商购买 CBAM 证书,于每年五月前申报进口货物所含的排放量,并摊销相应的证书
豁免条件	参加 EU - ETS(挪威、冰岛、列支敦士登)或以相同机制与 EU - ETS 相连接的国家(瑞士) 进口商如可证明已支付原产地国就生产过程的碳价格,即可免除

---

① 三井物産戦略研究所　国際情報部　欧露・中東・アフリカ室ダーベル暁子「EU の炭素国境調整メカニズム—域外からの反発は強いが気候変動対策強化につながる動きも—」、2021 年 12 月、3 頁、https://www.mitsui.com/mgssi/ja/report/detail/__icsFiles/afieldfile/2021/12/14/2112e_darvell.pdf。

续表

评价	将基于 2023—2025 年试营运期收集的资料调整正式运营内容 将修订对间接排放的规制方式以及扩大规制品项 将以 EU－ETS 分类扩大规制品项,优先规制高碳泄漏领域品项

三、CBAM 与 WTO 相关规则之问题

欧盟 CBAM 除防止碳泄漏与重振经济外,由于主导全球碳减排新规则,无疑会对国际贸易产生影响。CBAM 与 WTO 协定之间的关系,不单是允许单方面对进口产品施加比原定关税更重的税收负担的规则,也不只是允许出口退税法律文义解释措辞上的技术性问题。CBAM 之监管目标在于,对本国和进口产品的碳排放都得到适当的控制。将本国和进口产品的碳排放量转化为征税,无疑会被认为属于新型的贸易措施。显然 WTO 协定当初并未设定 CBAM,其在多大范围内仍属于 GATT 所设计的边境税调整的范畴,目前仍有争议。也无依据可断定 WTO 协定不允许 CBAM,实际上 GATT 的基本规则也对 CBAM 施加了各种限制。在思考 CBAM 与 WTO 协定的协调性时有以下几个方面的问题必须理清;一是 CBAM 与 WTO 基本规则之关系,包括关税减让、国民待遇、最惠国待遇、出口补贴。二是 CBAM 与 GATT 第ⅩⅩ条之关系。三是 PPM 措施(工艺和生产方法)即生产过程而非产品物理特征。四是平衡国内产品和进口产品之间的税征,即对进口产品征税之计算方法是否适当的问题。

(一)CBAM 与 WTO 基本规则之关系:关税减让、国民待遇、最惠国待遇,出口补贴

如果 CBAM 是基于国内措施的税收措施,而该措施是以减少碳排放为目的的税收(简称碳边境税),那么它就属于边境税调整,是一种针对跨境的征税措施,用以调和跨境贸易货物内部税收差异的措施。例如,对购买国内产品所征收的消费税,也可对从国外进口的产品征收(进口边境税调整),或退还出口国的国内产品的消费税(出口边境税调整)。WTO 协定就边境税调整规则,分别适用 GATT 第 2.2(a)条和第 3.2 条规制进口规则,GATT 第 6.4 条、第 16

条的评注和补贴协定中规制出口规则。以下将从两个截然不同的面向探究是否将 CBAM 视为碳边境税。

1. 假设视 CBAM 为碳边境税

碳边境税是否得被视为"边境调整税"机制，尚无先例可循，学术界的意见也正反两极。"边境调整税"是指，在对某产品征收国内税的情况下，对进口产品征收，不会被认为是违反关税优惠或补贴。GATT 第 2.2 款(a)项和第 3.2 款允许对进口产品征收。例如，要求进口的外国商品承担相当于国内消费税的费用，并不违反关税减让。

GATT 第 2.2(a)条规定，如将国内税视为边境调整税，则要求必须是"对同类产品或对所有此类进口产品"征收。在该国境内的同类货物，全部或部分由此类进口货物制造或生产的货物。通常被允许的国内税是以产品本身或对产品的材料和零部件作为对象课征的。现假设对"产品"(例如，钢铁产品)征收碳税，那么自然得以满足 GATT 第 2.2(a)条的条件，并且原则上可以作为边境调整税。然而，如果认为碳边境税是针对"二氧化碳"(或任何其他温室气体)征收，那么为了符合边境调整税的条件，就有必要确定两个问题：首先，国内税的主体是否必须实际存在于产品中；其次，产品是否需要纳税。关于它是否必须实际存在于产品中，或它是否必须是对生产产品的投入，即用于生产产品的投入(如能源)，是否对能源等主动投入和二氧化碳等副产品进行区别对待，即对于能源等主动投入和二氧化碳等副产品的处理方式是否不同，GATT 工作小组也未有定论。

(1) 国民待遇(GATT 第 3.2 条)："同类产品"。GATT 第 3.2 条指出，进口产品应受到"对国内同类产品征收的任何种类的国内税……"这意味着，对进口产品的税收不得超过"国内同类产品"的税收。但何谓所谓"同类产品"？例如，以高排放温室气体生产的铁和以低排放温室气体生产的铁是否得被视为"同类产品"

① "同类产品"的标准。国内和国外产品是否属于 GATT 第 3.2 条款所规定的"同类产品"，其实一直以来都是按个案处理。具体在确定产品是否属于"同类"时，有四点考量；物理特征；产品用于类似目的的程度；消费者在多大程度上认为和对待产品为一种替代品；国际关税分类。

如果根据物理特征产品用于类似目的的程度以及国际关税分类来判断，

因为生产过程中产生的温室气体排放数量的多寡,并不会影响制作后产品的特性,因此这并不会影响确定一个产品是否属于"同类产品"。但如果根据生产过程中的温室气体排放量是否会左右"同类"产品的判断,在缺乏统一认证的国际标准下,消费者也无从判断。

② 根据对"同类产品"的判断影响对碳边境税的评价。假设"生产过程中的温室气体排放量并不能决定最终产品是否为'同类产品'",那么就需要考虑,根据制造过程中的温室气体量排放量来征收的碳边境税是否符合 GATT 第 3.2 条。

假设对每吨温室气体排放征收 1 000 日元的税,在生产相同数量的铁的情况下,国产铁排放 1 吨温室气体,而进口铁排放 2 吨,由于国产铁和进口铁两者都被认为是"同类产品",那么进口铁(2 000 日元)的税负则比国产铁(1 000日元)更重。而按 GATT 第 3.2 条款,如"超过"对"同类"国内产品征收的国内税或征费,则显然违反了该条款。作如是解释的依据是,该税种是针对同一类型产品,仅仅是建立在税收负担的绝对规模上,因此,无论国产和进口产品之间的温室气体排放有多大差异,如果税收负担本身是相同的,就不违反 GATT 第 3.2 条。

(2) 最惠国待遇(GATT 第 1.1 条)。如按上述,不赞同碳边境税的成员国,而其出口又被征收碳边境税,就极有可能主张本国之出口产品受到歧视(即违反最惠国待遇的义务)。为公平起见,应要求所有出口国减少产品生产时之温室气体排放,并统一计算排放量。表面上,这似乎得以满足最惠国待遇。然而,先例表明,GATT 第 1.1 条并不保证出口国之间的平等待遇,而是公平对待所有国家的产品。它要求所有国家的产品在实质上得到平等对待(如加拿大汽车措施案)。例如,即便是基于相同计算方法的税率,在一个技术水平高且容易获得资金的国家,也采取了相同的计算方法,来自容易减少温室气体排放的国家和不具备这种条件的国家的产品,以及在那些可以很容易地将本国产品销售给他国的国家之产品之间,是否存在真正的平等? 为了使在尚未制定国际标准协定的情况下实施豁免不违反最惠国待遇(抑或即使构成违反也在合理范围),必须提出具适当性与公平性得以统一应用标准的解释。

(3) 出口补贴。作为以出口为条件的税收减免是一种被禁止的补贴。然而,补贴协定允许对出口产品征收不超过同类国内产品征收的间接税。因此,如果某国内措施属于间接税,只要退税金额不超过国内货物的间接税,对出口货物的退税就不会与补贴协定相抵触。然而,就碳边境税是对作为生产过程的副产品而非原材料的碳排放征收碳税,是否可以被视为"间接税"乃至商品税仍未有定论。此外,也有观点认为,就碳税实施出口退税很难将其解释为有助于实现减排目标,因为出口的产品也会排放温室气体,而它仅免除出口产品的税负却未对国产品免征。

2. 假设不视 CBAM 为碳边境税

(1) 国民待遇和进口限制(GATT 第 11.1 条)。对于排放权的要求,由于不是基于国内税要求进口负担税款,因此不受 GATT 第 2 条或第 3.2 条的约束,而是适用第 11 条"关税和其他税费以外的禁止和限制",以及第 3.4 条涉及对进口产品就国内法规的适用。如果将提交排放权的义务视为是一种有别于征收关税或附加费的边境调整措施,那么即抵触 GATT 第 11.1 条("除关税或其他税费外,缔约方不得制定任何新的禁止或限制……"),则需要借由 GATT 第ⅩⅩ条等来将其加以正当化。

然而,提交排放权的义务不是只适用于外国产品的边境调整措施,而是国内法规的一部分,那么问题就出现了。由于 GATT 第 3.4 条规制不得让进口产品陷于比国内产品"较差的待遇"。诚如上文所述,GATT 第 3.2 条并未规定,如果课征相同的数额即不违反(无论排放量多少)。差别在于,GATT 第 3.4 对于是否基于排除权来负担具更宽的解释空间。应注意到,在进口时被要求的"提交排放权"并没有对数量设上限,而只是要求以购买排放权的形式作出财政贡献。因此,它不是 GATT 第 11 条或第 3.4 条规定的"关税或其他税费",而必须被视为是适用 GATT 第 2 条和第 3.2 条的措施。那么,关于碳边境税的探讨也将适用于强制提出排除权之制度。

(2) 最惠国待遇。一般来说与视 CBAM 为碳边境税之情况下相同。

(3) 出口补贴。假设国内措施属于排放权交易系统,那么对国产品征收的赋税是否属于税收就会存疑。如果不等同于税收,作为间接税的出口退税,那自然就不属于出口补贴的例外。作为被禁止的出口补贴,则不符合补贴协定。如果国内产品的负担不属于税收,那么该负担的退还(减免)并不构成税收的减免,放弃或不征收政府收入,是否构成补贴本身极可能成为问题。如果该措施不是放弃政府收入,也就不构成补贴,出口退税自然也不构成补贴,也就不构成违反补贴协议。

(二) CBAM 与 GATT 第 XX 条的关系:正当化事由

如上所述,CBAM(除出口退税外)违反最惠国待遇之义务。但并不能仅由此得出其与 WTO 不兼容的结论。GATT 第 XX 条一般例外条款,允许对 GATT 其他条款相冲突的措施得有例外,那么是否可援引例外条款将 CBAM 正当化? 首先必须确认有关措施是否可适用第 XX 条(a)至(j)项中的任何例外。为保护环境而采取的措施往往被认为属于第 XX 条(g)项的范围。首先必须考虑 CBAM 是否符合第 XX(g)款,然后再考虑它们与第 XX(g)款的关系。

1. GATT 第 XX 条(g)款

(1) "维持较低温室气体浓度的大气"是否得适用于"有限的自然资源"。为了确定 CBAM 是否得适用第 XX 条(g)款,首先必须厘清其是否保护"有限的自然资源"的措施。如果将 CBAM 视为是保护"较低温室气体浓度的大气"的措施,那么"温室气体浓度低的大气"是否属于一种"有限的自然资源"。显然,它是"有限的"和"自然的"资源,除非对"资源"的解释过于狭隘。美国汽油标准案中已论证,"有限的自然资源"并不仅限于贵金属等矿产资源。"清洁空气"也被认为是一种有限的自然资源。

(2) 对国家控制外的有限自然资源保护的妥适性。保护受国家控制的"领土之外"的有限自然资源,是否也得援引 GATT 第 XX 条(如美国海虾案,已确认对美国领海内对捕虾方法的监管)?

为了保护一种有限的自然资源,如果另一个国家的温室气体排放与保护本国的空气质量之间存在联系,那么碳边境调整措施也可以作为保护本国有限自然资源的措施。温室气体的排放最终会影响大气中温室气体的整体浓度,无论它们发生在地球的哪个角落。因此,排放源在该国之外的事实不太可能因为来源是在国家控制的领土之外而拒绝适用第 XX(g)条。

(3) 与保护有限的"自然资源有关"的措施。GATT 第 XX 条(g)款的措辞只要求该条款所寻求的措施与保护有限的自然资源"有关"。然而,先例显示,这些措施可能会对自然资源的保护产生"次要"或"非预期"的影响。一项措施对保护自然资源仅有"次要"或"非预期"的影响是不够的,不要求该措施是"必要的",但要求该措施的主要目标是保护自然资源,即手段和目的之间需有实质性的联系。

CBAM 不应脱离国家体系进行评估。如果 CBAM 被评估为国内碳税的一个组成部分,而不是孤立于国内体系之外,那么总体效果将是减少温室气体排放,即整个措施的主要目标是通过减少温室气体的排放来维护"低温室气体浓度的大气"。因此,可以认为满足了 GATT 第ⅩⅩ(g)款的条件。应该指出的是,CBAM 的目的是保持工业竞争力和确保发达国家的就业,而非"保护有限的自然资源"。通过防止基于国家间温室气体排放监管强度差异的竞争不平等来防止碳泄漏,即高排放的行业转移到国外监管较少的国家,而全球排放量并没有因此而减少或增加。鉴于碳边境调整措施有望防止碳泄漏(即本国公司的碳泄漏),不能仅仅因为它们有助于保持国内公司的竞争力而被判定为保护有限自然资源的措施。

(4) CBAM 是否属于"保护有限自然资源"的措施取决于该措施的目标是否是"保护有限自然资源"。碳边境调整措施的客观结构应从其是否旨在被解释为针对碳泄漏的措施的角度来审查。碳边境税是与国内消费的减少"挂钩"的措施吗? 为了根据 GATT 第ⅩⅩ(g)款证明为保护有限的自然资源而采取的措施是合理的,有必要确定这些措施与减少国内消费"有关"。在"与限制国内生产或消费有关"的情况下实施,这项规定并不要求进口产品和国内产品得到完全相同的待遇,先例表明,在对进口产品施加限制时应该有"公平的待遇"(如美国汽油标准箱案)。结果是 CBAM 完全独立于国内措施外,进口产品和国内产品都有负担,如果进口产品的绝对负担或税率等于或低于国内产品,通常可以认为已实现了"公平待遇"。

2. GATT 第ⅩⅩ条但书

除了上文所述,必须符合 GATT 第ⅩⅩ条(a)至(j)款的条件外,还必须满足第ⅩⅩ条但书的要求。先例规定,它不得"以构成任意或不合理的歧视性待遇或变相限制国际贸易"。有观点认为,成员国使用 GATT 第ⅩⅩ条并不构成权利的滥用。在确定一项措施是否得援引 GATT 第ⅩⅩ条时,必须同时权衡出口国和进口国权益。首先,监管标准是否足够灵活,以反映出口国的特殊情况。其次,在实施这些条例之前,是否与出口国进行了适当的谈判。再有,在实施条例的过程中是否确保了公平的程序。在确定征收 CBAM,特别是在具体税负负担时,应制定公平-透明之程序,以确保进口国能够公平公正地声称他们遵循了明确的标准。

然而,如果将 CBAM 作为国内措施的一个组成部分,就有可能设计一个符合这些要求的系统。另一方面,为了确保 CBAM 与 GATT 第ⅩⅩ条但书的一致性,特别是不被视为"在类似条件下的国家间任意或不合理的歧视性待遇措施",宜在制度设计上对于出口国的实际情况适度提供弹性的解释空间。

(三)PPM 措施

PPM 措施在于透过监管生产过程而不是进口产品的物理特征来实施贸易限制,其主要功能在于规制污染物排放。首先,借由严格解释相关条款,以确保与 GATT 第 2、3、11 条等条款的一致性。其次,通过逐一权衡成员国的权利和义务,确定是否可根据 GATT 第ⅩⅩ条给予每项措施例外待遇。借此规定一定程度上允许旨在保护环境的贸易措施,只有生产过程需要遵守与本国相同的劳工和人权标准的产品才被允许进口,此举也防止了 PPM 措施的无节制扩张。

而根据一个联盟的气候变化措施而引入的 CBAM 有可能不被承认为边境税调整,以及关键问题是它是否属于 GATT 第ⅩⅩ条的例外。在没有就每个国家应承担何种温室气体减排义务达成国际协定的情况下,为了适用第ⅩⅩ条的例外条款,在"共同但有区别的责任"下,必须采取措施减少对其他国家的负担,尤其是发展中的新兴国家。当然,另一方面,也是为了有效预防碳泄漏,在设计这个系统时,有必要考虑到每个国家,特别是发展中国家,将采取何种减排措施。

(四)平衡国内产品和进口产品之间的税征负担

由于目前还没有关于碳排放和碳价格计算的国际协定,除了必须考虑符合 GATT 第ⅩⅩ条但书的要求,以及因此而产生的一国采取的计算方法在内容和方法上是否妥适。

另一方面,该措施实施得越多,作为一项行政措施的可行性和效率就越低,采取该措施的国家的负担就越重,受该措施影响的国家的合规成本就越高。在考虑平衡国家产品之间的负担时,有以下因素需要纳入考虑。

1. 碳排放的边界

国家措施和CBAM可能有必要建立一个公平的竞争环境。原材料、中间产品和最终产品之间的区别或者是否应该考虑到运输阶段,是需要进一步考虑的问题。范围越大,计算方法就越复杂。也有观点认为,如将运输阶段纳入计算,自然不利于运输过程较长的进口产品。

2. 其他国内措施的使用

特别是针对国内生产产品减负的措施(如排放交易系统的免费配额),将为国内产品提供双重保护,使其更难确保平衡。

3. 另一国家基于环境保护目的而采取的措施

它是否有助于实现防止碳泄漏的目标?是否公平?国家产品的税收负担必须有一个平衡,同时WTO的协定也必须具有可执行性。可以考虑明确的碳价格措施,也可以考虑更广泛的其他环境保护措施(并对进口施加税收负担)。后者将更加公平,但管理成本更高。

综上,如将CBAM界定为关税,那么欧盟原有的关税税率与碳关税税率之和,可能会导致欧盟最终征税额度高于其在WTO承诺的关税上限,即违反其在WTO的约束关税。受影响的出口国可能向欧盟的出口产品采取报复性措施或者向其索要赔偿。这将对欧盟与其他经济体之间正常的经贸往来产生负面影响,不利于国际贸易的发展。如将CBAM界定为国内税,则可能导致CBAM违反WTO国民待遇原则的相关规定。国民待遇原则要求WTO成员国产品进入另一成员国领土后,应当享受与该国的商品或服务相同的待遇。但是,根据CBAM的相关规定,进口商需根据产品含碳量购买CBAM证书。这意味着产品含碳量越高,进口商的成本就越高。由于部分国家尤其是发展中国家以及最不发达国家的生产力水平较低,产业水平落后,其产品含碳量较欧盟地区国家产品更高,此类国家将需购买更多的CBAM证书、缴纳更多的碳税。此举即可能导致这些国家和欧盟国家企业承担的碳税不同,从而导致欧盟CBAM违反国民待遇原则,不利于全球多边贸易的发展。

第三节　日本对 CBAM 之态度

如上所述，CBAM 会引发 WTO 规则适用的问题，况且目前 CBAM 不仅尚未对发展中国家设置豁免，即便与欧盟同为发达国家的日本，也对该机制褒贬不一。欧盟和日本经贸关系紧密，于 2019 年签订了《日欧经济伙伴关系协定》，全面实施后将取消欧盟出口至日本 97%，以及自日本进口的 99% 商品的关税，欧盟对日本的进口份额较高，2019 年欧盟对日本的贸易逆差为 20 亿欧元。日本向欧盟主要出口工业品，特别是机械和车辆、其他制成品和化学品。其中，钢铁占日本出口到欧洲的大宗，因此 CBAM 势必引发日本钢铁产业的反弹。

一、日本的碳对策及对 CBAM 的态度

日本环境部曾试图制订全国性的碳排放交易计划，最终却以失败告终。国家层面的碳定价问题一直受到能源密集型行业的抵制，欧盟 CBAM 的出台引发日本讨论导入更为严格的国内气候应对措施。2021 年初，日本内阁决定启动新的碳排放定价机制，最终确定由经济产业省而非环境部负责，由此可见，日本更倾向将 CBAM 更视为经济措施而非环境措施。

就温室气体排放问题，日本计划于 2030 年实现国家承诺的 NDC 贡献目标。前首相曾承诺日本将在 2050 年前实现碳中和。日本现有三个碳定价倡议。在国家层面自 2012 年开始征收全球变暖对策税。然而其碳价格为全球最低之一（约 2.6 美元/吨）。此外，东京和埼玉设有地方层面的 ETS，其中东京的 ETS 系统不仅有效地减少了二氧化碳排放，且未对经济造成负面影响。再有，日本为了促进可再生能源和提高能源效率，就碳定价、能源效率、上网电价，相关税收收入等制定各种法规。同时已有日本企业采纳气候相关财务披露工作组（TCFD）的指导方针，用于指导企业内部的碳会计。

整体而言，日本认为 CBAM 本身不应是目的，而应成为包括新兴经济体在内世界各国采取有效应对气候变化措施的诱因。CBAM 不仅是为了防止在推动国内气候变化对策时，因与其他国家的对策存在强弱差异而导致竞争不公，或对进口产品碳排放量要求其承担相应负担，乃至对出口产品退还相应负

担的制度。日本企业认为其产品已通过各种温室气体排放碳对策实现高效能,各国的碳计算方法在各自的各种政策中都有所体现,要在一个新系统重新计算排放量显然是额外负担,而隐含的碳价格意味着将被征收过高的税款。甚至已有专家认为 CBAM 属于贸易保护主义措施而非气候问题,反对将CBAM 纳入国际标准。

二、日本钢铁业对 CBAM 的看法

通商产业省与钢铁业作为日本最有发言权和影响力的行业之一,表示其正在呼吁抵制 CBAM。日本经济团体联合会为日本企业联合会,主要由电力和钢铁公司组成,一直强烈反对日本的国家碳定价措施。日本钢铁界认为,由于实施 CBAM 的间接成本可能很高,对已遵守国内报告制度的日本钢铁业而言无疑是一项沉重的负担。而且设计不良的 CBAM 可能会阻碍高等级钢对进口国减排的贡献,因为这种产品主要用于节能技术的制造,但高等级钢的制作过程是碳密集型。也有观点认为,CBAM 的制度设计无法对日本的钢铁产品施加公平的成本,因为日本钢铁业在计算碳排放量时考虑了余热回收等因素,然而欧盟 CBAM 并不认可。日本钢铁行业主张,CBAM 必须制定一个中立的第三方审计机构,透过透明、可信以及公平的征税过程,确保其核查程序。

纵然大多数日本钢铁业对 CBAM 持反对意见,但作为少数使用电炉来降低碳排放量的东京钢铁,由于是日本主要的钢铁制造商和出口商之一,则成为未来可以左右日本钢铁业是否支持 CBAM 的少数关键。持支持意见的一方认为,长远来看,日本如果继续朝着碳中和的方向发展,CBAM 可能会对其产生积极影响,最终或能互蒙其利,促使日本淘汰传统的碳机制,加速其产业整体去碳化,增加实行国家统一碳价格的可能性。此外,日本如果想进一步证明其碳排放机制与欧盟系统的等效性,必须设计更为透明的碳排放或碳足迹生命周期评估办法。

结　　论

综上所述,气候变化已发展为可左右全球经济的议题,而国家间的利益冲突极易泛政治化,再次冲击 WTO 体制。对世界各国而言,欧盟 CBAM 提案将

气候变化领域内的碳排放问题扩展至贸易领域，可能会违反 WTO 约束税率及国民待遇原则，不利于多边贸易的开展。如逐一按个案分别判断是否符合 GATT 第ⅩⅩ条的例外条款乃至 WTO 相关法规，虽然可以从先例中得到一定的启发，但是由于 CBAM 在制度设计阶段就缺乏可预见性，未来势必将导致纠纷频发。目前，绝大部分国家及国际组织都将欧盟 CBAM 定义为税收政策，但是其究竟是属于关税还是国内税尚无定论。鉴于 CBAM 当前尚在试营运期，现阶段最为关键的问题是，必须尽快就碳排放定价的问题达成协议，尽早召集主导气候变化的主要国家构建公平且有效的国际框架，在多边谈判中考虑以气候变化为由的贸易措施的问题，修改 GATT 文本，建立明确的解释标准，与 GATT 条款相冲突时，就例外规定的义务达成协定。然而，当前国际社会就气候变化的谈判仍然举步维艰，在未达成国际协议的情况下，如何应对的问题依然存在。

参考文献

［1］根据《关于建立碳边境调节机制的条例提案》（Proposal for a Regulation of the European Parliament and Council establishing a carbon border adjustment mechanism）2021/0214（COD）附录一，机电产品不在碳边境调节机制目录中。参见：https://ec. europa. eu/info/sites/.

［2］一般財団法人　日本エネルギー経済研究所「国境炭素調整措置の最新動向の整理—欧州における動向を中心に—」、第 1 回　世界全体でのカーボンニュートラル実現のための経済的手法等のあり方に関する研究会、2021 年 2 月 17 日、https://www. meti. go. jp/shingikai/energy＿environment/carbon＿neutral＿jitsugen/pdf/001＿02＿00. pdf.

［3］経済産業省「補論 1　貿易と環境—気候変動対策に係る国境措置の概要と WTO ルール整合性—」、『不公正貿易報告書（2016 年）』、2016 年 6 月、https://www. meti. go. jp/committee/summary/0004532/pdf/2016_02_19. pdf.

［4］三井物産戦略研究所　国際情報部　欧露・中東・アフリカ室　ダーベル暁子「EU の炭素国境調整メカニズム—域外からの反発は強いが気候変動対策強化につながる動きも—」、2021 年 12 月、https://www. mitsui. com/mgssi/ja/report/detail/_icsFiles/afieldfile/2021/12/14/2112e_darvell. pdf.

［5］Konrad Adenauer Stiftung, "Perception of the Planned EU Carbon Border Adjustment Mechanism in Asia Pacific — An Expert Survey", 2021‐03‐10, https://www. kas. de/en/web/recap/single-title/-/content/perception-of-the-planned-eu-carbon-border-adjustment-mechanism-in-asia-pacific-an-expert-survey.

第八章　新冠疫情时代日本女性就业困境及原因浅析

李　丹　刘　莹　山田祐彰　聂海松

2020 年初新冠疫情的暴发,不仅带来了全球公共健康危机,也威胁着各国经济增长和社会发展,堪称冷战结束以来最严重的全球公共卫生突发事件。世界国际劳工组织 2021 年 6 月 2 日发布的《世界就业与社会展望:2021 年趋势》报告预测:由新冠疫情所引发的劳动力市场危机还远未结束,复苏期间的就业增长至少要到 2023 年后才能抵消。与此同时,由疫情所造成的岗位损失、体面工作流失、贫困增加,以及不同地域和不同年龄人口所面临的就业不平等都将加剧,且世界范围内疫情复苏期间女性再就业人数将少于男性,性别差距①被再次扩大。日本长期以来作为性别差距指数极高的国家,疫情对女性就业的影响更为引人瞩目。据日本厚生劳动省劳动力调查数据显示:2020 年日本平均完全失业率比前一年上升 0.4 个百分点至 2.8%,这是 11 年来日本失业率首次上升,表明受新冠疫情影响日本就业环境恶化。与正式员工人数有所增加相对,非正式员工共计减少 76 万人,其中,疫情对非正式女工的打击尤为惨重,减幅为 50 万人,失业率为男性的 2 倍。而目前全日本范围内紧急事态宣言仍未解除,经济萎缩造成餐饮服务业的相继停业尚未结束,非正式员工女性休业后重返工作岗位也显得尤为困难。

自日本人口进入负增长阶段以来,少子老龄化的加剧导致劳动力极度匮

---

① 此处性别差距指世界经济论坛(World Economic Forum, WEF)发布的 *Global Gender Gap Report 2021* 中衡量各国男女差距的指数(Gender Gap Index, GGI)。该指数由"经济""政治""教育"和"健康"四个领域的数据组成,0 表示完全不平等,1 表示完全平等。

乏,女性作为大量有待开发的潜在劳动力成为热议的政策课题。日本政府近年来在致力于缩小男女雇用差异的同时,也积极采取相应政策支持女性就业,因此女性劳动参与率①也持续攀升,由 2011 年的 60.2% 增长至 2021 年的 71.7%,10 年间女性就业者增加了 500 万人。然而,就业率的提高并不能说明女性整体就业趋势的良好,此次新冠疫情的暴发再次揭露了日本劳动力市场的男女差异,管理制度与支持政策仍有待改进。

本章第一节着眼于疫情以来日本就业人数的变化,并分性别对正式员工及非正式员工的就业差异进行比较。第二节通过对近年来日本女性就业特征的阐述,总结了造成日本男女雇用差异的主要原因。第三节对日本女性就业支持政策进行了回顾,结合疫情给日本女性就业带来的影响进行分析,讨论日本对女性就业管理政策方面的不足,希望为今后女性雇用政策的实施和法规的制定提供有效参考。

第一节　新冠疫情对女性就业的影响
——兼论非正规女工的就业困境

一、疫情对男女雇用人数的影响差异

纵观整个日本雇员市场的性别构成状况,截至 2021 年 10 月,女性在正规雇员中仅占 34%,而在非正规雇员中的占比达到 68%,性别差距明显。非正规就业的弊端在于,企业可因需要和收益的变化随时对非正规员工进行调整,就业存在高度不稳定性。在日本,解雇正式员工在实际操作中是极其困难的,而非正式员工作为廉价劳动力,当企业经济恶化时或劳动力剩余时,通常会采用解雇或减少非正规员工的劳动时间等措施来降低生产成本。此次疫情的暴发,在给日本经济带来威胁的同时,也给女性员工特别是非正式女性员工带来前所未有的打击。图 8-1 为 2020 年 1 月以来,三次紧急事态宣言实施期间男女正式员工与非正式员工的人数变化。

① 劳动参与率指经济活动人口(包括就业者和失业者)占劳动年龄人口的比率。

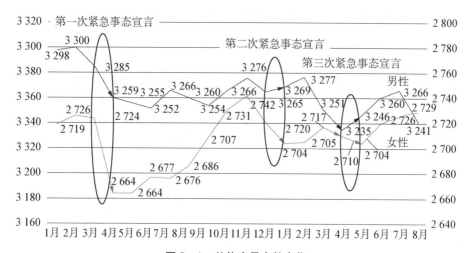

图 8-1　总体雇员人数变化

注:雇员是指受雇于公司、团体、政府机关、私营业主或个人家庭,从而获得工资、薪金的人。包括公司和团体的职员。雇员分为"常雇""临时雇""日雇"。常雇是指以超过 1 年或没有雇用期限规定的合同受雇人;临时雇员是指雇用期限在 1 个月以上 1 年以内的人;临时工指以日为单位或 1 个月以下的合同受雇人。

数据来源:厚生劳働省「労働力調査　基本集計」、https://www.e-stat.go.jp/dbview?sid=0003074673。

　　日本厚生劳动省 2021 年 10 月 1 日发布的劳动力调查数据显示,女性在遭遇疫情冲击后雇员人数变化趋势较比与男性波动更明显。表明日本女性在雇员市场中更易受突发事件的影响,就业更不稳定。其中,第一次紧急宣言(2020 年 4 月 7 日至 5 月 30 日)对女性就业的打击最为严重,直接导致女性员工减少 70 万人,减幅几乎为男性(36 万人)的 2 倍。而女性休业后再就业的恢复期较男性相比也显得漫长。另外值得关注的是,在第二次紧急宣言(2021 年 1 月 8 日至 3 月 21 日)和第三次紧急事态宣言中(2021 年 4 月 25 日至 5 月 11 日)中,男性雇员数并未受到影响,反而略有上升,女性在经历漫长的恢复期后又大幅下降,减少幅度分别为 16 万人和 6 万人。而在日本疫情暴发以来最为严重的 8 月,在政府未发布新的疫情应对措施的情况下,女性雇员数未受到影响,依然处于稳步恢复状态。由此不难发现,真正影响女性就业的并非疫情严重与否,而是疫情下市场环境和雇用形势的变化。

二、疫情对正式员工与非正式员工的影响差异

除了男女间就业差异较大外,正式员工与非正式员工间的人数变化差异同样存在。与2019年同期相比,正式雇员数量并没有因疫情受到影响,总体人数反而有所上升(图8-2左图),共计增加36万人,且每月都呈现出正向增加状态。但非正式雇员的就业状况极其惨烈(图8-2右图),自2020年1月以

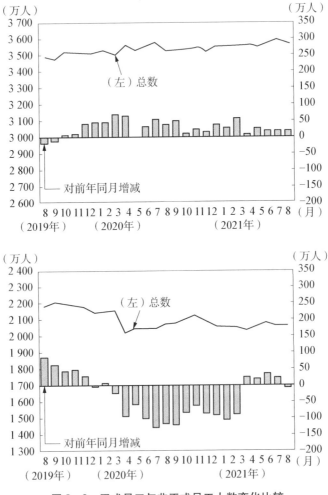

图8-2 正式员工与非正式员工人数变化比较

资料来源:厚生労働省「労働力調査 基本集計」、https://www.stat.go.jp/data/roudou/sokuhou/tsuki/pdf/gaiyou.pdf。

来就呈现持续的负增长状态,并且这种负增长状态一直持续到 2021 年 3 月才稍有恢复。而在 2021 年 8 月,日本疫情在奥运会后再次迎来最高峰,此次疫情恶化再次波及非正式雇员市场,连续四个月的正增长趋势再次转变为负,形势不容乐观。而在所有的非正式员工中,女性占比高达 7 成,结合上述分性别对男女雇员数变化的分析不难发现,女性在日本就业市场中实际是处于替补地位,当企业经济良好,劳动需求上升时,女性就业率随之提高,但在遇到突发性经济危机事件时,女性会最先被迫离开劳动市场,整体就业质量仍然无法得到保障。

三、非正式员工间的男女工资差异

其实在疫情以前,日本女性非正式员工较男性相比也存在差距,在经合组织的 36 个成员国中,日本男女工资差距之大,排名第三位,仅次于韩国和卢森堡。即便同一工种,也存在男性工资高于女性的现象。从 2020 年男女非正式员工的平均小时工资来看(如图 8-3),男性员工平均工资为 2 367 日元/时,远远高于女性(1 471 日元/时)。

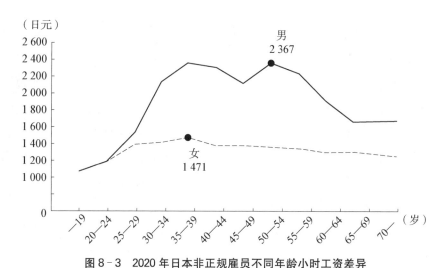

图 8-3　2020 年日本非正规雇员不同年龄小时工资差异

数据来源:厚生労働省「毎月勤労統計調査」、https://www.mhlw.go.jp/toukei/list/30-1.html。

综上所述,非正式女性员工在就业方面存在来自性别、雇用形态以及因性别与雇用相互作用所导致的三重差异,这三重差异在影响女性整体就业质量的同时,同样也大大加剧了日本社会男女之间的差异,制约了社会的发展与进步。尽管近年来日本政府为提高女性就业质量做了多方努力,早在 2013 年,安倍首相就宣布他将优先考虑工作领域中的性别平等问题,旨在让更多的女性进入到劳动力市场中,以此激发日本经济增长的潜力。但是,从此次疫情对女性就业的打击可以看出,政府的努力仅仅提高了女性就业率,而女性就业质量并没有得到提高。

第二节　日本社会男女雇用差距及要因

新冠疫情的暴发、女性的大规模失业、再次呈现日本社会中的男女高度不平等问题。长期以来,日本的性别差距排名一直位居世界底端,2020 年更是跌落至 121 位,创历史新低。性别差距(gender gap)排名是世界经济论坛对 153 个国家在教育、经济和政治参与度和健康四个方面的男女性别差异进行的评价。日本在女性在教育和健康方面处于世界平均水平,但女性在经济和政治领域与男性差距较大,从而拉低了排名。

首先,女性政治参与度排名低至 147 位(上次为第 144 位),主要表现为国会议员的女性比例(第 140 位)、内阁成员的女性比例(第 126 位)较低,众议院的女性比例也仅为 9.9%,政治参与度极低。1946 年,在日本女性首次获得参政权后的众议院选举中,这一比例为 8.4%。也就是说,75 年来,女性的政治参与度基本没有取得进展。虽然日本政府也采取了措施,例如 2018 年施行了《政治领域的男女共同参与推进法》,力争男女候选人数量尽可能相同,但也未能显现出效果。在 2019 年 7 月的参议院选举中,女性候选人的比例仅为 28%,与改选前基本相同。而且在过去 50 年里从未有女性出任过首相,大大拉低了这一排名。2020 年世界经济论坛报告曾专门针对日本指出,"女性参与政治的比例仍需提高"。

其次,经济方面,排名为第 117 位,与上次(第 115 位)相比排名有所下降。虽然男女的经济差异是全世界共通的问题,但日本在这一方面的差异尤为严重。从英国、美国、德国、日韩等国家的比较数据来看,OEDC(经济合作与发展组织)的男女收入中间值的平均差异为 13%,而日本高达 24%,排在倒数第二位,仅次于韩国。

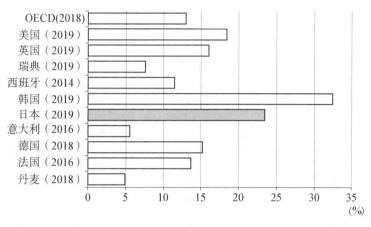

图 8-4　不同国家男女收入中间值差异

资料来源：OECD. Stat。

从日本各年龄段不同雇用形态的收入差异来看（如图 8-5），男性员工与女性员工、正式员工与非正式与员工以及男性非正式员工与女性非正式员工之间都存在较大的差距。男性与女性比较，无论何种雇用形式，女性月平均收入均低于男性。正式员工与非正式员比较，男性正式员工在 55—59 岁年龄段收入达到最高，平均 435.3 千日元/月，男性非正式员工收入最高点同样集中在这一年龄段，但平均收入为 303.6 千日元/月，是正式员工的 69.7％。女性在正式与非正式员工之间同样存在差距。女性非正式员工收入为女性正式员工的 75.0％。男性非正式员工与女性非正式员工比较，男性非正式员工收入最高点集中在 60—64 岁，平均收入为 266.7 千日元/月，是女性非正式员工（平均收入 200.6 千日元/月）的 1.32 倍。从收入随年龄的变化上来看，男女正式员工以及男性非正式员工的月平均收入都会随着年龄的增长有所提高，只有非正式女性员工随着年龄的变化收入基本呈现持平状态。也就是说，即使随着工作年限的增加，积累了工作经验，工资也不会随之增加。相反，非正式女工在 30 岁以后，收入就随着年龄的上升呈现出下降的趋势。这种收入的差异与变化极不利于女性个人的发展。随着日本少子老龄化问题的加剧，劳动力匮乏一直是制约日本经济发展的重要原因，而女性群体中存在大量的潜在劳动力，若就业质量问题得不到解决，男女之间的经济差异也会愈来愈大，从而对整个就业市场的构造和发展造成威胁。

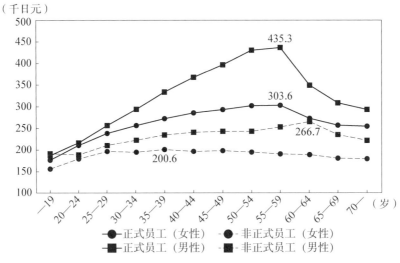

（千日元）

图8-5 不同年龄、不同雇用形态月平均收入差异

资料来源：男女共同参画局「男女共同参画白書」，https://www.gender.go.jp/about_danjo/whitepaper/index.html。

　　早在第二次世界大战前，日本女性的贫困问题就持续存在，且所有年龄层的女性贫困率均高于男性，离异单亲家庭和单身高龄女性的贫困尤为严重。而女性的贫困问题也会直接影响着下一代。2020年7月日本厚生劳动省发布的相对贫困率数值显示，2019年17岁以下的儿童贫困率为13.5%，即每7位儿童中就有一位是贫困儿童，这一比例从1980年开始就持续攀升。那么是什么导致了男女间的经济差异从而造成日本女性的贫困呢？主要有以下两方面原因。

一、日本女性M形就业构造

　　在日本，女性通常于20—25岁完成学业并进入劳动市场，所以在这个年龄段的女性就业率最高；而在临近30岁的时候，女性到了婚育年龄，为了照顾家庭或生育，部分妻子选择辞职在家做家庭主妇，从而退出劳动市场，所以30—40岁是女性劳动参与率最低的年龄段；随着儿女长大，妻子也逐渐开始再次参与到市场劳动中，此时劳动参与率开始上升；到了60岁以后，一方面由于身体的原因，另一方面养老金开始发放，和男性一样，女性开始逐渐退出劳动市场,劳动参与率开始大幅度下降。这种随着年龄的增长,劳动参与率曲线在婚前出现就业的第一个高峰,随后进入婚后或产后育儿期劳动率下降,然后经过育儿期后再次迎来一个就业高峰,即女性劳动参与率出现两次上升和下降,使劳动参与率曲线呈 M 形的现象,被学者称为女性 M 形就业构造。

近年来随着政策的推进和性别意识的提高,日本女性这种就业构造也发生了一定程度的转变。变化特征之一表现为,M 形构造底部即就业率最低点年龄段的后移。与 1979 年相比,2019 年 M 形的底部已经从 25—34 岁后移至 35—39 岁,可以理解为是由女性婚育年龄的推迟以及选择不婚不育的女性逐渐增多导致的。近年来日本新生儿比例逐渐降低,2020 年日本新生儿数量为 84.83 万,较上一年减少 2.44 万,是自 1899 年有统计以来出生人口最少的一年。日本少子化趋势进一步加剧。

特征之二表现为整体就业率的升高。2019 年,女性劳动力率最低点落在 35—39 岁年龄段,为 76.7%(如图 8-6),接近历史最高水平。与 1979 年最低点 47.5%(30—34 岁)、1999 年最低点 56.7%(30—34 岁)相比,以平均每十年 7.5 个百分点的速度上升,就业构造也逐渐向欧美发达国家的"梯形"靠近。但

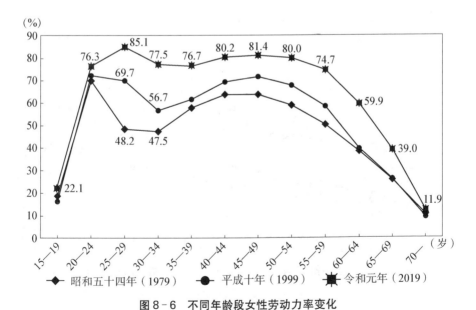

图 8-6　不同年龄段女性劳动力率变化

资料来源:男女共同参画局「男女共同参画白書」、https://www.gender.go.jp/about_danjo/whitepaper/index.html。

从就业形态来看,日本女性特别是已婚女性的主要以短工、派遣员工等不稳定、低福利、低报酬的岗位为主。特别是在"泡沫经济"破裂后的长期经济低迷中,日本劳动市场也发生着剧烈变化。日本企业的终身雇用制也难以持续,男性劳动力的雇用形势日趋不安定。由于男性家庭成员的收入下降,不得不外出从事低薪短时劳动的女性,特别是丧偶或离异等的单亲母亲越发陷入"Working-poor"(就业致贫)的状态。

二、日本劳动力市场女性管理者比例

女性正式员工在劳动市场中也存在劣势,即管理者比例极低。虽然近几年随着女性活跃政策的推进,这一比例呈逐渐上升的趋势,但增长速度极其缓慢。2019年民营企业部长级女性比例(如图8-7)仅为6.9%,课长级为11.4%,处于世界较低水平。据总务省劳动力调查数据显示,2018年日本女性管理职位平均比例为14.9%,较欧美国家平均30%以上相比,仍存在较大差距。

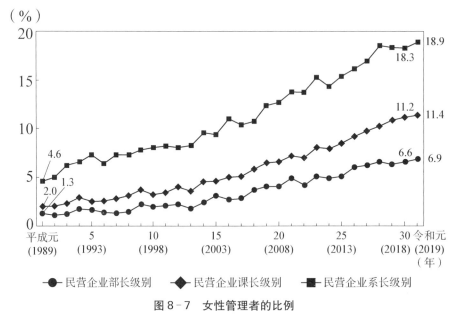

图8-7 女性管理者的比例

资料来源:男女共同参画局「男女共同参画白書」、https://www.gender.go.jp/about_danjo/whitepaper/index.html。

第三节　日本女性劳动就业支持政策分析

日本女性就业政策经历了由保护母性、维护女性劳动权利，到强调男女平等、完善社会福利制度、帮助女性平衡工作与家庭角色冲突，直至积极活用女性、政策性把女性推向劳动市场的转变。以 1947 年颁布实施《劳动基准法》为背景，随后以 1986 年的《男女雇用机会均等法》和 2015 年安倍政权的《女性活跃促进法》两部法律为主要支柱，经过多年的演变，日本女性就业结构也随之变化。

一、《男女雇用机会均等法》

日本对女性雇用管理政策起始于 1947 年制定的《劳动基准法》和 1972 年的《勤劳妇女福祉法》，但这两部法律对于女性的就业保护仅限于给予女性育儿假和对女性健康的保护。1986 年，为了响应联合国"重视妇女"的号召和顺应欧美各国提倡男女平等的潮流，日本也颁布并实施了《男女雇用机会均等法》（简称《均等法》），要求企业在员工录用、岗位配置和升职方面要努力做到保证男女的同等待遇；明令禁止因女性结婚、怀孕、生子而解除雇用，禁止企业在教育培训、福利待遇、解雇和离职、退休等方面有任何歧视女性的行为。和以往的保护女性劳动权益的法律政策相比，该法强调的政策由"母性保护"向男女平等、充分发挥女性作用的方向转变。后来又分别在 1997 年、2006 年和 2016 年对《均等法》进行了相应的修改，每次修改都扩大了间接歧视行为的范畴，加强了对女性的就业保护。

二、《女性活跃促进法》

《女性活跃促进法》（简称《促进法》）的制定是基于 2012 年安倍晋三提出的"活跃女性劳动力"政策，并于 2015 年 8 月正式颁布实施。《促进法》的政策措施主要集中在两方面：一是增强对女性社会福利的支持。如设置母子健康顾问一职，为女性提供心理治疗，提供信息咨询和普及教育服务；对需要抚养孩子的女性个人和家庭提供支持；制定"消除等待入园儿童"计划并付诸实施，如设立专门机构，托管照看放学后的低年级孩子；针对满足条件的家庭，提供低廉的房屋租赁,解除有孩子家庭的居住困难;完善老人护理的社会服务,减轻女性照顾老人的负担。二是加强企业人事管理制度,改善女性就业环境、促进女性活跃。为就业和再就业主妇提供教育和技能培训的机会,在就业的准备阶段、就业后的技能形成阶段,让女性均有机会接受教育和技能培训;促进女性参与到建筑业、造船业和运输业等男性主导的行业中,扩大女性就业范围和领域;同时,日本政府鼓励企业雇用女性作为外部董事。对积极活用女性的先进企业,日本政府提供财政资金补贴、税收等优惠政策。

虽然这一系列举措对女性的就业产生了很多积极的影响,女性的劳动参与率也逐渐提高,但《促进法》对消除正式员工与非正式员工之间的差距影响非常有限。其主要原因有两个:第一,即使相同的工作,大多数企业也没有把正式员工和非正式员工视为"同一职业"来平等对待,非正式员工更多的是担任"候补员工"的角色,在企业经济效益好,用人需求增加时被雇用,但当企业经济不好时会最先作为调整对象被解雇,此次新冠疫情下非正式员工大规模失业就是很好的体现。第二,女性在管理职位和专业技能职位等高薪岗位的比例极低,这说明女性在就业机会方面并没有享受到公平的待遇。虽然《均等法》明确规定要"同工同酬",但是大部分女性无法得到高薪的职位,所以男女收入差距仍然很难消除。

结　论

本章围绕着日本女性劳动者在新冠疫情下的雇佣变化,对女性就业的实际数据和日本政府相关法案进行了简单的阐述。从中不难看出,疫情对就业的冲击主要集中于女性群体尤其是非正式员工的女性群体。

对于高龄少子化趋势日益严峻的日本社会来说,劳动力不足已成为制约经济发展的主要障碍。所以,如何将疫情对女性的影响降到最低,将女性劳动力活用到最大化,从而缓解劳动力不足,已经成为未来女性就业问题研究的重要课题。目前,日本政府的诸项法规和政策归根结底还是在日本企业界的资本市场逻辑惯性上的权宜之计,即重视的是每位员工的工作效率与业绩,而并没有从社会观念的变革入手彻底解决日本女性的就业困境。比起注重男女薪资上的"同工同酬",为女性提供相同的职业机会,尤其是在管理岗位和高薪岗位上提供相同的机会,对于缩小日本的两性工资差距更为重要。因此政府、企业应努力提供灵活的工作方式来更好地帮助女性实现工作与生活的平衡。这不仅有利于转变传统的"男主外,女主内"的性别意识分工观念,更有利于保证女性就业质量,缩小男女经济差异,实现真正意义上的男女平等的现代社会。

参考文献

［1］国际劳工组织:《世界就业和社会展望:2021 年趋势》,2021 年 6 月 2 日,https://www.ilo.org/beijing/what-we-do/publications/WCMS_797422/lang-zh/index.htm。

［2］国际货币基金组织:《新型冠状病毒疫情期间的性别缺口》,https://www.imf.org/zh/News/Articles/2020/07/20/blog-the-covid-19-gender-gap。

［3］総務省統計局「労働力調査(基本集計)2020 年(令和 2 年)平均結果の要約」、2023 年 1 月 31 日、https://www.stat.go.jp/data/roudou/sokuhou/nen/ft/pdf/youyaku.pdf。

［4］総務省統計局「労働力調査　過去の結果の概要」、https://www.stat.go.jp/data/roudou/rireki/gaiyou.html♯ft_tsuk。

［5］水町勇一郎『均等待遇の国際比較とパート活用の鍵:ヨーロッパ、アメリカ、そして日本』、労働政策研究・研修機構〈ビジネス・レーバー・トレンド研究会〉、2005 年。

［6］阿部彩「相対的貧困率の長期的動向:1985—2015」、貧困統計ホームページ、www.hinkonstat.net。

［7］山口一男『働き方の男女不平等:理論と実証分析』、日本経済新聞出版社 2017 年。

第九章　日本养老政策变迁的历程、逻辑和发展趋势及对我国的政策启示

钟惟东

第一节　研究背景、意义及内容

一、研究背景及意义

中国人口老龄化日益趋于严重。为衡量老龄化程度,联合国将 65 岁及以上老年人口数量占总人口比例超过 7％的国家或地区定义为"老龄化社会",比例超过 14％为"老龄社会",比例超过 20％则为"超老龄社会"。据国家统计局数据,2000 年中国 65 岁以上人口比例为 7.0％,开始进入老龄化社会。国家统计局公布的第七次全国人口普查数据显示,60 岁及以上人口为 26 402 万人,占总人口比例 18.70％(其中 65 岁及以上人口为 19 064 万人,占 13.50％;60—69 岁的低龄老年人口占老年人口比例为 55.83％)。[①] 由此可见,我国离"老龄社会"仅有一步之遥,2021 年底或 2022 年即将跨入老龄社会,与此同时,老年人口中 70 岁及以上的高龄老人比重将增加,老年人口高龄化成为趋势。伴随着人口老龄化和老年人口高龄化,老年人如何养老是当今中国社会的一项重要课题。人口老龄化牵动全局,关系国计民生,影响民族兴衰和国家长治久安。因此,习近平总书记在党的十九大报告中就提出:"积极应对人口老龄

[①] 国家统计局:《第七次全国人口普查主要数据结果新闻发布会答记者问》,2021 年 5 月 11 日,http://www. stats. gov. cn/ztjc/zdtjgz/zgrkpc/dqcrkpc/ggl/202105/t20210519_1817702. html。

化,构建养老、孝老、敬老政策体系和社会环境,推进医养结合,加快老龄事业和产业发展。"2019 年 11 月,中共中央、国务院印发《国家积极应对人口老龄化中长期规划》,这是我国应对人口老龄化的纲领性文件,如何构建多层次养老服务体系是其中的重要内容。

与此同时,"七普"人口数据还显示,2020 年我国妇女总和生育率为 1.3,远远低于人口更替水平 2.1,自 20 世纪 90 年代初总和生育率跌破 2 以来持续下行,这说明少子化趋势在我国将成为一大人口问题。因为,少子化意味着未来年轻人占总人口的比例将减少,这将带来劳动力供给不足、经济增长乏力、人口总数下降、加剧人口老龄化、老年人养老缺乏社会支持等一系列社会问题。此外,与发达国家应对老龄化问题不同的是,我国进入老龄化社会时还属于发展中国家,国家"未富先老"。根据世界银行数据,按现价美元计算,2000 年进入老龄化社会时我国人均 GDP 为 959.3 美元,世界排名第 167 位;经过大力发展,虽然我国经济总量世界排名第二,但 2020 年人均 GDP 为 10 500.39 美元,世界排名第 65 位,仍属于发展中国家[1],与发达国家相比,我国人均 GDP 还是相对较低。叠加上少子化趋势,这使得我国老龄化过程中出现的养老问题更是成为严重的挑战。而且,我国在应对老龄化社会时,还有一些特殊性,如我国老年人口规模较大,65 岁及以上人口 1.9 亿,人口还处于快速城市化过程中,农村区域的年轻人口持续向城市区域转移,这些特殊性是摆在我国解决老年人养老问题面前的现实困难。

日本是世界上最早进入老龄化社会的国家之一,1970 年 65 岁以上的老年人口就已经超过了 7%,如今已成为全球老龄化程度最严重的国家。据日本厚生劳动省发布的《健康福利统计要览(2020 年度)》数据,截至 2019 年 10 月,日本 65 岁以上老年人口有 3 588.5 万人,占总人口比例为 28.4%[2],已进入超老龄社会,居世界第一。不仅老年人口比例高,而且高龄老人很多,70 岁以上高龄老人口有 2 717.6 万人,占老年人口比例 75%。总和生育率方面,自 20 世纪 70 年代总和生育率跌破 2 以来,总和生育率也是持续下行,2019 年为 1.36,说

① 世界银行:《人均 GDP(现价美元)》,2021 年 8 月 2 日,https://data. worldbank. org. cn/indicator/NY. GDP. PCAP. CD? locations＝CN&view＝chart。

② 厚生劳动省 「厚生劳働统计一览」,2021 年 8 月 2 日、https://www. mhlw. go. jp/toukei/itiran/index. html。

明日本少子化程度比较严重。

对比中日两国人口发展趋势，可以发现中日都存在共同的老龄化、老年人口高龄化和少子化趋势（见表9-1），只不过日本的程度比中国更严重，进入的时间也更早。

表9-1　　　　　　　　　　中日两国人口发展趋势

人口发展趋势	中国（数据时间）	日本（数据时间）
老龄化	13.5%（"七普"，2020年）	28.4%（2019年）
老年人口高龄化（≥70岁）	44.17%（"七普"，2020年）	75%（2019年）
少子化（总和生育率）	1.3（2020年）	1.36（2019年）

资料来源：笔者根据中日官方数据整理而得。

随着老龄化的日益严重，如何解决老年人养老问题是日本需要应对的重要社会问题之一。长期以来，日本在养老方面建立了一套成熟有效的制度和政策体系，日本的养老管理制度、经验作为一个成功典范被世界各国追捧和学习。日本与我国是一衣带水的邻邦，同属于东亚国家，社会人文环境相似。20世纪70年代日本就进入了老龄化社会，在应对老年人养老问题具有相对成熟的政策体系和制度设计。日本这些养老管理方面的经验，对于老龄化社会的后入者中国来说是值得学习的。

研究日本养老政策变迁具有理论和实践意义。首先，从理论价值上来说，日本的养老服务体系在世界范围内具有领先水平，它起步较早，而且是在学习西方先进制度的基础上逐渐发展完善而成。日本的养老制度不仅经历了战后萧条时期，也经历了经济飞速发展的时期，因此具有稳定性和持久的适应性，对于正处于社会转型时期的中国来说具有较强的借鉴意义。其次，从实践角度讲，学习和借鉴日本养老经验对解决我国日益严重的老龄化问题具有现实意义，也符合国家战略需要。我国在20世纪末进入老龄化社会后，总体呈现出老龄化速度惊人的特点。截至2012年，我国是世界上唯一一个老年人口超过1亿的国家，且正在以每年3%以上的速度快速增长，是同期人口增速的五倍多。我国老龄化还呈现失能老人、高龄老人、空巢老人、贫困老人比例高等特点。据预测,我国老龄人口将于 2034 年突破 4.72 亿。数量巨大的老龄人口,不仅对我国的人口组成带来重大影响,也对我国的社会和经济发展带来重大挑战。[①] 2021 年 3 月《中华人民共和国国民经济和社会发展第十四个五年规划和 2035 年远景目标纲要》提出,“十四五”期间大力发展普惠型养老服务,支持家庭承担养老功能,构建居家社区机构相协调、医养康养相结合的养老服务体系,实施积极应对人口老龄化国家战略。因此,通过对日本养老政策变迁的脉络梳理以及探究其内在变迁逻辑,根本目的是希望从中学习日本应对老龄化的经验,能够为我国养老政策体系构建提供一定的理论指导和经验借鉴,为中国应对老龄化社会提供有效的政策建议。

二、研究目标

本研究选题是一项应用型研究,主要是在探索理论价值基础上发现有利于应对老龄化社会问题的政策建议,研究目标有三:

其一,通过收集日本自进入老龄化社会以来中央政府出台养老政策文献,梳理出日本养老政策变迁的脉络,以及日本应对不同老龄化阶段的政策特点。

其二,探究日本养老政策变迁的内在逻辑和驱动力以及未来发展趋势。主要探究当前日本养老政策体系的前因后果,以及推动日本养老政策体系变迁的原因和主要影响因素,预测未来日本养老政策体系将往哪个方向变迁,将面临哪些挑战。

其三,基于对日本养老政策变迁的经验分析和研究,为我国应对老龄化日益严重所带来的养老问题提供政策建议,未雨绸缪,提前布局,为构建更为完善的养老政策体系提供前瞻性的思考。

三、研究内容

本章第一节重点阐明选题的背景、研究问题、目的和意义。

第二节梳理日本养老政策变迁脉络。根据不同时期,对日本实施的养老政策变迁脉络做系统性的梳理,厘清养老政策的演化过程,以及不同老龄化阶

---

① 杨国峰:《发展养老服务业的思考与建议》,2014 年 9 月 29 日,http://www.sic.gov.cn/News/455/3437.htm。

段应对不同程度老龄化的养老政策体系和制度设计特点。

第三节探析日本养老政策体系变迁的内在逻辑。日本养老政策体系变迁具有其特殊的国情和历史背景,政策变迁中有重要的关键节点,既有宏观层面因素,也有中观层面和微观层面的因素。因此,将以历史制度主义为分析框架,从宏观层面、中观层面和微观层面探究日本养老政策体系变迁的动力机制和基本逻辑,探究日本未来的养老政策调整和改革趋势。在探析养老政策体系变迁基础上,尝试判断未来日本养老政策体系变迁的趋势,以及可能遇到的问题和挑战。

第四节探析日本养老政策体系变迁对我国的政策启示,为我国应对日益加深的老龄化提供政策性建议,为未来相关政策变迁进行前瞻性的思考。

第二节　日本养老政策体系变迁脉络

日本养老政策体系是重点围绕老年人口经济保障需求、医疗健康需求和护理需求这三大核心需求展开而构建起来的,形成了养老政策体系的三大支柱性制度,即年金制度、医疗保障制度和护理保险制度。本节所指的日本养老政策体系含义就是指依靠三大支柱性制度所建立起来的相互关联、相互作用的养老政策网络系统。日本养老政策体系的建立非一日之功。根据日本社会老龄化程度,按照进入老龄化社会(1970 年)、老龄社会(1994 年)和超老龄社会(2005 年)时间,将日本养老政策变迁划分为二战后至 1969 年、1970—1993 年、1994 年至今三个时期。不同时期政策体系变迁呈现不同的主要特征,三个时期分别对应政策奠基时期、政策扩充与转型期、政策改革和完善期。

一、养老政策的奠基时期(二战后至 1969 年)

受第二次世界大战影响,西方国家国内面临经济贫困、失业和社会不平等的急剧矛盾,英国于 1942 年率先提出福利国家建设构想,主张政府要积极承担社会责任,推行增进社会福利的政策。二战后,作为发动侵略战争的战败国,日本被以美国为首的盟军所占领,日本国内经济混乱,人心涣散。为稳住民心,驻日盟军总司令部于 1945 年要求日本政府进行民主化改革,向贫困者提供无差别救济，日本政府由此逐步建立社会保障体系，开启了福利国家建设进程。二战后，日本人口结构以劳动适龄人口为主，老年人口所占比重较低，得益于福利国家建设，日本在进入老龄化社会前基本完成相关养老政策的构建，因而把二战后至 1969 年这一时期为日本养老政策的奠基时期。

实际上，日本的养老政策雏形可以追溯到二战期间甚至二战之前。1938年，受"健兵健民政策"影响，日本政府针对农民和渔民制定并颁布了《国民健康保险法》，主要目的是保障军事扩张的军队兵源供给。1941 年日本政府发布了《劳动者年金保险法》，针对私营企业的男性工薪劳动者，建立劳动者养老保险制度，标志着日本开始实行社会保险制度。1944 年对该法进行了修改，改名为《厚生年金保险法》，并强制性扩大范围，将妇女也纳入到保险对象范围内。这一时期的劳动者年金保险和国民健康保险制度都具有战时保障特征，通过吸取民间养老金来弥补对外侵略战争军费的不足。日本统治阶层通过主动地承担起国民社会保障的责任，来更好地统合国民，从而推进国家总动员体制来服务对外侵略战争。① 因此，日本的国民健康保险与劳动者年金保险虽可追溯至二战期间或二战前，但本质上并非现代意义上社会保障制度，只是一种"挂羊头卖狗肉"、服务于战时保障的权宜之计。1945 年，由于日本战败导致经济衰退、通货膨胀，使厚生年金的支付金额不如当时的救济金额，人们对养老保险失去了信心。因此，当时的《厚生年金保险法》颁布后不久，随着日本战败也名存实亡。②

日本现代意义上的社会保障制度建设，起步于二战后。二战后，日本面临内外双重压力：国内压力方面，经济萧条，社会情绪低迷，维护社会稳定成为日本政府的政治需要，社会保障和解决贫困群体的养老问题等成为一种能速见成效的稳定社会的政策工具。外部压力方面，日本政府需要回应驻日盟军总司令部关于民主化改革和向贫困者提供无差别救济的指令。因此，日本政府于 1946 年制定《生活保护法》、1947 年制定《儿童福利法》、1949 年制定《身体障碍者福利法》，1950 年修订《生活保护法》。其中《生活保护法》规定，针对贫

---

① 文阽箫：《战后日本福利体制构建的政治逻辑》，《日本研究》2019 年第 4 期，第 59—65 页。
② 金太顺：《日本养老保险制度借鉴研究》，硕士学位论文，东北师范大学，2013 年 5 月。

困阶层中符合救济条件的无依无靠的低收入老年人提供生活保护;养老院作为最基本的养老设施之一,被明确列为政府责任。如 1948 年召开了战后第一次全国养老大会,提出"关于促进养老金的制定事宜",向低收入的老年人给予经济支援开始成为日本国内的一大课题。1950 年的社会保障制度审议会指出,对没有子女的 70 岁以上老年人无偿支付养老金制度是很有必要的。这一时期日本养老政策的目标群体聚焦于无依无靠的低收入老年群体,政策的本质特征还是社会救助。

日本养老政策从社会救助向社会保险的转变,受到两方面因素的共同推动。其一是对老年人权利保护意识的觉醒。《生活保护法》只关注贫困群体老年人养老问题,总体上对非贫困群体老年人口关心程度比较低,随着社会转型和家庭养老模式被打破,老年人养老问题逐渐被社会所重视。1949 年第二次全国养老事业大会上提出老年人福利法的最初提案,1953 年发表了潮各总一郎和杉树春三的"老年人福利法个人提案",1954 年在全国社会事业大会和全国养老事业大会上通过了制定老年人福利法的决议。其二是人口老龄化议题逐渐进入政府的视野。日本在谋求战后复兴以及经济高速增长为目标的过程中,保障国民生活,注重国民动员与统合是其实现经济发展的根基。[①] 1956年,《厚生白皮书》已经指出,将来日本将快速进入老龄化社会。1958 年日本制定了《国民健康保险法》,进入了全民皆年金、皆保险的时代。1959 年日本制定了《国民年金法》,确立了农业、自主营业、无职业者等都可以享受的养老金制度。《国民养老保险法》《国民健康保险法》的制定,使全国人民都有养老金,都能参加健康保险,1960 年开始支付养老金后,1961 年起实施了融资制度养老金,国民养老金制度变得正规起来。1963 年,日本制定了第一部关于老年人福利的专门法——《老年人福利法》,确定了日本老年人社会福利制度的基本框架,首次把养老问题提到国家层面,强调国家和社会对老年人养老具有责任和义务。1964 年起,老年健康检查开始在保健所、诊所等机构实施,并逐年扩大。对老年疾病早发现、早治疗确实有很大的好处,但是同时也产生了更多的费用。伴随着老年人健康诊断运动,1965 年在东京的很多医疗机构里"老年人公费医疗"等签名运动也开始了。面对这样的社会现实,厚生省、日本医师协会

---

① 文阡箫:《战后日本福利体制构建的政治逻辑》,《日本研究》2019 年第 4 期,第 59—65 页。

也把政府负担老人医疗费用等医疗费用问题作为一项重大课题。1968 年,日本老年人福利会议提出"老年人医药费全部由国库承担"的殷切期望,这引起了社会上的极大关注,随后,老年人公费医疗运动作为一项市民运动在全国范围内展开。东京都知事选举过程中,候选人也把老年人公费医疗作为一项政治课题提出,因此获胜当选的新知事决定从 1969 年起,70 岁以上的领取养老金的老年人享受老年人医疗费用全部由政府负担的政策。东京都这一政策的实施,对日本其他各地产生了重大影响,70 岁以上老年人公费医疗运动进一步扩大,一举在全国各都道府县展开。这些老年人医疗改革的措施,为 70 年代政府医疗改革的开展打下了重要的基础。

20 世纪 60 年代后期起,日本经济开始进入高速发展阶段。当时的政府已经对人口高龄化问题有了预测,并已经对老年人福利政策的必要性有了一定的认识。此后,养老金制度、医疗制度、住宅制度等也逐渐形成。这些制度的确立对以后老年人社会福利的发展具有重要意义。

二、养老政策扩充与转型期——老龄化社会时期(1970—1993 年)

1970 年,日本 65 岁及以上的老年人口占总人口比例超过 7%,日本开始进入老龄化社会。应对人口老龄化趋势、回应老年人养老和社会福利诉求等成为当时日本政府的重要课题之一。1970—1993 年是日本老龄化社会向老龄社会转变的时期,养老政策也呈现出政策扩充和转型特征,因而把这一时期称为日本养老政策的扩充与转型期。这一时期,日本人口结构主要特征是橄榄型,中间大两头小,劳动力人口占总人口比例为 67%—70%,处于人口红利期,人口红利为日本经济的高速增长提供了丰富的劳动力资源。20 世纪 70 年代,受石油危机、资本跨国流动增加和人口老龄化趋势日益加重的影响,日本经济增速放缓,但 1968 年开始一直处于世界第二大经济体位置,直到 2010 年被中国取代。

日本强大的经济实力为其养老政策扩充提供了坚实的经济基础。养老金方面。20 世纪 60 年代,日本养老金有较大幅度的增长,1965 年养老金从最初的 1 万日元增长到 2 万日元,但由于日本国内物价水平的上涨,养老金难以支撑日常消费水平。在召开第一届老年人全国集会时,企业工会强烈要求大幅度改善养老金。1973 年 4 月开始了养老金统一大罢工,全日本掀起了改善养老金问题的热潮,为回应民众诉求,20 世纪 70 年代初审议会等讨论通过,养老金除了基础部分还要考虑物价浮动部分,提出了 5 万日元的养老金改革案。1984 年内阁会议通过了"养老金一体化和基础养老金构想的实现",1985 年修正了《国民年金法》,第二年就实施了全国养老金一体化的基础养老金制度。为保证女性的年金权利,1986 年家庭主妇以个人的名义加入国名年金,不再以丈夫的名义来计算和支付。医疗保险方面,1972 年日本修改了《老年人福利法》,于 1973 年 1 月实施了 70 岁以上老年人医疗费用全部公费负担制度。养老保健服务方面,二战后,日本家庭结构及功能发生很大变化,女性进入职场工作,日本传统的家庭养老模式受到冲击,老年人养老照料需求日益增加。20世纪 70 年代,根据厚生省展开的"老年人实态调查"发现,有 20 万的老人因在家得不到很好的照顾,在睡梦中死去。厚生省针对这一现象,认为有必要采取一定的措施。1971 年为孤寡老人配上了福利电话,1973 年对孤寡老人提供送餐服务,之后又将短期工和日工服务制度化,实施了多种多样的家庭福利服务,不仅强化了在家护理服务,而且使这一服务具体化。1971 年《社会福利设施紧急整备 5 年计划》实施后,开始筹备建设特殊养护养老院。1978 年开始托老服务,1979 年开始对老人日间服务实行国库补助,1982 年放宽了上门服务的利用条件,将利用对象由低收入老人扩大到一般老人,由此建立了日本独特的居家养老服务体系。1981 年老人家庭护理员的对象家庭由生活保护、低收入家庭扩大到一般家庭,同时开始收取按能力负担的使用金。1982 年,日本制定《老人保健法》,将老年人的医疗和保健从一般人的健康保险体系中剥离出来,形成相对独立的体系。1986 年日本修订《老年人保健法》,创建了养老保健设施,其服务功能介于医院和护理型养老院之间,能够发挥治疗、康复功能,帮助老人尽快恢复生活自理能力。1989 年 12 月,大藏大臣、自治大臣、厚生大臣意见达成一致,制定了"推进高龄者保健福利十年计划"(新黄金计划),以居家养老、社会化照料作为主要发展方向。1990 年起十年间,高龄者保健福利政策的推进方案也写入其中,作为家庭福利对策紧急调整和设施紧急调整计划,家庭援助、日间服务、短期暂住等家庭福利服务,以及特别养老院、老人保健设施等设施的调整目标也被加入其中。

日益严重的老龄化趋势给日本养老体系发展带来很多压力,相关政策也随之转型。首先是理念的转变。日本福利制度设计虽然是在学习西欧、北欧国家的福利制度的基础上建立起来的，但是并没有全盘照搬，而是更强调个人、家庭、区域社会内自立自助的努力和相互扶助，形成日本式福利社会模式。这种理念在 1976 年日本政府《昭和五十年代前期经济计划》中体现出来，计划中描述的经济展望和福利标准的增进，并不应该完全靠政府来实现，个人、家庭、企业的作用以及基于社会的地域连带的相互扶助的作用是非常重要的。1981 年，日本根据第二次临时行政调查会的意见，初步形成以"个人的自助努力"和家庭、社会"连带及相互扶助"相结合，构建"日本型福利社会"的设想。其次是实践和政策层面的变化。随着老龄人口的增加，老年人公费医疗制度带来了老年人医疗费用的剧增，据统计，1973 年日本政府用于老年人医疗费用为 780 亿日元，1975 年增至 1 400 亿日元，1978 年达到 2 560 亿日元。为减轻国家财政压力，日本政府对有关老年保健及医疗政策进行修改，在 1982 年制定的《老年人保健法》中，将老年人的医疗和保健从一般人的健康保险体系中剥离出来，形成相对独立的体系，同时取消老年人国家公费医疗，老年人需要负担部分医疗费。《老人保健法》改变了《老人福利法》中蕴含的国家和政府对老年人福利负有完全责任的理念，转而强调国家要为此采取积极的政策和必要的措施的理念。[①] 1990 年修订了《老年人福利法》，把老人福利设施和家庭服务一体化等服务内容中心转移到各都道府县，发挥地方政府积极性，确立以各地方自治体为主体实施养老服务政策的体制，推动服务提供多样化，更接近居民需求。

三、养老政策改革和完善期——（超）老龄社会时期（1994 年至今）

1994 年，日本老年人口占总人口比例超过 14%，进入老龄社会；仅用 11 年时间，2005 年日本老年人口占总人口比例为 20.2%，进入超老龄社会。与此同时，20 世纪 90 年代开始，日本经济进入衰退期。经济衰退叠加（超）老龄社会，使得日本不得不对养老政策进行改革和完善，因此称 1994 年至今为改

---

① 王海英、梁波：《国家抑或市场：日本与香港养老服务政策变迁及模式比较——基于历史制度分析的视角》，《理论导刊》2015 年第 3 期，第 80—86 页。

革和完善期。这一时期,日本政府不得不面对人口老龄化日益严重,需要供养的老年人口越来越多,财政负担越来越重的境地;随着老年人口增多,老年人照料需求日益强烈;与此同时,劳动力人口减少,如何开发老年人口劳动力以维持经济增长是摆在日本政府面前的现实问题。

随着老年人口增多,日本财政负担也日益严重,改革势在必行。实际上,相关改革在20世纪80年代已经进行,如取消老年人国家免费医疗、基础养老金制度等,整体的制度设计都在微调。如根据修订的《老人保健法》规定,1995年开始老年人个人负担的门诊治疗金额在个人最近的负担金额基础上根据物价指数的变动而变动。为缓解养老金财政收支不平衡,2004年日本通过的《年金改革相关法案》决定,提高国家财政在国民养老金中的负担比例,由1/3提高到1/2,同时提高厚生养老金保费的缴费率和国民养老金保费的月缴费额。2012年,日本通过《年金功能强化法案》把厚生养老金的适用范围扩大到非正式劳动者。推迟领取养老金的年龄,从2013年开始将能领取养老金的年龄从60岁提高到61岁,逐步将年龄提高到65岁,并根据个人开始领取养老金的年龄实行弹性制度,早于65岁领取养老金要打折扣,晚于65岁领取养老金有奖励。[1] 虽然日本采取了诸多办法对养老金制度进行改革和完善,但仍然无法阻止年金"空洞化"趋势,缴付养老金的人数越来越少,而领取养老金的人数越来越多,这也导致社会尤其是年轻人对养老金制度的不信任。

老年人口增多和老年人口高龄化越严重,老年人照料需求增加就越显著。传统的老年人照料基本由家庭完成,随着日本人口流动、家庭规模和结构变化、女性进入职场和老年人口规模越来越大,单靠家庭的力量已无法承担老人的全部护理责任。实际上,日本政府从1989年就开始谋划老年人护理社会化,最初在《护理对策研讨委员会报告》中有关于社会护理的提议。1994年3月,厚生大臣发表了《21世纪福利前景——面向少子、高龄社会》,批判了以家族护理为前提的福利政策,提出了社会化护理体系建设设想。1994年12月由厚生省发布《旨在构建新的高龄者护理体系》白皮书,提出构建以社会保险为财源的新型护理体系。1995年,日本政府提出"关于创设护理保险"的议案,

---

① 丁英顺:《日本人口结构变化与养老金制度改革》,《国外理论动态》2019年第8期,第113—121页。

1997 年《护理保险法》正式通过立法,自 2000 年 4 月 1 日起正式实施。《护理保险法》是一项新型的老年社会保险制度,强制要求国民从 40 岁开始交纳老年护理保险金,65 岁以上需要护理或帮助的老人,以及 40 岁以上未满 65 岁的特定疾病需要护理者,可以享受保险。本质上,日本的护理保险制度是一种靠全社会的力量去分担老人护理重任的制度。《护理保险法》实施后,经过多次修订,2005 年对护理保险制度进行改革,调整了收费标注,增加了预防性护理和康复相关内容。为提升疗养设施使用率、调整费用标准以及加强对护理服务提供者的监管,2008 年对护理保险制度进行再次改革。2011 年再次改革,加强社区护理工程建设和护理人才培养。

(超)老龄社会中,老年人口所占比重很大,对一个国家和社会而言,劳动力资源紧缺将是不得不面对的现实问题。但日本不仅存在老龄化和老年人高龄化趋势,同时还存在少子化趋势,据统计,日本自 1975 年总和生育率跌破 2 以来,总和生育率水平一直下行,1993 年开始一直低于 1.5,日本人口结构呈现倒金字塔结构。劳动力资源的严重紧缺和社会保障的财政压力倒逼日本开发老年人力资源。实际上,日本开发老龄人力资源从 20 世纪 70 年代就开始了:1971 年日本实施了《中高年龄者雇用促进法》;1986 年修改《中高年龄者雇用促进法》,并更名为《高龄者雇用安定法》,鼓励企业实行 60 岁退休制度;1994 年,日本修改《高龄者雇用安定法》,以法律形式明确规定企业有义务雇用老年人至 60 岁,并从 1998 年实施;2000 年修订《高龄者雇用安定法》,提出将逐步过渡到 65 岁退休;2012 年修订《高龄者雇用安定法》,全面从法律上保障老年人到 65 岁退休。

四、日本养老政策变迁脉络的特征

二战后,日本逐步进行福利国家建设,如《厚生年金保险法》《生活保护法》《国民健康保险法》等。随着人口年龄结构逐渐老化,老年人养老问题逐渐成为政策议题,20 世纪 60 年代开始建立养老政策,如《国民年金法》《老人福利法》《老人保健法》《高龄者雇用安定法》和《护理保险法》等,相对来说,日本的养老政策体系比较完整。受老年人需求、社会经济条件变化和政府等因素影响,日本养老政策处于不断变迁的过程中,不同时期的养老政策的主要关注点不一样,对其进行简单的梳理,具体请见表 9-2。

表 9-2   日本养老政策变迁脉络简表

时期	主要养老政策	主要特征
奠基时期(二战后至 1969 年)	1944 年,《厚生年金保险法》 1950 年,《生活保护法》 1958 年,《国民健康保险法》 1959 年,《国民年金法》 1963 年,《老人福利法》	完成了养老金制度、劳动年金制度、医疗制度、老年人社会福利制度的建构
扩充与转型期(1970—1993 年)	1971 年,《社会福利设施紧急整备 5 年计划》 1972 年,修订《老人福利法》 1974 年,《雇用保险法》 1982 年,《老人保健法》 1986 年,《高龄者雇用安定法》 1989 年,"推进高龄者保健福利十年计划"(新黄金计划)	扩充了老年人国家免费医疗制度、就业制度、居家养老服务制度、社会福利设施从业人员制度老年人国家免费医疗向"国家＋个人"共同承担转变;日本型福利社会制度构建,强调个人、家庭、区域社会内的自立自助和相互扶助
改革和完善期(1994 年—至今)	1997 年,《护理保险法》 2007 年,修订《雇用法》 2010 年,《21 世纪复活日本的 21 个国家战略》	建立和完善了老年人护理保险;改革和完善了年金制度、保健法、老年人雇用制度等

资料来源:作者自制。

从变迁脉络梳理来看,日本养老政策变迁具有一些明显特征。第一,老龄化程度和政策变迁紧密相关。如老年人医疗从免费到个人共同承担、退休年龄和老年人工作年龄上限放宽、护理保险政策等。第二,老年人需求变化和政策变迁紧密相关。一般来说,老年人有社会保障、经济收入、工作、医疗、护理以及心理(如社会交往)等需求,不同时期的老年人需求不一样,随着人口老龄化程度变化,反映在政策变迁上就是一些与老年人需求相关的新的政策产生,如《护理保险法》《雇用对策法》等。第三,国家和公民个人的关系调整。不同时期,体现在日本老年人养老政策变迁上,就是随着时代变化以及社会政治经济条件变迁,国家和公民个人的关系在不断进行调整。20 世纪 60 年代建立的高福利、高负担的养老模式,在 70 年代受到世界石油危机的影响,不得不调整养老政策,变为国家和公民共同承担。如何理解这些政策变迁特征? 其背后的推动力量是什么? 这是值得研究和深入思考的内容。

第三节　日本养老政策变迁的逻辑

历史制度主义是政策变迁分析中常用的理论之一。历史制度主义将制度变迁脉络作为考察对象，探析某项制度产生或变化关键节点的具体情景，[1]强调不能孤立地分析事件和行为的起因，而应放在其发展的历史脉络中去理解，[2]注重过去对现在的重要影响，认为政策变迁过程中存在路径依赖，[3]同时强调政策互动，行为主体对制度和政策做出能动性反馈。日本养老政策体系变迁具有其特殊的国情和历史背景，政策变迁中有重要的关键节点，既有宏观层面因素，也有中观层面和微观层面的因素。因此，本节将以历史制度主义为分析框架，从宏观层面、中观层面和微观层面探究日本养老政策体系变迁的动力机制和基本逻辑，探究日本未来的养老政策调整和改革趋势。宏观层面，根据日本养老政策体系演进进程，分析不同时期影响日本养老政策变迁的政治、经济和社会背景。中观层面，以路径依赖为切入点，从政策学习/创新、政策协调和适应性预期对日本养老政策体系变迁的影响角度进行分析。微观层面，分析日本政府、老年人群体、企业和其他社会群体等行为主体在日本养老政策变迁过程中的互动作用。关于日本养老政策变迁的历史制度主义分析框架，请见图9-1。

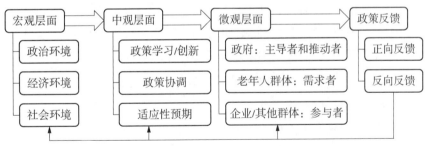

图9-1　关于日本养老政策变迁的历史制度主义分析框架

---

① Kathleen Thelen, "Historical Institutional in Comparative Politics", *Annual Review of Political Science*, Vol.2, June 1999, pp.369-404.

② 马得勇：《历史制度主义的渐进性制度变迁理论——兼论其在中国的适用性》，《经济社会体制比较》2018年第5期，第158—170页。

③ 何俊志：《结构、历史与行为——历史制度主义的分析范式》，《国外社会科学》2002年第5期，第25—33页。

一、宏观层面

在政策变迁过程中,如果脱离政策变迁的情景,那么其解释力将大大减弱,这也是历史制度主义的基本观点之一。政策变迁脱离不了宏观的政治、经济、社会环境的影响,这些环境为政策变迁提供了历史情景和原动力。日本养老政策变迁也不能离开政治、经济、社会环境而独立存在。

(一)政治环境

日本养老政策体系的建立跟日本国内政治环境密切相关。二战以来,日本的政治环境经历了三个阶段:对外侵略阶段、被美国占领阶段、美日同盟约束下的相对独立阶段。

日本的养老政策体系雏形可追溯至二战前,《国民健康保险法》和《劳动者年金保险法》分别于 1938 年 1941 年颁布。《国民健康保险法》的出台是为了解决对外侵略战争的兵源问题,作为一项"健兵健民"政策;《劳动者年金保险法》出台的目的是为动荡的战争局面下生活的国民提供生活保障,确保劳动力资源的供应,同时也为了筹措军费,解决政府资金不足①问题。这两部法律都具有战时保障特征,政府一方面通过这种方式稳定民心,为对外侵略创造一个稳固的国内环境,防止后院起火,另一方面通过吸取民间养老金来弥补对外侵略战争军费的不足。日本统治阶层通过主动地承担起国民社会保障的责任,来更好地统合国民,从而推进国家总动员体制来服务对外侵略战争②。

二战战败后,日本被美国为主导的盟军所占领,驻日盟军占领军司令部接管日本政府,负责战后重建工作。战后日本国内面临着社会动荡、经济贫困、失业等问题,稳定日本国内局势成为占领军最要紧的政治任务,重建社会政策是占领军控制日本的有效手段之一。麦克阿瑟曾说:"以民主主义思想为基础,在日本建立一个既适应国力资源、又顺应国情且覆盖广泛的社会保障制度,是我们占领目标所在。"③驻日盟军总司令部于 1945 年要求日本政府进行

---

① 权彤:《战后日本养老社会保障制度变迁研究》,北京:人民出版社,2017 年,第 47 页。
② 文阡箫:《战后日本福利体制构建的政治逻辑》,《日本研究》2019 年第 4 期,第 59—65 页。
③ 柴田嘉彦「日本の社会保障」、新日本出版社 1998 年、168 页。

民主化改革,向贫困者提供无差别平等的救济。日本政府于1946年成立社会保险制度调查委员会,1947年调查委员会提交《社会保障制度要纲》,因战后财力匮乏限制,日本政府并没有接受此方案,只是建立和修订以社会救助为政策目标的《生活保护法》。

朝鲜战争爆发后,因地理位置的优势,日本在美国国际战略中的地位越来越重要,加上驻日美军被调遣至朝鲜战场,美国不得不让渡部分控制权给日本政府。1951年9月8日,日本与美国在旧金山签订《日本国和美利坚合众国之间的安全保障条约》;1952年2月28日,日美两国在东京签订了《日美行政协定》。《日美安全保障条约》和《日美行政协定》让日本在政治上获得更多的自主性,实现政治上的相对独立,日本恢复了主权国家的地位。国内政治方面。政治体制上实行君主立宪制,保留了日本"天皇",保持了日本政治整体上的稳定。政党方面,二战后日本的自由党和民主党两大保守性右翼政党完成了统一,成立自民党,日本政治进入最为稳定的时期,政治格局处于一种相对的均衡状态,政党竞争体制长期稳定在自民党执政、社会党在野的局面。[①] 国际政治上的相对独立、国内政治稳定,为养老政策体系的建立创造了稳定的政治环境。20世纪50年代,随着经济的全面复苏,日本政府意识到建立覆盖全体国民的年金制度已是大势所趋。同时,随着劳动力人口占人口比重日益增加,实施国民健康保险、国民年金制度有助于社会财富的积累,这一定程度上刺激了日本政府推动养老金政策落地的积极性。因此,从20世纪50年代开始,养老政策进入创建、扩张和转型、改革和完善期的正常轨道,这与日本国际政治上的相对独立以及国内政治稳定密不可分。

(二)经济环境

二战期间,日本的经济发展服务于对外军事侵略战争,日本的养老政策体系也体现出典型的战时经济特征。《国民健康保险法》出台与日本农村经济凋敝和农民生活条件恶化密切相关。《劳动者年金保险法》的出台出于三方面的考虑:一是为了防止劳动者随时更换工种,达到长期雇用的目的,来确保生产力的扩大;二是家庭储蓄的增加为资本积累作出贡献;三是消除军需的通货膨

---

① 魏福明、朱菊生:《二战后日本政治文化思潮的变迁》,《学海》2009年第1期,第183—190页。

胀。① 这些政策出台，是为稳定国内经济发展，为战时经济发展提供稳定的劳动力资源，反映在政策上典型特征是保险对象只面向劳动者群体。二战末期及战后初期，日本经济处于崩溃状态，医疗保险和养老金制度名存实亡。

1950 年朝鲜战争爆发，日本获得大量的美军军需采购订单，成为经济复苏和高速发展的重要契机。根据统计数据，1950—1953 年，各年度日本国民收入增长率分别为 23.5％、33.8％、12.4％和 13％②。从 20 世纪 50—70 年代，日本经济进入高速发展时期，至 1968 年发展成为世界第二大经济体。经济发展为政府带来更多的财政税收，同时为养老政策体系的建立提供了坚实的物质基础。反映在政策变迁上是养老政策处于创立和扩充时期，日本养老政策体系基本在这一时期完成系统性的建立，是日本福利政策奠基时期。20 世纪 50年代末日本进入"全民皆年金、皆保险"时代，养老政策体系日益完善，国民福利水平一直在提高，养老金大幅度增加，国家实行对老年人国家免费医疗政策，因此 1973 年被称为日本的"福利元年"。

20 世纪 70 年代，全球经济发生石油危机，日本经济作为资本主义经济体系中重要的经济体，也受到冲击，经济增长从高速增长向低速转变。自 1973 年后，日本经济经历了转折期、鼎盛期和由盛转衰的时期，日本经济经历了两次石油危机、大规模失业、产业结构大范围调整、老龄化危机初现、泡沫经济以及泡沫经济开始破裂等一系列的大动荡。经济波动直接影响政府的财政收入规模，经济扩张则财政收入增加，反之则财政收入减少，而国家财政是社会福利最重要的支出主体，因此日本的养老政策也随着经济波动不断进行着改革，在不同的经济发展阶段呈现不同的政策变迁特征。20 世纪 70 年代后期，日本提出要使"本国的社会保障和社会福利等方面达到欧美国家的水准"，社会保障和社会福利的完善不能只依赖于政府的财政支出，而要激发"民间的活力"，使日本从国家福利过渡到社会福利。③ 80 年代，开始了日本式福利制度改革，比如取消老年人国家免费医疗制度，更加强调个人、家庭和社会在养老体系中的作用，资金筹集上不断

---

① 刘锋：《日本的社会保障制度——以国民养老金为中心》，《国外理论动态》2008 年第 1 期，第 55—57 页。

② 中国银行总管理处编：《日本经济统计简编》，北京：中国财政经济出版社，1976 年。

③ 李青：《日本养老制度发展历程：从"国家福利"到"社会福利"》，《行政管理改革》2019 年第 7 期，第 93—97 页。

增加个人和企业的社会积累,养老服务上也强调个人和家庭的自助,这意味着日本福利制度的转型。这种社会福利思想一直延续至今,20 世纪末制定《护理保险法》就是最好的例证,通过社会保险的方式解决老年人护理的问题。

(三) 社会环境

任何政策的产生和变迁,要发挥政策效果,跟一个国家的文化传统是分不开的。日本养老政策体系的变迁也是一样。日本属于儒家文化圈,有尊老敬老传统,孝道文化是其国民内生一种的传统文化基因,老年人居家养老被认为是一种尽孝方式。日本近代社会中以家族为单位分担养老风险的功能,二战后以集团或以企业的形式得到了继承。[1] 20 世纪 70 年代,日本式福利制度改革思想得以产生和被采纳,跟日本的文化也是密切相关的。日本的个人意识淡漠,企业和家庭意识浓厚,因而日本的福利制度应体现日本特色,即提倡企业保障和家庭保障,鼓励个人自立自助。[2]

人口老龄化趋势是推动养老政策体系建立、改革和完善的重要推动力。20 世纪 70 年代至今,日本经历了老龄化社会(1970 年进入)、老龄社会(1994 年进入)和超老龄社会(2005 年进入),从日本国立社会保障与人口问题研究所的预测数据来看(见表 9 - 3),日本老年化趋势到 21 世纪中叶仍将持续,2025 年日本 65 岁及以上人口将达到 30%。人口老龄化日益严重意味着社会赡养负担越来越重,劳动力人口资源不足,也意味着领取养老金的人越来越多,而能够缴纳养老金的人越来越少,养老金制度面临严重的挑战。与此同时,日本还面临这少子化趋势,即生育率一直在下降,导致 0—14 岁人口占总人口的比重一直在下降,人口结构失去活力。根据数据预测,到 21 世纪中叶,日本少子化趋势不会有任何改变(见表 9 - 3)。老龄化和少子化趋势日益严重,医疗保险和养老金制度面临严重挑战。日本已出现年金"空洞化"趋势,从 1996 年以来国民年金缴费率一直下降,2002 年近 40%的人没有缴纳年金,2008 年未缴纳年金的人口比例更高。[3]

---

① 权彤:《战后日本养老社会保障制度变迁研究》,北京:人民出版社,2017 年,第 79—80 页。
② 陶涛:《人口老龄化与日本式福利社会》,《市场与人口分析》1997 年第 6 期,第 29—31 页。
③ 权彤:《战后日本养老社会保障制度变迁研究》,北京:人民出版社,2017 年,第 172 页。

表 9-3 　　　　　　　日本人口年龄结构变化趋势①

单位:%

年份	0—14 岁	15—64 岁	65 岁及以上	年份	0—14 岁	15—64 岁	65 岁及以上
1950	35.4	59.6	4.9	2010	13.2	63.8	23.0
1955	33.5	61.3	5.3	2015	12.6	60.7	26.6
1960	30.2	64.1	5.7	2017	12.3	60.0	27.7
1965	25.7	68.0	6.3	2018	12.2	59.7	28.1
1970	24.0	68.9	7.1	2019	12.1	59.5	28.4
1975	24.3	67.7	7.9	2025	11.5	58.5	30.0
1980	23.5	67.4	9.1	2030	11.1	57.7	31.2
1985	21.5	68.2	10.3	2035	10.8	56.4	32.8
1990	18.2	69.7	12.1	2040	10.8	53.9	35.3
1995	16.0	69.5	14.6	2045	10.7	52.5	36.8
2000	14.6	68.1	17.4	2050	10.6	51.8	37.7
2005	13.8	66.1	20.2				

二、中观层面

(一)政策学习效应

学习是制度变迁的重要机制,在制度创新和扩散过程中都有体现,表现为新观念的涌现和对成功观念的模仿、复制、诠释和再编辑。② 一种制度被颁布或实行,在其实施过程中所积累的有效经验将引发对该制度规范的持续学习强化。③ 霍尔将学习定义为根据过去政策的结果和新的信息,调整政策的目标或技术的刻意的尝试,以更好地实现政府的终极目标;④萨巴蒂尔提出了"政策

---

① 作者自制。数据来源:国立社会保障・人口問題研究所「日本の将来推計人口」,『人口問題研究資料第 336 号　平成 29 年推計』,2017 年。

② 马得勇:《历史制度主义的渐进性制度变迁理论——兼论其在中国的适用性》,《经济社会体制比较》2018 年第 5 期,第 158—170 页。

③ 丁辉侠、张紫薇:《历史制度主义视角下中国健康扶贫政策变迁与动力机制》,《中国卫生政策研究》2021 年第 5 期,第 28—34 页。

④ Peter A. Hall, "Policy Paradigms, Social Learning and the State: A Paper Presented to the International Political Science Association", 1988.

取向的学习",并将这种学习作为政策创新和变迁的一个重要原因;^①梅塞古尔将政策学习分为与政策工具或执行方案的可行性相关的"工具型政策学习"和与政策过程、政策预测相关的"社会型政策学习"两个类型;^②列维提出了"经验学习"和"因果学习与诊断学习"的概念。^③ 从政策学习的概念历史性拓展过程中,政策学习既是经验逐渐积累,又是政策主体不断学习新的技术手段和政策的过程,最后引致决策者和社会大众对于政策的认识体系发生渐进式变迁。^④

日本养老政策的变迁很好地体现了政策学习三个方面的机制。首先,体现出政策学习的方向机制。梅塞古尔认为,国家间政策学习是有条件的:政策学习常常发生于同类国家之间;决策主体倾向于向取得了显著成就的国家学习。日本的养老政策体系是在向西欧、北欧等资本主义国家的福利制度学习的基础上建立起来的,战时日本养老政策产生和二战后一段时间养老政策的建立和修订,都是以西欧和北欧国家福利制度为参照,从无到有,依靠国家力量建立起来的。可以看出,这个层面的政策学习是向同为资本主义国家的西欧、北欧诸国学习,并且这些国家在福利制度建设方面已经取得了较为成功的经验。因此,日本政策学习的方向机制上体现出向上看的特点,是基于政策模仿发生的强制性制度变迁。其次,日本养老政策变迁体现了政策学习的时空机制。具有时间和空间上的维度是政策学习的重要特征。罗斯认为学习的时间维度包括三个,即过去、现在和未来;空间维度有两个,即本地与他地。随着日本经济由高增长率转向低增长率,日本政府面临沉重的财政负担和压力,前一时期由国家和政府对养老服务全面负责的政策必然难以为继,日本开始否定西欧、北欧福利国家体制,强调个人、家庭、区域社会内自立自助的努力和相互扶助,开始尝试建立日本式福利制度;此外,经济的低增长伴随着人口深度老龄化和少子化的矛盾,使得日本政府面临严峻的挑战和前所未有的压力,这种情况迫使日本政府不断反思和重新审视养老政策体系,并作出自发的应对,

　　① 保罗·A.萨巴蒂尔编:《政策过程理论》,彭宗超、钟开斌等译,北京:生活·读书·新知三联书店,2004年。

　　② Covadonga Meseguer, "Policy Learning, Policy Diffusion, and the Making of a New Order", *Annals of American Acadamy of Political and Social Science*, Vol.598, March 2005, pp.67-82.

　　③ Jack S. Levy, "Learning and Foreign Policy: Sweeping A Concept Minefield", *International Organization*, Vol.48, No.2,1994, pp.279-312.

　　④ 干咏昕:《政策学习:理解政策变迁的新视角》,《东岳论丛》2010年第9期,第4页。

20 世纪 80 年代以后日本进行的一系列社会福利改革是一场探索与经济发展相适应的日本式福利国家模式的尝试。[①] 再次,体现了政策学习的路径机制,渐进式学习是政策学习的主要模式:决策者实施一些微小的政策调整,观察其效果,从试错中学习,渐进地改良。[②] 在制度主义的视角中,学习效应巩固了既有的制度,即学习常常产生自我强化或"正反馈"功能,使某一制度的变迁有路径依赖的特征。[③] 日本养老政策各阶段的变迁随着政治、经济和社会环境的变化而不断进行调整和完善,这种渐进式的政策变迁体现了时代特征,同时体现了日本养老政策变迁的路径依赖。

(二) 政策协调效应

政策协调效应是指为了实现某项政策目标的过程中,与该项政策相关的不同政策工具对该项政策形成相互联系、相互补充和相互支持的合力效应。正式规则将导致一系列非正式约束的产生,它们修正正式规则,并将正式规则延伸至各种具体的应用领域。[④] 也就是说,相关政策之间的协调会使得原有制度自我强化并且累积更多的外部成本,政策变迁会有更强的路径依赖。

日本养老政策体系的政策协调效应体现在两个方面。一方面,日本养老政策体系内的政策相互协调。20 世纪 50—60 年代的医疗保险、养老保险和老年人福利法形成较好的衔接和配套效应,在当时老龄化程度不是特别高的情况下,这三个政策体系的相互配合能够较好地应对社会的养老问题,维护社会的良性运转。之后,随着人口老龄化日益严重,老年人的护理需求增加,通过《老人保健法》和《护理保险法》来补充医疗保险和养老金制度的不足,这更是体现出时间维度上的政策协调效应。另一方面,日本养老政策体系与非养老政策体系间的有效协调衔接产生重大的协调效应,从而保证养老政策体系虽然面临挑战,但依旧可以适应社会现实的变化,并且维持比较平稳的运转。如

---

① 宋金文:《治理理论与实践的中间地带——日本福利改革中的权力与智慧博弈》,《人民论坛》2014 年第 14 期,第 15—19 页。

② Jack S. Levy, "Learning and Foreign Policy: Sweeping A Concept Minefield", *International Organization*, Vol.48, No.2,1994, pp.279-312.

③ Paul Pierson, "Increasing Returns, Path Dependence, and the Study of Politics", *American Political Science Review*, Vol.94, No.2,2000, pp.252-254.

④ 道格拉斯·C.诺思:《制度、制度变迁与经济绩效》,杭行译,上海:格致出版社,2014 年。

日本政府制定和多次修改《高龄者雇用安定法》保障老年人的就业权；多次改革退休年龄制度，不断推后养老金支付起始年龄，减轻了日本政府支付养老金压力；制定《就业保险法》预防高龄者的失业问题；制定《老人保健法》，通过建设老人保健设施等减轻医疗保险的压力；加强和完善护理人才培养和认证制度等，这些政策工具在解决养老问题的同时也为社会经济发展提供了更多的劳动力，促进社会经济发展和社会财富的积累。

（三）适应性预期

适应性预期是指一旦某项制度被提出并具有逐步完善的趋势时，人们对该制度的适应性期待也会逐渐增强，并根据这一预期改变自身的行为模式，其结果是使制度延续并得到进一步强化。[①] 这意味着，一旦制度被设定，行为者便会适应并强化这一系统的逻辑。从 20 世纪 70 年代开始，日本政府开始提倡日本式福利制度建设，养老保障不单纯是国家的责任，而是由国家、社会、家庭和个人共同分担。日本式福利特征的养老政策体系不断得到强化，推动了养老政策体系的发展和完善。但是，日本养老政策体系中稳定的并有适应能力的路径依赖也出现了一些运行性危机。如日本为巩固和稳定年金保险制度，多次对年金制度进行改革，采取推迟支付养老金年龄、降低支付标准等措施，导致国民对年金制度持怀疑态度，年金"空洞化"趋势一直持续。[②] 按照适应性预期的逻辑，随着年金制度的稳定存续，人们应该对该制度形成越来越深的依赖和心理期待，但是由于社会现实的压力导致政策不断变革，而这些变革破坏了国民对养老政策体系尤其是年金制度的信任基础，从而使得政策的现实压力更大。而养老政策为了适应现实压力继续调整，这就促成了政策变迁的动力。年金"空洞化"趋势的产生本质上是少子老龄化趋势下的老年人群体和劳动力群体间的代际矛盾，不少年轻人担心他们未来养老金的安全性，从而产生政策变迁的社会压力。总体而言，这种适应性预期体现的是社会期望对公共政策的塑造，因为社会预期的变化是缓和的，从而日本的养老政策体系还

---

① 丁辉侠、张紫薇：《历史制度主义视角下中国健康扶贫政策变迁与动力机制》，《中国卫生政策研究》2021 年第 5 期，第 28—34 页。

② 权彤：《战后日本养老社会保障制度变迁研究》，北京：人民出版社，2017 年。

是体现出一种稳定性和长期适应性。

三、微观层面

政策执行过程中各政策行为主体将对政策执行产生正向或反向反馈,这些反馈将引致新的政策变迁。行为主体在特定政治脉络中与既存制度的互动构成了渐进性制度变迁的演化过程和机制,并决定了制度变迁的方式和方向,而制度自身所固有的模糊性则为渐进性制度变迁提供了可能的空间和余地,因为"规则与解释"以及"规则与执行"之间存在的空隙,即是制度变迁的增量空间。[1] 日本养老政策涉及政府、老年人群体、非老年人群体等政策行为主体,各自都有自身的目标追求和利益诉求,不同阶段不同行为体的目标和利益驱动养老政策不断变迁。

(一) 政府:养老政策体系的主导者和推动者

日本政府无疑是制定和推动日本养老政策最主要的行为体,在变迁过程中发挥着主导作用。其一,养老政策要成为公共政策必须经过国家的法律程序才能实现,而政府是将养老问题引入公共政策议程的关键主体。有研究指出,日本福利国家建设是国家官僚制的结果,[2]政党政治竞争一定程度上推动了二战后日本福利体制的形成。[3] 例如 1968 年,日本老年人福利会议提出"老年人医药费全部由国库承担"的殷切期望,引发广泛的社会关注,随后在东京都知事选举过程中,候选人把老年人公费医疗作为一项政治课题提出,因此获胜当选,新知事决定从 1969 年起落实 70 岁以上的领取养老金的老年人享受老年人医疗费用全部由政府负担的政策。东京都这一政策的实施,对全国其他各地产生了重大影响,70 岁以上老年人公费医疗运动进一步扩大,一举在全国各都道府县展开。这些老年人医疗改革的措施,为 70 年代政府医疗改革的开展打下了重要的基础。20 世纪 90 年代开始,中央政府的养老事权向地方政

---

① 马得勇:《历史制度主义的渐进性制度变迁理论——兼论其在中国的适用性》,《经济社会体制比较》2018 年第 5 期,第 158—170 页。
② 武川正吾、龚剑:《日本的福利国家体制》,《社会保障研究(北京)》2005 年第 1 期,第 86—95 页。
③ 文阡箫:《战后日本福利体制构建的政治逻辑》,《日本研究》2019 年第 4 期,第 59—65 页。

府下移,使得日本社会福利开始地方化、民间化、市场化转型。[①]

其二,养老政策不能脱离财政支持。作为养老政策行为体,政府的约束力量主要来自政治约束和财政约束。政治约束方面。二战期间创立的养老政策雏形,是服务于战时保障的结果。战后初期,以《生活保护法》为核心,围绕贫困群体的社会救助体系开始确立,这一法律出台是美国为首的占领盟军对日本政府施压的结果,并不是日本政府内部自身的政策结果。20 世纪 50 年代后,日本政治逐步回归正常轨道,政治进入稳定期,未发生剧烈的政治波动,更多是诱致性政策变迁,政治约束对养老政策变迁的影响作用逐渐减小,而财政约束成为政府自身推动养老政策变迁的最主要约束力量。财政约束方面,主要表现在两个比重的上升。一是以年金和医疗为代表的社会保障性支出占日本 GDP 比重在上升(见图 9 - 2);二是国家财政等公共出资占日本总社会保障收入比重在上升(见图 9 - 3),2019 年接近 40% 是由国家财政在支出。所以,20 世纪 70 年代以后,日本政府一直提倡日本式福利体制,希望减少国家在社会保障中承担的责任,最主要原因是日本经济经历了转折期、鼎盛期和由盛转

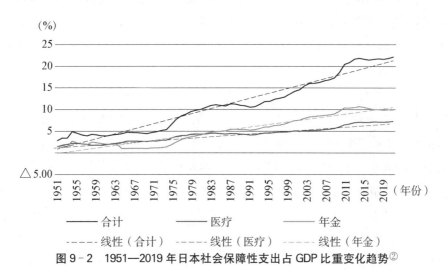

图 9 - 2　1951—2019 年日本社会保障性支出占 GDP 比重变化趋势[②]

① 宋金文:《日本福利制度改革与社会治理转型的社会学分析》,《社会政策研究》2017 年第 1 期,第 14—23 页。

② 根据日本国立社会保障与人口问题研究所令和元年社会保障费用统计数据自制,参见 http://www.ipss.go.jp/ss-cost/j/fsss-R01/fsss_R01.asp。

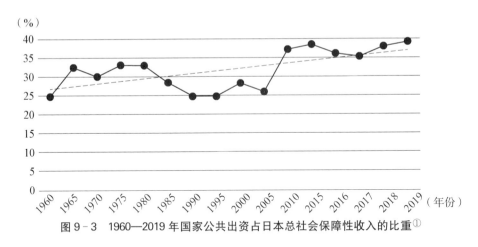

（%）

图9-3　1960—2019年国家公共出资占日本总社会保障性收入的比重①

衰的时期,面临着财政压力。

（二）老年人群体:养老政策体系的需求者

老年人群体是养老政策体系的需求者,政策变迁直接关系到老年人群体的福利,因此老年人群体是政策变迁的重要推动力量。日本养老体系建立之初,老年人群体是养老政策的被动接受者,随着对养老政策的熟悉了解和对自身利益的维护,老年人群体成为主动的政策互动行为体。

老年人群体的政策互动,主要由老年人自身的需求驱动,老年人有经济保障需求、医疗和保健需求、护理需求。经济保障需求是制定养老金政策最初的动机。日本养老金制度建立初期,年金制度分为厚生年金保险、恩给制和各种共济组合承办的年金制度,能够受益的老年人有限,这是推动日本实行全体国民普及年金制度的重要推动力②。20世纪60年代,日本物价水平上涨,在召开第一届老年人全国集会时,企业工会强烈要求大幅度改善养老金。1973年4月开始了养老金统一大罢工,全日本掀起了改善养老金问题的热潮,日本政府提出了5万日元的养老金改革案,推动日本养老金跟物价水平联动制度改革。受日本经济持续低迷影响,养老金几乎没有增长,很多退休老年人的实际

① 根据日本国立社会保障与人口问题研究所令和元年社会保障费用统计数据自制,参见 http://www.ipss.go.jp/ss-cost/j/fsss-R01/fsss_R01.asp。

② 吉原健二『わが国の公的年金制度:その生い立ちと歩み』、中央法规出版2004年、279页。

生活质量受影响，①老年人希望赚取更多生活资金，老年人的这种需求推动了老年雇用制度的出台和改革。老年人身体健康水平下降，需要更多的医疗保健和护理需求，推动了日本《老人保健法》《护理保险法》的出台和改革。

总体而言，日本养老政策体系向更符合老年人经济保障需求、医疗保障需求和护理需求的方向变迁，而且对老年人面临的困境进行分类治理，对不同需求类型的老年人采取了不同的政策措施，以更有效地满足老年人的需求。

（三）非老年人群体：养老政策的参与者

非老年人群体主要包括年轻人群体（或者说劳动力人口群体）和企业等经济组织，他们虽然不是养老政策的直接受益者，但养老政策的变迁会影响到他们的利益，他们是养老政策变迁中不可缺少的参与者，参与政策主体互动。

年轻人群体对待养老政策的心态是矛盾的，他们既有需求又存在内心排斥。首先，养老问题是年轻人必须面对和需要解决的重要问题，健全完善的养老政策能够帮助年轻人解决自家老人的大部分经济收入、医疗保障和护理问题，因此养老政策能够有效减轻年轻人的生活负担。但与此同时养老制度的代际负担问题导致了年轻人群体的内在排斥心理，因为老龄化和少子化的趋势导致日本养老金、医疗保险等社会保障性支出逐年增加，养老金和医疗保险成为事实上的现收现付制，年轻人群体对养老政策产生了不信任感，拒绝缴纳保险，导致养老金等"空洞化"发展。这也导致养老政策的变革，如年金制度方面提高支付年限、降低支付标准、上调保险费用、改革女性年金②等。本质上说，年轻人的内在排斥是不同代际群体之间矛盾的外在表现。

企业等经济组织也是养老政策的参与者，从企业经营目的出发，他们对养老政策表现出更多的排斥。企业经营目的是赚取更多的利润，养老相关政策作为社会保障政策，更多是对老年人群体的照顾，与企业经营目的相悖。如老年人雇用政策，这是有利于养老金制度、医疗保险制度改革的协调性政策，但在实施老年人雇用政策初期，企业更多是排斥，因为与雇用年轻人相比，老年

① 丁英顺：《日本人口老龄化与老年人力资源开发》，北京：中国社会科学出版社，2016 年，第24 页。

② 权彤：《战后日本养老社会保障制度变迁研究》，北京：人民出版社，2017 年，第 173—176 页。

人效率相对更低,这推动了老年人雇用政策日益规范化和刚性化。

四、未来日本养老政策体系变迁的趋势及对其人口结构的影响

未来日本养老政策体系变迁的趋势必将受到宏观层面、中观层面和微观层面三个层次的影响。具体来说,日本养老政策将会向以下趋势变迁。

第一,宏观政策环境对未来日本养老政策变迁的影响。在没有强大的外部力量冲击情况下,如国际政治环境或国内政治体制的剧变,宏观的政治稳定将是日本政治一种常态。因此,政治环境稳定几乎不会对日本养老政策产生冲击。养老政策变迁主要约束来源于经济约束和社会环境约束。日本经济的低迷和疲软将减少税收收入和国家财政收入,而养老金和医疗保险等社会保障性支出中很大一部分来源于税收和政府财政,这势必增加整个国民经济压力和政府的财政压力,而且财政压力的状况极有可能会继续恶化。因为日本社会中人口老龄化程度和少子化趋势日益严重,根据日本国立社会保障与人口问题研究所的预测数据,这些趋势到21世纪中叶都将无法逆转。这些都将进一步加剧日本经济和社会丧失活力。受经济环境和社会环境约束,最晚到21世纪中叶,日本养老政策将沿着减少国家责任、增加社会和个人责任的路径进行持续性的政策微调。

第二,从中观层面来看,日本式福利体制的路径依赖将得到强化。从20世纪70年代起,日本政府开始创设日本式福利体制,强调社会福利是国家、社会、家庭和个人的共同责任。之后养老金、医疗保险、老年保健、护理保险等制度的建立或改革,都是沿着日本式福利体制的路径在前行。与养老政策相关的协调性政策,如老年人雇用政策,实际上就是让社会中的企业承担一部分养老责任。从实践效果看,虽然日本社会对日本式福利体制存在一些不同的声音,但总体上还是肯定其有利于保持社会保障政策的持续平稳运行,说明日本式福利体制的路径是有效的,未来的养老政策变迁将继续沿着这种思路进行改革。

第三,从微观层面来看,政府、老年人群体和非老年群体作为政策的行为体,在政策取向上既具有一致性的利益,同时又存在利益分歧,共同利益能为养老政策产生拉力,利益分歧则产生推力。日本经济低迷和疲软、老龄化和少子化趋势的日益严重,政府、老年人群体和非老年人群体之间的利益分歧将逐步扩大,如处理不好,日本养老政策体系将面临崩溃,甚至可能会导致日本社

会不稳定。目前,日本对老年人群体和非老年人群体的政策变革几乎接近极限,政策空间有限,未来只能进行细微的政策改革和调整。更有可能采取的措施是用时间换取政策空间,即在努力维持现行养老政策体系基础上,逐步扩大日本政府的公共投入,但这种做法将让日本政府背上沉重的财政负担。

那么,未来日本养老政策体系变迁的趋势将对日本人口结构产生什么样的影响呢? 首先,日本社会将维持较低的生育率,少子化趋势会更加严重。其次,日本总体人口结构已成伞形结构,即 0—14 岁年龄人口比重较低,15—64 岁劳动年龄人口比重高,65 岁及以上老年人口比重增加,随着未来老年人口增加,人口结构将呈现倒金字塔型。物极必反,随着二战后日本社会两次婴儿潮期间出生人口的死亡,人口结构可能会有所改善。根据 2020 年《日本统计年鉴》预测数据,日本二战后第一次婴儿潮出生的男性平均余命为 13 年,女性平均余命为 17 年,第二次婴儿潮出生的男性平均余命为 33 年,女性平均余命为 39 年。因此,乐观一点的估计是,至 21 世纪中叶,日本社会生育率可能会触底回升,人口结构将随着生育率的提高而逐步改善。

第四节　日本养老政策变迁对中国应对老龄化社会的政策启示

一、当前中国老龄化社会进程中面临的挑战

当前,我国正处于老龄化社会进程中,关于应对老龄化我们主要面临以下四个方面的问题和挑战。

首先,我国人口老龄化进程加速,老年人口规模大。2000 年,我国 65 岁及以上人口超过 7%,进入老龄化社会。之后,人口老龄化进程加速,根据 2021 年发布的第七次人口普查数据显示,我国 65 岁及以上人口为 19 064 万人,占 13.50%,距离老龄社会仅一步之遥。不但人口老龄化速度快,而且老年人口规模大。2020 年,世界各国 65 岁及以上老年人人口总数为 7.37 亿,而我国同期的 65 岁及以上老年人人口总数为 1.78 亿,①也就是说世界上约 1/4 的老年

---

① 世界各国老年人(65 岁及以上)人口总数统计参见:https://www.kylc.com/stats/global/yearly/g_population_65above/2020.html。

人口在中国,每 4 个老年人中有 1 个是中国老年人。随着人口老龄化程度进一步加深,未来一段时期将持续面临人口长期均衡发展的压力,[①]我国人口红利将逐渐消失。

其次,我国的社会保障建设起步较晚,社会保障事业虽然取得迅速发展,但保障体系还是比较脆弱,保障力度有限。现行的养老保险、医疗保险制度都是 20 世纪 90 年代开始建立的。随着改革的不断推进和深化,我国逐渐形成了社会救助、社会保险、社会福利、社会补助、慈善事业、各类商业保险等多元相结合的社会保障体系[②]。国际比较来看,我国社会保障事业发展远远落后于国际上的一些发达国家的平均水平,我国的社会保障制度的基金规模、管理水平等多方面与发达国家相比也存在一定的差距。[③] 我国养老保险和医疗保险制度是一种现收现付制度,建立时间较晚,基金的社会积累不足,随着人口老龄化趋势加剧,支付压力将增加。此外,我国城乡社会保障差异巨大,农村社会保障体系于 21 世纪初才开始启动,目前虽然实现了全覆盖,但老年人实际获得的养老金很少,保障力度有限,实际上农村人口老龄化程度比城市更为严重。

再次,我国养老模式以家庭居家养老为主,社区养老和机构养老等社会养老观念还未获得普遍认可。我国人口研究学者将养老模式概括为"9073"模式,即 90% 的老人为居家养老、7% 的老人为社区养老、3% 的老人为机构养老。受传统观念影响,老百姓认为老人在家养老是子女尊老敬老、遵行"孝道"文化的表现,而将老人送入养老机构养老被认为是一种不孝行为,社会养老的观念未获得普遍认可。据民政部统计数据,截至 2020 年 7 月底,我国已建养老机构床位 429.1 万张,收住老年人却只有 214.6 万人,养老床位空置率高达50%。当然,以家庭居家养老为主,还与服务机构服务意识欠缺、老人可能面临虐待有关,这也是老人对机构养老所存在的顾虑。根据世界卫生组织的实况调查文章描述,2021 年全世界大约有 1/6 的 60 岁以上老人在社区环境中遭

---

① 新华网:《第七次全国人口普查数据结果十大看点》,2021 年 5 月 11 日,http://www.xinhuanet.com/politics/2021-05/11/c_1127433978.htm。

② 何志勇:《我国社会保障制度存在的问题和对策研究》,《农村经济与科技》2021 年第 4 期,第199—200 页。

③ 朱一湄:《社会保障制度现状及完善策略》,《劳动保障世界》2020 年第 17 期,第 27—28 页。

受了某种形式的虐待,而在护养院和长期护理中心等机构,2/3 的员工称他们在过去一年中曾虐待过老人,老人遭受虐待的比率很高。[①] 我国目前尚未见养老机构虐待老人的大样本调查数据,[②]但养老机构虐待老人的报道屡见不鲜。

最后,随着人口老龄化高龄人口比重越来越大,社会护理需求很大,但护理供给严重不足。据统计,我国有 3 600 万失能老人,按照护理人员与失能老人的 1:3 的比例,需护理人员 1 200 多万名。而目前全国仅有 100 多万护理人员,其中取得职业资格的不足 10 万,养老护理员持证上岗率低、流失大。同时,医生、护士、营养师、康复师、心理咨询师、社会工作师等专业人才也十分缺乏,医疗康复、精神慰藉、临终关怀、医养结合等专业服务不足。护理人员不专业,护理工作因脏、累、收入少,不被年轻人看好,从事此工作的以无任何专业知识的中年妇女居多。[③]与此同时,我国的长期护理保险制度尚在试点过程中,社会护理需求问题亟待解决。

二、对我国应对老龄化社会的政策启示

（一）宏观层面

1. 保持政治稳定

日本养老政策体系的建立、改革和完善,与 20 世纪 50 年代以来日本国内政治稳定密不可分。

对我国来说,保持政治稳定是我国积极应对老龄化的首要条件。积极应对老龄化,保持政治稳定,需要做到:第一,坚持党的领导。党是中国特色社会主义事业的领导核心,中国共产党是执政党,党的领导是做好党和国家各项工作的根本保证。积极应对老龄化,需要坚持党的领导。第二,要认识到人口老龄化本身是影响到国家安全和社会稳定的重要因素,牵动全局,关系国计民生,是影响民族兴衰和国家长治久安的新的基本国情。因此,我们要高度重视

---

① 世界卫生组织:《虐待老人》,2022 年 6 月 13 日,https://www.who.int/zh/news-room/fact-sheets/detail/elder-abuse。

② 黄蓉蓉、孙慧敏:《养老机构虐待老人现状及影响因素研究进展》,《护理学报》2017 年第 23 期,第 23—27 页。

③ 付敏:《日本养老保障制度对我国养老政策的启示与思考》,《现代经济信息》2016 年第 12 期,第 60 页。

人口老龄化问题。第三,要维护好来之不易的政治稳定大局。中华人民共和国成立后,随着国家主权独立,为我国独立自主开展社会主义建设提供了保障,改革开放后,国内政治稳定为我国取得伟大政治、经济和社会建设成就提供了稳定的大局。

2. 产业转型升级,维持经济增长

日本养老政策体系的建立、扩充和转型,与日本经济复苏期、高速增长期、转折期、鼎盛期和由盛转衰期等不同经济发展阶段密不可分,可见经济增长在养老政策体系发展过程中发挥着重要作用。

对我国来说,要应对人口老龄化,经济增长发挥着非常重要的作用。一方面,与资本主义发达国家不同,我国进入人口老龄化社会时人均收入远远低于资本主义发达国家的人均收入水平,属于"未富先老"。虽然我国经济总量已成为世界第二大经济体,但因总人口规模大,人均收入还属于发展中国家水平。随着人口老龄化程度加深,需要更多的社会保障支出,这需要持续的经济增长作为支撑养老政策体系的经济基础,因此,我们需要采取坚持应对人口老龄化和促进经济社会发展相结合方针。另一方面,人口老龄化会导致劳动力人口减少。人口学家蔡昉认为,我国依靠劳动适龄人口带来经济增长的人口红利面临式微乃至消失。[①] 劳动力人口的减少,仍需要维持经济增长,就需要推进产业结构转型升级,提高全要素生产率。随着老年人口比例的不断上升,老年群体特殊的消费需求也要求产业结构转型,如为"银发经济"发展带来巨大潜力,因此需要积极开发符合老年人口消费需求和养老需求的产业、产品和服务。

3. 转变社会观念

转变社会观念与养老政策体系变迁密切相关。日本养老政策变迁中,形成良好的尊老敬老社会观念、日本式福利理念的传播、少子化社会氛围等分别从正向或反向推动养老政策的变迁。

对我国而言,应对人口老龄化,需要在以下五个方面转变社会观念:第一,构建养老、孝老、敬老政策体系和社会环境。第二,树立人口老龄化的国家安全观。正如习近平总书记强调:"有效应对我国人口老龄化,事关国家发展全

---

① 蔡昉:《如何开启第二次人口红利》,《国际经济评论》2020 年第 2 期,第 10 页。

局,事关亿万百姓福祉。"第三,树立老年人保健观念,倡导健康老龄化理念。第四,加强社区养老和机构养老理念的宣传,实现养老理念的转变。第五,转变当前过晚结婚或不结婚、少生育或不生育的婚育观念,防止少子化趋势进一步加剧。

（二）中观层面

1. 加强制度顶层设计

日本的养老事业之所以发展充分,离不开其详尽完善的政策体系的支撑。尽管养老属于个人家庭的问题,但其涉及面广、牵扯的人多,其制度的设计既要普及,更要公平,必须依赖国家层面设计。[①]

对我国而言,加强养老政策体系的制度顶层设计,可以从三个方面着手:第一,国家层面要建立应对人口老龄化的养老政策体系框架,核心是建立起解决老年人经济保障、医疗保障和护理保障三个核心需求的政策体系。当前,养老保险和医疗保险基本建立,我国护理保险制度尚处于缺位状态。第二,建立多层次、多主体参与的养老保险制度体系。养老责任不仅是国家责任,还是社会、家庭和个人的责任。发挥商业保险、社会组织和企业在养老服务体系中的积极作用。第三,逐步提高基本养老保险和基本医疗保险的统筹层次,逐步实现参保者相对公平,逐步构建养老金与城乡经济发展水平相挂钩的制度。

2. 做好养老政策的配套协调

日本养老政策体系既实现了养老政策体系内的政策相互协调,同时很好地实现了养老政策体系与非养老政策体系间的有效衔接,发挥了很好的政策协调作用。

对我国而言,养老政策体系需要建立与人口、社会、经济政策相互衔接协同的政策体系,如与生育政策、就业政策、产业政策和退休制度等制度实现有效协调。生育政策方面,以减轻家庭生育、养育、教育负担为中心的生育政策设计将有利于减缓少子化趋势,长远看有利于缓解老龄化趋势。就业政策方面,人口老龄化导致劳动力适龄人口减少,开发老龄人力资源势在必行,需要

----

① 尹文清、罗润东:《老龄化背景下日本养老模式创新与借鉴》,《浙江学刊》2016 年第 1 期,第 174—179 页。

设立相关保护老年人就业的保障制度。产业政策方面，推动养老服务业融合发展，对"银发经济"产业可以给予适度的税收激励。退休制度方面，目前已推行弹性退休制度，但对激励老龄人口延迟退休作用有限，一个重要的原因是养老保险、医疗保险方面与弹性退休制度衔接不够好。

3. 合理引导政策预期

政策预期对政策体系是否具有长期适应性具有重要作用，良好的政策预期会引致政策的路径依赖，而坏的政策预期有可能会导致政策的终结。我国在建立养老政策体系过程中，要合理引导政策预期，在人民心中树立良好的政策预期，使得养老政策体系具有长期适应性。

当前，我国社会保障体系基本上都属于现收现付制度，基金的社会积累速度慢于人口老龄化带来的社会保障支出速度，养老保险制度和医疗保险制度都还比较脆弱，保障力度有限。在改革和完善我国养老政策体系过程中，可以采取广覆盖、低保障、保基本的策略，通过循序渐进的方式，逐步过渡到广覆盖、中保障的福利水平阶段，最好过渡到广覆盖、高保障的福利水平阶段，体现出政策体系向上递进的梯次特征，最终建立强有力的养老保障体系，这样有利于在人民心中构建良好的政策预期。

（三）微观层面

1. 转变政府职能

政府是养老政策体系的主导者和推动者。政府既是我国养老政策体系的建设者，同时又是养老政策体系的监督者。

作为建设者，政府要发挥主体作用。首先，政府应通过政策设计，为养老政策体系的建构和发展做出规划设计。建立制度框架，并规范调整各主体之间的关系以及各自应当承担的责任，为养老服务的具体实施提供规范指导。其次，政府是养老保险和医疗保险基金的重要出资者，各级政府要发挥积极性，保持对基金的持续性增资，同时采取股市或债券投资方式实现存量基金的增长。再次，加强符合老年人护理需求的专业人才培养和养老护理资格认证制度建设，推动多元化、多层次的养老人才培养。

作为监督者，政府要做好裁判员，建立养老服务评价监督体系。随着多元主体参与到养老服务体系，养老服务质量需要有监督机制作为保证，监管责任自然由政府承担。政府可以从投入资源、服务设施、服务过程、服务效果等方面建立养老服务的科学评价体系,同时建立政府、专家、群众和服务对象等多元主体共同参与的服务评价机制。

2. 激活老年人群体的活力

为积极应对人口老龄化,在关注和满足老年人物质生活条件的同时,更应该关注老年人的心理健康状况,激活老年人群体的活力。日本养老服务中有一项重要内容是让老年人重建生活自理能力的信心,在给老年人提供养老服务的同时,更关注老年人的心理构建和情感需求,这很值得我们学习。

为激活老年人群体的活力,可以采取以下一些措施。第一,全社会在观念上进行引导,重新定义"老年人"的概念,既要引导老年人认识自身的社会价值,同时引导非老年人正确认识老年人的社会价值,消除对老年人的年龄歧视和能力歧视,在全社会营造"老有所为"的社会风气。第二,让老年人尤其是低龄老年人发挥余热,让有技能且有服务意愿的老年人走出家门,融入社会,为社会、社区或高龄老年人服务,既能为社会发展增加建设性力量,同时又能解决自身脱离社会所产生的情感需求,让老年人找到存在感、价值感和成就感。第三,通过政府、社区或非政府组织,通过趣缘途径形成老年人趣缘社区或趣缘共同体,形成互助性养老合力。

3. 引入社会力量参与养老

中国作为世界上老年人口规模最大的国家,在"未富先老"的境况下,单纯靠政府解决老年人养老问题是不现实的。日本养老政策体系重视社会、家庭和个人力量在老年人养老中的作用。因此,我国引入社会力量参与养老事业的建设则显得尤为紧迫。

引入社会力量参与养老,可以从以下三个方面入手。首先,要积极引导社会资本参与养老事业的发展。目前,社会资本的支持力度不足,政府部门依旧是养老产业的重要投融资供给来源,社区养老机构自身造血能力不足。政府可考虑出台税收优惠等产业支持政策吸引社会资本参与。其次,发挥非营利组织在我国发展养老服务中作用,为非营利组织的发展提供引导和支持,增强非营利组织自身的筹资能力,建立多渠道的资金来源。再次,建立家庭和个人之间的互助制度,探索建立有官方权威背书的志愿服务系统,倡导低龄老年人为高龄老年人提供服务,可以在其高龄时期换取等时的养老服务。

第十章　日本的农村振兴对策
——六次产业化及其发展评价

孔擎暾　王家俊　山田祐彰　聂海松

现代日本对农村振兴的关注起始于第一次世界大战后的"农村振兴议会"。在 1922—1923 年进行的议会讨论中,议员们对当时十分严重的农村问题提出了各种建议,这之中唯一确定执行的对策便是《产业组合中央金库法》。到目前为止,日本已经建立了相对完善的农村振兴相关政策。2010 年 12 月 3 日,《关于活用地域资源的农林渔业者等群体进行新事业创出和促进利用农林水产品的法律》(简称《六次产业化法》)正式公布,[①]六次产业化作为《六次产业化法》的一个组成部分,也作为综合性的农业农村振兴政策引起了众多专家学者的关注和期待。

与之相对,中国在 2015 年的国务院文件中也提出了"推进农村一二三产业融合发展"(下文简称为"三产融合")这样的类似概念,[②]旨在提升农户收入,促进农户就业和激活农村各种要素资源。当前中国经济增速有所放缓,在这样的大背景下,农村的可持续发展和农业现代化不可避免地面临着更多变数。农村人口的贫困与老龄化、农业生产成本不断提高、农业人才的流失、农业污染的加重和国际竞争力较低等问题都亟待解决。而 2020 年中国完成了一项伟大的成就,在人均年生活水平 2 300 元人民币(2010 年不变价)的标准下实

---

① 農林水産省「『地域資源を活用した農林漁業者等による新事業の創出等及び地域の農林水産物の利用促進に関する法律』(六次産業化・地産地消法)について」、https://www.maff.go.jp/j/nousin/inobe/6jika/index.html。

② 中华人民共和国审计署:《中共中央　国务院　关于加大改革创新力度　加快农业现代化建设的若干意见》,2015 年 2 月 2 日,https://www.audit.gov.cn/n4/n18/c62186/content.html。

现了 9 899 万农村贫困人口全面脱贫的目标，①历史性地消除了绝对贫困。在 2020 年新冠疫情肆虐的恶劣情况之下仍然实现了这一目标，即使在世界贫困消除史上也堪称奇迹。在农村人口的脱贫之后，为了解决之前提到的各项农业农村问题，2021 年中国国家乡村振兴局正式挂牌成立，中国在农村地区投入了巨大的人力资源和资本。

在农村振兴领域，日本有着丰富的经验，六次产业化作为日本农村振兴的新路径，有力地促进了一二三产业的融合发展，提高了农产品质量，减少了物流环节，在提高农户收入的同时也减少了消费者的交易成本。而仅仅从事第一产业的农户很容易因自然灾害导致收入骤减等，和第二、第三产业结合后，农户收入的稳定性可以得到提高，可以有效避免因灾致贫这种情况的发生。同时，六次产业化还可以促进农产品的品牌化，增加农产品附加价值，提高影响力，如日本大分县和北海道地区在这一领域就做得比较出色。此外，近些年来随着农村劳动力的外流和老年人口的增加，大部分农村都是一幅暮气沉沉的景象。通过六次产业化的发展，不仅可以增加农村地区的工作岗位，也促进了资本向农村地区的流动，这客观上为农村带来了新鲜血液，激发了农村社会的活力。农业旅游也为一部分农村带来了额外收入，同时提高了基础设施建设水平，也提升了游客的体验。

中日两国一衣带水，文化相近，耕地稀少而人口众多，在农业领域有着相似的发展轨迹。中国的三产融合作为解决"三农"问题的尝试之一，可以从日本的农业六次产业化发展经验中取其精华，借鉴经验教训，有助于实现农村振兴的目标。

第一节　六次产业化文献综述

一、六次产业化的概念界定

六次产业化的全称是"农林渔业的六次产业化"，是六次产业化法的两个组成部分之一。根据日本农林水产省的解释，农林渔业的六次产业化指的是：

---

① 国家统计局：《中华人民共和国 2020 年国民经济和社会发展统计公报》，2021 年 2 月 28 日，http://www.stats.gov.cn/sj/zxfb/202302/t20230203_1901004.html。

致力于推进作为第一产业的农林渔业、第二产业的制造业和第三产业的零售业等行业的综合一体化发展的运动,同时希望能活用农山渔村丰富的地区资源来产生新的附加价值,通过上述活动在农山渔村实现提高收入和确保足量就业岗位的目标。[1]

而再往前追溯的话,"六次产业化"一词是由农业经济学家今村奈良臣在1993 年视察大分县大山町农产品直销所"木花花园"时想出,并最终于 20 世纪90 年代中期率先提出的(今村,1997)。在提出的初期阶段,今村关于农业的六次产业化的解释是"六次产业=第一产业+第二产业+第三产业",即认为六次产业是三大产业的联合与叠加。但之后今村(2010)又提出六次产业化是立足于农业,也就是说六次产业化的重点是农业,如果作为第一产业的农业是 0 的话,那么与其相关的各产业也不能被认为是六次产业。为了突出农业的重要性,今村开始以"六次产业=第一产业×第二产业×第三产业"这样的宣传方式在全国范围内提倡六次产业化运动。常见的六次产业有农产水产品加工业、农产水产品销售业、观光农园、农家民宿和农家乐渔家乐等。

二、有关六次产业化的先行研究

关于六次产业化的先行研究众多,大致上可以分为两大类。

第一类是宏观层面上的关于相关政策、课题和意义等的研究。室屋有宏(2011)解释了六次产业化的理论和基本课题,认为产业链中下游的食品产业正在主导六次产业化,这样的发展路径难以实现地区农业和经济的全面振兴;此外农村的六次产业化应该成为地区社会中人力资本、社会关系资本等柔性资本成长的基础,能否使活动的参与者自发地组织合作才是六次产业化成功的关键;而农协更是认识到了六次产业化的历史意义所以积极推进,在地区和农业振兴中起到了巨大的作用。斋藤修(2012)在研究中发现,六次产业化的各项措施可以分为大范围和小范围两个部分,其中小范围的措施有助于促进地区农业和消费者的交流,但在政治层面的支持力度尚不足够。樱井清一

---

[1] 農林水産省「『地域資源を活用した農林漁業者等による新事業の創出等及び地域の農林水産物の利用促進に関する法律』(六次産業化・地産地消法)について」,https://www.maff.go.jp/j/nousin/inobe/6jika/index.html。

(2015)则提出了狭义的六次产业化和广义的六次产业化这两个概念,阐述了六次产业化政策的课题,即应该明确区分广义和狭义的六次产业化,确定政策的目标应该侧重于哪一边。同时发现了在"综合化事业计划"①的认定情况中存在着地区间和作物种类间的明显差距。

　　第二类是微观层面上的关于具体事例的分析和针对六次产业化农户的问卷调查等研究。比如吉仲怜(2011)通过论点整理和北海道的事例评价得出,实际上在六次产业化中第二产业主导的案例尤其之多,而农商工联合在不同地区有着不同的特征。同样的,不同的支援组织间也有着地域性,地方组织往往更有积极性。所吉彦(2015)通过接触熊本县六次产业化的事业认定者、支援者和融资审查者了解得到,六次产业化运动最大的阻碍就是"销售地的确保",即如何确保长期稳定的销售渠道。关于六次产业化中农场的发展,小田滋晃等人(2016)通过对一个创新型农场考察后认为:从传统的家庭农场到大规模的企业农场,不同农场实体之间的互联合作是必不可少的。而从本质上来说,仅仅让有限的尖端农场生存并负责农业生产,实在是难以设想这样的农业生产形式。此外,在一些人口减少的地区,六次产业化更是起到了重要的作用。比如在长野县木曽町,作为一个人口不断减少且封闭的地区,六次产业化的事业体在当地进一步细化了已有的经济和生活需求,提供了更好的服务,不过很可能也进一步强化了当地已有的社会关系(高桥,2017)。

　　可以看出,目前的先行研究多集中在微观层面,宏观层面上针对六次产业化的综合发展水平进行的研究相对较少。此外,现有的先行研究多是基于定性分析的研究,本章试着通过定量分析来对日本的六次产业化整体发展水平进行描述和评价。

第二节　农村振兴背景下的六次产业化政策

一、日本的农村振兴政策历程

前文提到,现代日本的农村振兴起始于 1922 年的"农村振兴议会",为了

---

① "综合化事业计划"是六次产业化的主要内容之一。

全面振兴农村,近些年来日本政府也实行了各种各样的帮扶政策。在21世纪初期,农村地区的振兴政策多是作为地区活性化政策的一部分存在的。如2001年,经济产业省主导的"产业集群计划"启动,在事业化、市场化支援政策中就提到了关于农村振兴的内容;之后,2002年文部科学省主导的"智能产业集群计划"启动;2005年农林水产省主导的"食品产业集群项目"启动;2007年地方再生战略正式公布;2008年《农商工协作法》创立,同年该项目启动;2011年《六次产业化·地产地消法》这样纯粹的农村振兴政策正式实施。近些年来日本地区活性化政策的总结如表10-1所示。

表10-1　　　　　　日本地域活性化政策的概述

年度	简介
2001	经济产业省　"产业集群计划"启动
2002	文部科学省　"智能产业集群计划"启动
2005	农林水产省　"食品产业集群项目"启动
2007	地方再生战略公布
2008	《农商工协作法》创立,同年项目启动
2011	《六次产业化·地产地消法》施行,同年项目启动

资料来源:日本经济产业省、文部科学省、农林水产省和内阁府地方创生事务局主页。

从表中可以看出,六次产业化的内容并非首创而是由来已久,相关的政策也是在一系列政策的基础上制定的,这之中与其密切相关的是2005年的"食品产业集群项目"和2008年的《农商工协作法》。政府从2005年开始将农业和食品产业综合作为"食料产业"来对待,以此来增加农业的体量,进一步在2008年的经济产业省和农林水产省共管的"农商工协作法"中着重关注了农业生产者和中小企业的协作,在县层面也认识到了将农业、商工和旅游结合起来发展的必要性,三产间的合作在全国推广起来。在这样的发展方向之下,进一步地为了改善农山渔村地区的凋敝现状,如何通过农业从业者等相关人员的经营活动来激发农村的活力就成了农业农村发展的重点。日本政府提出的解决办法就是2011年正式实施的《六次产业化法》。

二、六次产业化政策的内容

《六次产业化法》由两个部分组成,分别是农林渔业者逐渐转向加工贩卖等行业的"六次产业化"和有效利用当地农林水产品的"地产地消"。需要注意的是,这里提到的农林渔业者并不仅仅是狭义上的农民和渔民,还包括法人、农协、女性创业组织等,这样就扩大了六次产业化法的适用对象。

六次产业化的核心是"综合化事业计划"。该计划由农林水产大臣认定,目的在于支持农林渔业者综合进行农林水产品及副产品(如生物燃料等)的生产以及农产品的加工或贩卖活动,支持对象还包括提供帮助的民间事业者(如促进事业者)。入选综合化事业计划后,入选者就可以成为《农业改良资金融通法》的特例,可以享受还款及占有期限的延长等优惠。还可以成为《蔬菜生产出货稳定法》的特例,获得针对特定蔬菜出货时转运贩卖的补助金。除此之外,近年还增加了"研究开发和成果利用事业计划"(由农林水产大臣和事业主管大臣认定),这是支持上述民间事业者等团体进行相关的研究开发和成果利用活动的计划,入选者可以成为《种苗法》和《农地法》等的特例,享受申请费注册费的减免和有关农地转用许可的手续的简化等优惠,参见表 10-2。

表 10-2　　　　　　　　　　六次产业化简介

要点	1. 以"农林渔业的振兴以及农山渔村的活性化"为目的 2. 以农林渔业者等为对象 3. 以农用地转换手续简化等面向农林渔业者的支持为主要方式
目的	通过全面推进政策实施,推动农林渔业等产业的振兴、农山渔村和其他地区的活性化、粮食自给率的提高等
主体	"综合化事业计划":农林渔业者等(加工和物流业者等也有可能成为"促进事业者")
支持措施	为了支持农林渔业者进行加工或贩卖的活动: 1. 可作为《农业改良资金融通法》的特例 2. 可作为《农地法》的特例 3. 可作为《蔬菜生产出货稳定法》的特例等

资料来源:日本农林水产省六次产业化主页。

而六次产业化的基本方针则包含四个部分。

一是关于推进活用地域资源的农林渔业者创造新事业的基本事项。通过激活国内市场和开拓海外市场来扩大农林水产品等的整体需求,通过促进农林渔业与相关产业的综合发展来确保农林渔业者的收入。此外,通过有效活用农山渔村的资源,推动绿色旅游、出口、发电和生物燃料等产品的制造来确保地区内的雇用和收入。

二是促进农林渔业与相关产业综合发展的意义和基本方向。即鼓励农林渔业者自主进入与自己生产相关的农林水产品的加工、对消费者的直接贩卖、与需求者的合同交易、出口、农林渔家民宿和农林渔家餐馆等行业,以此实现多样化、精细化经营。另外还要鼓励地区各种事业者去利用太阳能、水力、风能等清洁能源来推进农林渔业与相关产业的综合发展。

三是关于综合化事业和研究开发及成果利用事业实施的基本事项。认定条件要求:计划周期需在 5 年以内;农林水产品和新商品的销售额在 5 年内需增加 5% 或以上;农林渔业和相关事业的收入提高,且实施期结束时销售额要超过经营费用。

四是关于促进其他单位支持农林渔业与相关产业综合发展的重要事项。通过活用互联网和宣传手册等方式来提供便于理解的信息,通过构筑使用当地机关和相关政府单位网络来处理农林渔业者的咨询问题,同时在地方农政局设置综合窗口,另外在全国配备有着丰富知识经验的"六次产业化策划人"来综合支持六次产业化运动。

《六次产业化法》的另一部分是"地产地消",所谓的地产地消,指的是本地生产的农林水产品(仅限食用的产品)在本地消费的运动。其基本理念是:

① 强化生产者和消费者间的联系;

② 通过地区的农林渔业和相关事业的振兴来带动地区的活性化;

③ 实现提供消费者丰富的饮食生活;

④ 推进与食物教育的一体化;

⑤ 综合推进城市和农山渔村间的共生和流动;

⑥ 提高食品自给率;

⑦ 减轻对环境的负担;

⑧ 促进社会气象的形成和地区自主进行的活动。

地产地消的基本方针也由四个部分组成。

一是关于促进地区农林水产品的利用的基本事项。基于《六次产业化法》中确定的基本理念(第26—33条),国家及地方公共团体应促进地区农林水产品的利用,都道府县及市町村也应根据基本方针和地区实情,努力制定一系列的促进计划。

二是有关促进地区农林水产品利用的目标。应当设定直销所的年销售额、学校供给食品中本地产品的使用比例等具体的目标。例如,在全年营业的直销所中,年销售额一亿日元及以上的比例,可以把目标定为2025年之前提高到50%及以上(2019年是26%)。

三是关于促进利用的措施。国家及地方公共团体应尽力采取具体措施来促进利用路边休息区、路边市场等地点的直销所的销售活动和学校的食品供给活动,此外还应在确保农林水产品稳定供给、推进食品教育和减轻环境负担等方面制定具体措施。

四是促进其他单位支持本地农林水产品的利用,通过各种各样的国民运动合作来促使更多的国民参与到地产地消中来。

第三节　基于因子分析法的六次产业化发展水平评价

一、分析方法、评价指标与数据来源

因子分析法由查尔斯·斯皮尔曼(Charles Spearman)于1904年提出,最初是应用于教育心理学领域的一种方法,目的是找出隐藏在学生成绩背后可以左右成绩的具体的个人能力,后被广泛应用于区域经济学当中。

因子分析法的核心思想是降维。当我们想对某一现象进行研究的时候,往往会观测到一系列可以描述这一现象的变量(或指标、案例等),但这些变量间往往具有各种错综复杂的关系,难以直接进行深层次的统计分析。因子分析法则可以从原始变量相关矩阵(或协方差矩阵)内部的依赖关系出发,将这些原始变量综合为少数几个公因子,以再现原始变量和公因子之间的相互关系,探讨多个能够直接测量且具有一定相关性的指标是如何受少数几个内在的独立因子支配的,同时尝试对这些指标进行分类,以便于对数据进行解读。

本研究根据六次产业化的定义与内涵,在遵从合理性、全面性、可比性和

可操作性的基础上,参考先行研究,建立了"六次产业化发展水平评价指标"体系。评价指标含有两个层次,一级指标 3 个,二级指标 11 个。此外需要说明的是,一些学者(如櫻井清一,2015)认为:在把六次产业化作为农村政策考虑时,不应仅仅局限于经济效果,也有必要考虑其产生的社会效果。由于数据来源的限制,本文将重点放在六次产业化的经济层面,在后续的研究中会试着探讨社会层面的影响。

构建的 3 个一级指标分别是:农产水产品加工、农产水产品直销所和旅游相关三产业。其中旅游相关三产业主要指的是:观光农园、农家和渔家民宿、农家乐(包含渔家餐馆)。具体构建的指标体系如表 10-3 所示。

表 10-3　　　　　　　　六次产业化发展水平评价指标体系

一级指标		二级指标	指标属性
农产水产品加工	A_1	农产水产品加工业贩卖额与农业总产出额[a] 之比(%)	正向[b]
	A_2	每个加工单位的年均贩卖额(万日元)	正向
	A_3	农产水产品加工业从业人数与农业从业人数[c] 之比(%)	正向
农产水产品直销所	B_1	农产水产品直销所销售额与农业总产出额之比(%)	正向
	B_2	农产水产品的出口额与农业总产出额之比(%)	正向
	B_3	每个直销所的年均销售额(万日元)	正向
	B_4	农产水产品直销所从业人数与农业从业人数之比(%)	正向
旅游相关三产业 (观光农园、民宿、农家乐)	C_1	旅游相关三产业营业额与农业总产出额之比(%)	正向
	C_2	每个经营单位的年均营业额(万日元)	正向
	C_3	旅游相关三产业从业人数与农业从业人数之比(%)	正向
	C_4	每个农业民宿的年均体验人数(人)	正向

注:a 这里的农业总产出额指的是在日本国内被生产出来的农产品的销售额的总额。

b 正向指这个指标对六次产业化有促进作用。

c 根据农林水产省的定义,农业从业人口指 15 岁及以上在一年内至少从事一天农业生产的人口。

样本数据主要来源于 2015—2019 年①日本农林水产省进行的《六次产业化综合调查》《农业构造动态调查》以及《生产农业所得统计调查》。一些二级指标(如旅游相关三产业从业人数与农业从业人数之比)并没有在各项调查中直接给出,这些二级指标数值由笔者根据调查数据计算得出。

试着用 p 个指标 $X_1, X_2, \cdots, X_p$ 来综合评价六次产业化发展水平系统,且这 p 个变量间有较强的相关性,即这 p 个变量可以被综合为 m 个公因子 F_1, $F_2, \cdots, F_m$,且这 p 个变量都可以表示成 m 个公因子的线性组合。同时设 ε 为特殊因子,即未被观测到的随机变量(其和公因子相互独立),在实际分析时通常忽略不计。则可以得到如下的因子模型:

$$X_1 - \mu_1 = \lambda_{11} F_1 + \lambda_{12} F_2 + \cdots + \lambda_{1m} F_m + \varepsilon_1$$

$$X_2 - \mu_2 = \lambda_{21} F_1 + \lambda_{22} F_2 + \cdots + \lambda_{2m} F_m + \varepsilon_2$$

$$\cdots\cdots$$

$$X_p - \mu_p = \lambda_{p1} F_1 + \lambda_{p2} F_2 + \cdots + \lambda_{pm} F_m + \varepsilon_p$$

其中,$\mu_1, \mu_2, \cdots, \mu_p$ 是 $X_1, X_2, \cdots, X_p$ 的均值,不过在研究时为了消除观测量纲的差异以及数量级不同所造成的影响,通常会对原始数据进行标准化处理,使标准化后的变量均值为 0,方差为 1。所以 μ 在一些论文中不会标出。λ_{pm} 为因子载荷,其实质就是公因子 F_m 和变量 X_p 的相关系数。在本研究中 p 的数值是 11,$X_1, X_2, \cdots, X_p$ 指 11 个二级指标。

二、六次产业化发展水平的评价

利用统计分析软件 SPSS24.0,计算得出公因子的方差贡献率和累积方差贡献率(如表 10-4 所示),由于前三个公因子 F1、F2 和 F3 的累积方差贡献率大于 85%,所以认为这三个公因子可以代表 11 个原始指标的基本信息。为了进一步了解各个公因子的实际意义,通过最大方差法对因子载荷矩阵进行旋转,得到旋转后的因子载荷矩阵。

---

① 这五年的数据比较齐全,不过相对的年份较少并不太适合进行因子分析,所以本研究只是尝试分析,得出的结果可能并不具有普适性。

表 10 - 4　　　　　　　　　　总方差解释

成分	初始特征值			提取载荷平方和			旋转载荷平方和		
	总计	方差百分比(%)	累积(%)	总计	方差百分比(%)	累积(%)	总计	方差百分比(%)	累积(%)
1	6.308	57.345	57.345	6.308	57.345	57.345	4.433	40.297	40.297
2	2.658	24.160	81.505	2.658	24.160	81.505	3.545	32.230	72.527
3	1.512	13.750	95.254	1.512	13.750	95.254	2.500	22.728	95.254
4	0.522	4.746	100.000						

具体结果如表 10 - 5 所示，从结果来看，第一公因子在农产水产品直销所销售额与农业总产出额之比（B_1）、农产水产品的出口额与农业总产出额之比（B_2）、每个直销所的年均销售额（B_3）和旅游相关三产业营业额与农业总产出额之比（C_1）这四个指标上有较大的载荷，它表明了在六次产业化发展过程中农产水产品销售、农业旅游营业销售和出口情况，因此命名为销售因子 F1。

表 10 - 5　　　　　　　旋转后的因子载荷矩阵

指标	成分		
	F1	F2	F3
A_1	0.586	0.744	−0.202
A_2	−0.097	−0.941	−0.317
A_3	0.526	0.466	0.683
B_1	0.979	0.170	0.090
B_2	0.841	0.489	0.106
B_3	0.671	−0.224	0.609
B_4	0.661	0.364	0.655
C_1	0.956	−0.204	0.186
C_2	0.513	0.752	0.411
C_3	0.272	−0.911	0.167
C_4	0.032	0.014	−0.918

第二公因子在农产水产品加工业贩卖额与农业总产出额之比（A_1）、每个

加工单位的年均贩卖额(A_2)、每个经营单位的年均营业额(C_2)和旅游相关三产业从业人数与农业从业人数之比(C_3)这四个指标上有较大载荷,它表明了在加工业和旅游业上的发展情况,因此命名为加工和旅游因子 F2。

第三公因子在农产水产品加工业从业人数与农业从业人数之比(A_3)、农产水产品直销所从业人数与农业从业人数之比(B_4)和每个农业民宿的年均体验人数(C_4)这三个指标上有较大载荷,表明了六次产业化的人口吸引情况,所以命名为人口吸引因子 F3。

这样一来,对六次产业化的发展评价指标就可以归结为销售因子、加工和旅游因子和人口吸引因子三方面。这三个相互独立的因子可以代表大部分信息。

上述三个公因子分别从不同方面反映了六次产业化发展状况的整体水平,但单独使用其中的一个公因子是难以做出综合评价的,因此以各公因子对应的方差贡献率比例为权重来计算不同年份的综合得分。

综合得分和各公因子得分如表 10 - 6 所示,由结果可知:日本六次产业化发展水平综合得分在逐年提高,2019 年得分最高。由此可得,在过去的 5 年里,六次产业化取得了良好的发展。

表 10 - 6　　2015—2019 年六次产业化发展水平综合评价结果

年份	F1	F2	F3	综合得分
2015	−0.802	0.118	−1.553	−0.67
2016	−1.111	−0.61	1.159	−0.398
2017	0.17	−0.431	−0.009	−0.075
2018	1.408	−0.764	−0.085	0.319
2019	0.335	1.687	0.488	0.824

而从各个公因子来看,在销售因子 F1 上得分最高的前两个年份依次是2018 年和 2019 年,2018 年的得分是 1.408,2019 年是 0.335。也就是说,在农产水产品销售和出口方面,2018 年的情况最好,且远胜于其他年份,2019 年出现了明显的下降,探讨这一现象出现的原因也是未来的课题之一。

不过相应的,在加工和旅游因子 F2 方面,2019 年达到了最高水平,得分为1.687,代表在农产水产品加工业和旅游相关产业上,2019年达到了目前的最高水平。在人口吸引因子F3上,2019年仅次于2016年,六次产业化对劳动力和游客的吸引力相比前两年有了显著提升。

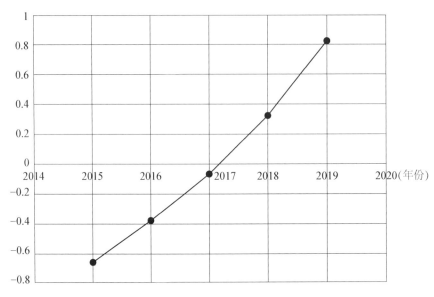

图10‐1 6次产业化发展水平综合得分(2015—2019年)

结　论

日本近些年来通过各项政策的实施,正在逐步解决农业现代化中出现的各种问题。农业的体量较小和抗风险能力较差等问题已经得到了重视,而对农山渔村的凋敝问题的应对,也正在《六次产业化法》的政策下进行着积极的尝试。从因子分析的结果来看,六次产业化的综合发展水平从2015—2019年间不断提高,2019年达到了最高水平,而六次产业化的三个方向,即农产水产品加工业、销售业和旅游相关产业都有了显著的发展。不过从六次产业化的农产水产品销售层面来看的话,2019年的发展水平出现了下降趋势,在今后有必要适当加大对这一行业的政策投入。

对中国来说,农业现代化和"三农"问题是国家发展的基础问题,提出三产融合来作为解决方法是一个重大的尝试,三产融合在具体内容方面和日本的六次产业化有着众多相似之处,在三产融合的过程中借鉴日本的六次产业化的发展经验与教训,对三产融合最终目标的实现有着重要的意义。

第一,积极推进三产融合综合调查数据库的建立。日本从《六次产业化法》正式实施的 2011 年开始就同步进行六次产业化综合调查,根据调查数据,学界梳理出了这些年的发展脉络和一些问题,相关部门也在根据调查数据不断调整具体政策的实施。资金补助、综合化事业计划的认证标准、考核标准、相关资金的运用和规定其他部门也应尽量配合等,都是基于相关调查在动态调整的,至今也基本形成了相对完善的制度保障。中国关于三产融合的各项调查都是各地根据自己的需求独立进行的,目前全国范围内的综合性调查尚未进行。如果想把握三产融合的现状和未来可能的发展方向,相关领域的调查数据是必不可少的,通过对这些数据的统计分析,有助于充实学界关于农村振兴的理论框架构建,相关研究也可以为决策层提供参考。

第二,明确三产融合认定标准。日本对六次产业化的主要支持方式是综合化事业计划,有着专门的认定机构和认定标准,这样的标准化流程有助于将有限的资源合理分配给比较有发展前景的事业团体,对高效实现六次产业化目标有着重要意义。中国目前对三产融合事业单位尚没有一个明确的认定标准,相应的补助政策可能也正在研究讨论中,确定认定标准有利于资源的调配和利用,助力三产融合目标的实现。不过日本在进行认证时,出现了明显的地区差别,中国在这一方面可能需要格外关注和预防。

第三,思考人口减少时代的三产融合。日本的总人口在 2008 年迎来了峰值,达到 1 亿 2 808 万,之后就进入了人口减少时代并持续至今。2019 年日本的农业就业人口[①]降低到 168 万人,约占当年日本总人口的 1.3%。按年龄层来看,农业就业人口中,60 岁以上的占 80.6%,40 岁以下的仅占 5.5%,[②]可以说非常不平衡,由此带来的农村过疏化问题十分严重。中国的新生人口数在逐年降低,根据第七次人口普查的数据,2020 年中国大陆的新生儿数量只有 1 200 万人,是自 1960 年来的最低出生人口数量。2021 年 5 月,中国正式开始

---

① 日本的农业就业人口指只从事农业生产或虽然从事其他工作但花费在农业生产上的时间较多的人口。

② 笔者通过平成三十一年农业构造动态调查数据计算得出。

实行"三孩政策"，而无论是否全面取消生育限制，中国的人口峰值都会出现在
2025 至 2027 年间（王广州，2019），[1]之后就会进入人口减少时代且人口数量
快速下降。在人口减少的时代，对于很多问题的看法都会和现在有所不同，在
这样的时代下，农业人口的流失将更加严重。

　　日本十分注重农业相关人才的培养，建立了完善的专业人才培养体系，但
与六次产业化相关的人才却十分短缺。未雨绸缪来看，农业的吸引力并不高，
根据 2020 年农林水产省进行的"关于农业经营继承的意识意向调查"的结果
显示，农业者中只有 50.1％明确表示会全部或部分继承农业经营资产（包括农
地，机器等有形资产和生产技术等无形资产），还有 7.8％的人明确表示不会继
承，土地也不会继承。所以从现在开始就通过加大对农业人才的培养力度、提
高农业就业人群的收入、完善农村的如上下水道等基础设施的修建等措施，全
面改善农村的生活环境等措施，或许可以减缓农村人口向城市地区迁移的速
率。一方面可以提升农业农村的吸引力，另一方面可以确保一个相对稳定的
城镇化进程，促使农村居民合理有序地向城市移动，在长期保持农村和城市地
区的互动之下，三产融合才能获得更为长远的发展。

参考文献

［1］ 大門正克「第一次大戦後の農村振興問題と諸勢力—産業組合中央金庫の設立をめぐ
　　　って」、『一橋論叢』1983 年第 5 号、684～706 頁。
［2］ 今村奈良臣「農業の第 6 次産業化のすすめ」、『かんぽ資金』1997 年 234 号、10～
　　　15 頁。
［3］ 今村奈良臣「農業の 6 次産業化の理論と実践」、『技術と普及』2010 年 47 巻 9 号、
　　　19～22 頁。
［4］ 室屋有宏「6 次産業化の論理と基本課題」、『農林金融』2011 年 64 巻 4 号、228～
　　　241 頁。
［5］ 斎藤修「6 次産業・農商工連携とフードチェーン」、『フードシステム研究』2012 年
　　　19 巻 2 号、100～116 頁。
［6］ 櫻井清一「6 次産業化政策の課題」、『フードシステム研究』2015 年 22 巻 1 号、25～
　　　31 頁。
［7］ 吉仲怜「農商工連携・6 次産業化の論点整理と事例評価」、『農村経済研究』2011 年
　　　29 巻 1 号、4～13 頁。
［8］ 所吉彦「6 次産業化の現状および課題解決に向けた一考察　九州ブロック熊本県を

---

① 考虑到新生儿数据和新冠疫情对生育意愿的影响，人口减少的具体年份可能会提前。

事例として」、『尚絅大学研究紀要 A. 人文・社会科学編』2015 年 47 号、73〜88 頁。

［9 ］　小田滋晃・坂本清彦・川﨑訓昭・長谷祐.「先進的農業経営体における事業展開の論理と方向―六次産業化と農協の役割に着目して―」、『生物資源経済研究』2016 年 21 巻、17〜27 頁。

［10］　髙橋みずき「地域社会の『縮小』における『6 次産業化』の展開」、『村落社会研究ジャーナル』2017 年 23 巻 2 号、1〜12 頁。

［11］　高橋みずき，大内雅利.「地域農業の展開と農業・農村の 6 次産業化」、『明治大学農学部研究報告』2014 年 63 巻 4 号、81〜102 頁。

［12］　大竹伸郎.「日本における農業の 6 次産業化の展開と地域的特徴」、『環境共生研究』2016 年 9 号、95〜104 頁。

［13］　何晓群:《多元统计分析》,北京:中国人民大学出版社,2012 年。

［14］　张文彤:《SPSS 统计分析高级教材》,北京:高等教育出版社,2011 年。

［15］　易小燕、陈印军、袁梦等:《日本以"六次产业化"发展现代农业的做法与启示》,《中国农业资源与区划》2016 年第 7 期,第 54—60＋129 頁。

［16］　王广州、王军:《中国人口发展的新形势与新变化研究》,《社会发展研究》2019 年第 1 期,第 1—20＋242 頁。

第十一章　日本教育廉政文化研究

李　波

　　廉政一词最早出现于《晏子春秋》。现在所说的"廉政"主要指政府工作人员在履行职能时公正廉明、不以权谋私。后来,廉政中的"政"有了政治层面的内涵,即廉洁政治,是一种与贪污腐败直接对立的政治现象。廉政文化主要包括价值观念、行为规范、生活方式。廉政文化建设的意义在于"倡廉",筑牢防腐拒变的思想防线。廉政文化涉及范围较广,在各行各业皆存在廉政文化,而教育廉政文化则是指在教育领域中,教职工们以廉为荣、以贪为耻,恪守职业道德、爱岗敬业、廉洁自律、奉公守法的职业文化。

　　在"国际透明组织"①近年来所公布的全球清廉指数中,日本位列第 17 位,是东亚地区最廉洁的国家,日本不仅在政治、经济领域形成了较为完善的反腐败政策,在教育领域也形成了完善的教育廉政文化,对日本大学建设以及国家人才培养起到了良好的促进作用。

　　日本政府和社会的廉洁不是一朝形成的,日本曾经也是腐败问题较为严重的国家,特别是战后经济高速增长时期,腐败现象频发。然而经过一系列的全面治理,如今已经形成了较为完善的廉政制度体系,在确保公务员行政行为廉洁高效方面发挥了重要作用,成为发达资本主义国家中廉政建设较为成功的范例。

　　日本能成为东亚最廉洁国家的原因在于,日本政府在二战后建立起一套

---

　　① "国际透明组织",简称 TI,是一个非政府、非营利组织,以推动全球反腐败运动为己任,现已成为腐败问题研究领域最权威、最全面和最准确的国际性非政府组织。

有效的反腐制度和措施,相当大程度上遏制了日本的腐败现象的发生,从而使日本一直保持着廉洁高效的政府形象。同时,日本传统文化对教育廉政文化的形成和发展也有着一定的作用。受到我国儒家文化的影响,以及日本传统"耻感文化"的约束,日本人普遍形成了廉洁奉公的价值观,整个社会形成了清正廉洁的氛围。

中国共产党在反腐败问题上的态度是一贯的,特别是党的十八大以来,全国范围内形成了反腐氛围,制定了一系列的法律法规惩治腐败。2017 年,在十八届中央纪委七次全会上,习近平总书记指出,经过全党共同努力,腐败蔓延势头得到有效遏制,反腐败斗争压倒性态势已经形成。但反腐败的形势依然严峻,腐败案件仍然存在。2019 年,习近平总书记在十九届中央纪委三次全会上进一步强调了"一体推进不敢腐、不能腐、不想腐"(简称"三不腐")体制。"不敢腐"是要从法律层面惩治一切腐败行为;"不能腐"是从制度层面杜绝腐败行为的发生;而"不想腐"则是发自内心的思想自觉。一体推进"三不腐"在逻辑本质上是一个层层递进、互为补充完善的系统,是腐败治理内外部因素协同配合的过程,体现了反腐败工作从治标为主向标本兼治的逻辑演进。

廉政涉及社会的方方面面,本章主要聚焦教育廉政,分析日本教育廉政在法律、制度、文化等方面的举措,结合我国正在一体推进的"三不腐"体制机制,在中国教育大发展、大变革的今天,借鉴与我国一衣带水、传统文化相似的日本的教育廉政经验有助于加强校园党风廉政建设,营造风清气正的政治生态。

第一节　教育廉政建设的重要性

腐败问题是一个全世界范围的课题,反腐败已成为我国面临的一个重大问题。党的十八大以来,全国范围内全面从严治党,反腐败压倒性态势已经形成。

而在教育领域,不难发现近几年我国教育腐败问题频出,高校腐败现象的数量、程度、范围都呈现上升、扩大的趋势,教育腐败往往具有较大的隐蔽性和欺骗性,涵盖了违法犯罪、行业不良风气、以权谋私、私德败坏等不同方面,不仅影响了高校自身的改革发展,而且还严重损害了教育的公平性,失去了教育的引领作用,在造成教育资源浪费的同时阻碍了教育政策的有效执行,而且对整个社会造成了极其恶劣的影响。教育是国之大计,教育是一个特殊的行业,教育领域的腐败会产生较严重的不良示范,使人们对道德规范产生怀疑。建设一个风清气正的教育廉政氛围不仅是当前而且是今后我国教育领域的大事,因此高校教育廉政研究具有重要的理论意义和实际价值。

教育廉政范围广泛,不仅涉及教育行政部门,还涉及学校和教师,应从廉政文化、廉政制度、廉洁机构、廉洁行政人员队伍等多角度、系统地进行研究。在教育系统构建廉洁行政的机构、制度和文化,确保教育公平、提高教育质量仍然是今后所面临的艰巨任务,需要通过教育廉政的建设,依法治校,阻断权力寻租,赋予每个人公平教育的机会,使得教育回归其本质。

第二节　日本教育腐败典型案例

二战后,日本实现了经济的高速增长,但同时也是政治腐败频发时期,官商勾结、政府腐败丑闻不断。形成腐败的主要原因是传统经济发展模式的弊端,政府、企业和政治家三者形成了利益共同体,诱发了"金权政治"的产生。除此之外,政党制度也存在缺陷,日本的政治选举实际上是"金钱政治"的游戏。在此背景下,日本也发生过许多教育腐败的案例。教育领域的腐败主要涉及三个方面:经济类腐败、行业类腐败、学术类腐败,在分数、录取、鉴定、学术论文等环节滋生了腐败。每个案例的发生都起因于其背后的社会制度和文化背景,而这些案例的曝光及后续的惩治措施则体现了日本教育廉政机制的作用。

近年来,通过媒体报道出来的典型的日本教育方面的腐败案例主要有以下几例。

一、日本大分教育腐败案

2008 年 7 月,日本大分县爆出了一起日本最大的教育界丑闻。这场轰动日本的腐败大案,不仅动摇了政府在国民心目中公正严明的形象,也触动了不少日本政府和教育界要职人员的神经。

教师在日本不仅是受人尊敬的职业,而且工资福利及待遇都较高,是日本较受欢迎的职业之一,这一轰动日本的教育腐败案件就发生在教师的录用环节。日本大分县教委义务教育课参事江藤胜由和佐伯市小学校长浅利几美在

2008 年度的小学教师聘用过程中受贿累计 400 万日元,双双被逮捕。随着事件的不断调查,一大批涉案人员的名单被陆续曝光,他们以隐蔽多样的形式受贿行贿,利用职权非法录用不合格职员。

这一事件似乎揭开了日本教育领域的遮羞布,使得日本国民大为震惊,事件的影响波及整个日本,时任日本官房长官町村信孝对此事件表示"非常遗憾",时任文部科学相渡海纪三朗也指出类似事件"可能不仅限于大分县",要求各都道府县的教委部门都要防止类似情况的再次发生,根除在教员录用过程中的腐败行为。

二、安倍政府森友学园"圈地门"丑闻、加计学园腐败案

2016 年,森友学园以远低于市场价的价格买下一块国有土地,2018 年 3 月事件暴露,日本财务省在调查结果中承认改写了 14 个森友学园问题相关审批文件,并且承认在此前向国会议员出示的文件中,删除了首相夫人安倍昭惠和部分政治家的名字,以及"此事的特殊性"等表述。此事在日本引起了轩然大波,严重影响了安倍政府的执政公信力,支持率大幅下降。

继森友学园"圈地门"丑闻之后,加计学园腐败案又浮出水面。2017 年 1 月,安倍内阁批准了之前一直未被许可的冈山理科大学位于爱媛县今治市的兽医学部项目开建,且计划赶在 2018 年 4 月建成开学,导致当地财政不堪重负。而加计学园理事长正是安倍的密友加计孝太郎。

这两次教育领域的腐败事件直指日本政府最高层,由私人检举,并通过媒体放大,在日本社会引起了巨大波澜,在日本政坛引发了地震,在野党也频频向安倍政府发难,要求其进行解释,安倍政府的支持率一度接近最低点,险些丢掉执政资格在选举中落败。

三、东京大学"多比良论文事件"

2005 年,东京大学教授多比良和诚在《自然》杂志上发表关于控制遗传基因的医学论文,后被指出重要实验数据存在错误。多比良教授是日本生命科学研究领域的著名学者,他所进行的一项名为"利用核糖核酸抑制致病基因作用"的研究备受学术界关注,也是当年诺贝尔生理学医学奖的得奖题目。多比良教授本人不仅在国际重要的学术期刊上发表了这一研究内容的论文,还在

日本国内办起了相关的高科企业,有着广泛的社会影响。

多比良教授虽否认自己参与造假,但他作为研究的主持者,负有不可推卸的监督责任。最终多比良教授及其助手的行为因"导致了严重威胁科学发展的本质的结果",被东京大学开除。

这一事件在日本学术界引起了轩然大波,东京大学吸取"多比良论文事件"的教训,制定了《科学研究行动规则》,对于被告发的研究人员进行预备调查、正式调查、审理和裁定。早稻田大学、同志社大学等也在学术监督方面颁布和实施了一系列的举措。

四、京都大学 IPS 细胞研究所山水康平捏造和篡改图像数据事件

2018 年日本京都大学 IPS 细胞研究所承认,该所研究人员发表的一篇论文存在造假行为。根据研究所公布的调查结果认定,以助教山水康平为第一作者的研究小组发表的这篇论文存在 17 处捏造和篡改图像数据行为。山水康平本人也承认造假行为,京都大学已经申请撤回这一论文。研究所所长、诺贝尔奖得主山中伸弥为此召开记者会致歉。

京都大学 IPS 细胞研究所是日本乃至全世界 IPS 细胞研究的重要机构,这是该研究所首次承认其研究人员有论文造假行为。这一论文造假丑闻严重损害了日本在 IPS 细胞研究领域的信誉。

五、理化学研究所"学术女神"小保方晴子细胞论文造假

2014 年 1 月底,日本生物技术科研人员小保方晴子带领的课题组宣布,成功制作出一种全新"万能细胞"STAP。"万能细胞"论文刊登后不久,不少研究人员对论文提出诸多质疑。舆论压力下,相关部门成立专门委员会调查论文材料可信性。调查委员会公布报告,认定小保方晴子在研究过程中存在"捏造"、"篡改"图片行为。而后曾向小保方晴子颁发博士学位的日本早稻田大学宣布,学校调查了小保方的博士论文,发现这篇论文抄袭了美国国立卫生研究院网站上的文章和图片,至少存在 26 处问题,其中 6 处系故意违规。

小保方晴子在日本被认为是有望冲击诺贝尔奖的"日本居里夫人",日本政府也推崇这名科研女先锋,首相安倍晋三在国会答辩时甚至为推行他所谓

的"女性经济学"政策,将小保方晴子树为楷模。此事件被曝光后,小保方晴子被早稻田大学撤销了博士学位,其导师日本理化学研究所发生与再生科学综合研究中心副主任笹井芳树承受不住压力,上吊自杀。

以上发生在日本教育领域的腐败事件涉及教员的录用、政府的行政审批、学术造假等不同方面。在日本这样一个廉洁观念深入人心的国家和社会,每一事件的曝光都引发了巨大的社会轰动,民众的激烈反应促使相关机构做出积极的处理和惩治意见,事件使得民众整体的反腐决心有了进一步的提升,同时也告诫每一个人腐败行为所付出的代价是巨大的,督促人们更加规范自身的行为,减少腐败行为的发生。

第三节 日本教育廉政制度的制定

日本通过制度的完善,最大程度地杜绝了腐败现象的发生。日本的现代文官制度建立于明治维新时期,确立了考试录用和考绩晋升的原则。日本强调"法治主义"和"法治国家",该理念已有近70年的历史。二战后,美国占领军又对日本的文官制度进行了进一步的改革,起草了《国家公务员法》并交由日本政府公布,革除了日本文官制度中的一些弊端,沿用至今。同时,日本还建立了较为完备的、细密、周详的防治腐败的法律和制度。

在教育领域,日本也制定颁布了诸多法律规范来充实教育廉政制度,从明治维新时期以来不断在实践中得到充实和完善。检索日本维基百科"教育法令一览"①条目,会出现140余部与教育有关的法律、政府命令及部令,其中对教职员工的任免、开除等进行了严格规定。日本教育廉政文化形成了一套自上而下的腐败治理防范制度,完备的法律制度是日本廉政文化建设的基石。

一、《教育公务员特例法》②

《教育公务员特例法》规定教育职员为国家公务员,对教师的任免、待遇、

---

① 日本教育法令一览参见:https://ja. wikipedia. org/wiki/％E6％95％99％E8％82％B2％E6％B3％95％E4％BB％A4％E4％B8％80％E8％A6％A7。

② 日本《教育公务员特例法》参见:https://ja. wikipedia. org/wiki/％E6％95％99％E8％82％B2％E5％85％AC％E5％8B％99％E5％93％A1％E7％89％B9％E4％BE％8B％E6％B3％95。

惩戒、研修等进行了规定,于 1949 年 1 月颁布。二战后日本腐败状况频出,日本政府着眼于全局,建立起了相对健全的、多元化、交错性的反腐败机制。经多次修改和补充,1991 年修订后,由总则、任免、职务、奖惩、研修、各种细则等章及附则组成,总计 33 条。

《教育公务员特例法》规定,《学校教育法》第一、二条所规定的学校校长或园长、教员(教授、副教授、讲师、教导主任、教谕、助教谕、养护教谕、养护助教谕)、部局长(大学副校长、学部长及其他政令所指的部局长)及教育委员会的教育长和专门教育职员(指导主事和社会教育主事)为教育公务员;国立学校的教育职员均为国家公务员,享有国家公务员待遇;公立学校的教育职员均为地方公务员,享有地方公务员待遇;私立学校的教育职员不属国家或地方公务员,只具有教育职员的身份。国立大学校长、教师和部局长的选拔、录用、晋升和任免由文部省高等教育局依标准、按程序审批,最后由文部大臣或委托大学校长公布;地方教育公务员的选拔、录用、晋升和任免由地方教育委员会按程序审批。国家和地方教育公务员若有违法行为,均依据问题性质和情节轻重分别给予警告、减薪、停职和免职等处罚。教育公务员就职时举行就职宣誓;要服从政府法令,禁止有争议的行为和丧失教育公务员威信的行为;要为教育事业尽职尽责,全力以赴热心工作,为履行职责,不断提高业务水平,任命机构须为其提供研修机会。

教育系统对教师的工资福利、退休后的生活保障都给予了优厚的待遇。在日本,教师的薪资水平处于社会上层,这使他们能够过上比较优越的生活,所谓高薪养廉,这也在一定程度上避免了教育公务员的腐败。

日本教育公务员的行为受到公务员伦理审查委员会的监督,不正当的腐败行为会受到该委员会的审查和处罚。受到开除处罚的人虽然原则上两年后可以再考教育公务员,但实际上由于他之前的不端行为,几乎不存在被录取的可能性。

二、《学术不正行为对策》

2014 年 8 月,日本文部省修订发布《学术不正行为对策》。这一立法的颁布背景是为了对其他行政机关、资助机构和研究机构的学术不正及科研行为不端的责任进行指引性规定,其基本方向是让研究人员个人对学术不正行为负责任,大学等研究机关应该承担起责任来防止学术不正行为。

该对策提供了以下措施:首先,要加强对大学等研究机构人员的研究伦理教育,让研究者们意识到学术规范的重要性;其次,要求在一定期限内,保持研究机构的数据,从而有效防止学术不正行为;最后,规定了文部科学省的调查职责,对有学术不正行为的人要积极进行调查,并且合理地追究其责任,对其进行教育。

除此之外,日本政府还成立了"日本学术会议"这一机构,它独立于政府之外,专门对科研人员进行道德上的约束与监督。"日本学术会议"制定了《科学者的行动规范》,对相关科研人员的科研素质进行了规定,制定了详细的规范以约束科研人员的行为,以避免科研经费的不当使用。各大学及研究机构也制定了《科学研究行动规则》等。以上制度的制定,严格限定了教育系统人员的行为规范,有效防止了各种教育腐败案例的发生。

第四节　日本教育廉政文化与传统文化

日本人的廉洁究竟是依赖于制度的约束,还是依赖于高素质的国民? 应该说廉政文化一方面靠制度的完善,另一方面也与社会文化密不可分。关于这一问题,须分析日本教育廉政文化与日本传统文化之间的关系。日本充分发挥了传统文化中的精髓,将本国的优秀传统文化与廉政文化相结合,有效地建立起了具有自身特色的廉政文化,使廉政意识成为普遍的社会义务和原则。

日本成为东亚地区最廉洁的国家,一个重要原因是其对优秀传统廉政文化资源的改善,使之成为符合社会廉洁高尚的核心价值观,内化为人们内心坚定的理想信念,并且在全社会范围内树立和形成了建立在对国家、集体忠诚基础上的普遍性的社会义务和原则,从而有效打击了腐败现象。

一、儒家思想的熏陶

日本的廉政文化与中国儒家文化有着不可分割的关系,儒家文化主张以血缘伦理为基点、以集体为本位,强调在社会关系中实现个人价值,逐渐形成儒家"修身、齐家、治国、平天下"的社会抱负。儒家文化传播到日本以后,对于日本有着非常大的影响,人们以修身为基本目标进行努力,逐渐加强自身的修养和高尚的品格,并且转化为一种"克己奉公"的精神追求和道德情操。这种精神被日本各阶层所接受,是一直影响日本社会生活的重要精神力量。

加之日本是个岛国,受自身地理环境及恶劣自然环境所限,日本人形成了较强的"集体本位主义"。在这一模式引领下,日本人产生了高度协调的以集体利益为中心的民族精神,强调个人在集体中的作用,要求对集体的绝对忠诚和绝对服从。个人的价值只有在集体中才能体现出来,才能被肯定,人与人之间的相互联系是通过集体联系起来的。这种精神提供了人们对国家和民族的责任感和使命感,在此基础之上,日本人甘愿为集体贡献他们的忠诚和努力,这是日本廉政文化形成的社会基础。不同组织是一个个小集体,这些小集体又形成了日本社会这一大集体,个人对小集体的忠诚逐渐演变为对社会这一大集体的忠诚,整个社会也就形成了广泛的廉政氛围,成为廉政文化的坚实根基。从这个意义上说,廉政文化是儒家文化思想在日本的一种缩影。

二、"耻感文化"的约束

日本不仅继承了儒家文化的精华,而且还发扬了儒家文化,形成了独特的"耻感文化"。这一文化依赖于外部的约束力,日本人特别重视外部对自身的评价,并以此来调整自己的行为,来自他人和集体的评价与认可是每个日本人最为看重的。日本人将"耻"作为自己文化的内核,他们把名誉和尊严看得比生命还重。当一个人的罪行被曝光后,相比他对自身行为的愧疚,更让他难以承受的是罪行所带来的外部对他的评价,外部的评价使得其无法再在集体中立足,这一耻辱感会被无限放大,最终变成无法承受的压力。日本的武士道精神以及剖腹自杀、自杀谢罪等行为的根源皆来源于日本根深蒂固的"耻感文化"。

同样,在教育领域,"耻感文化"对每一个教职人员都有着很大的影响,人们在教育过程中的任何一个环节发生不端行为时,内心会感到耻辱,特别当这一行为被揭露后,周围外部对他的评价让人难以承受。受这一文化的约束,多数人会选择廉洁奉公,而不是腐败。

可见,传统的儒家文化对于日本廉政文化的形成有着重要的积极影响,作为同样受儒家思想影响的国家,日本的成功经验值得我们借鉴。中国作为儒家文化的发源地,要积极发掘自身文化中的优良品质,宣传和发扬廉政公明、克己奉公的思想,克服或减少传统政治文化中消极因素的影响,努力营造教育系统的廉政氛围。

第五节 日本教育廉政文化对中国的启示

以上从制度与文化两个层面,对日本教育廉政文化的形成进行了研究。提倡廉政不仅靠制度的制定,还需要靠文化的构建。作为近邻的中国,在改革开放不断深化、高校教育及各类科研机构快速发展的今天,日本教育廉政的发展对我们有着重要的借鉴意义。

一、加强"教育廉政"的研究和宣传

提到廉政,大多数人的认知还主要停留在政府机构层面,很多时候并没有将发生在教育领域的腐败、学术造假等与"廉政"结合在一起。这就要求我们尽快形成自己的教育廉政研究体系,从中国的实际情况出发,结合实际,形成一套行之有效的理论。

同时,加大宣传力度,通过媒体等多种形式,使得教育系统的师生能对教育廉政有着更深刻的了解和认识。廉政教育进校园,包括两方面内容:一是对教师行为的廉政教育;二是对学生的廉政教育。对教师进行教育廉政政策及制度的宣讲,将廉政教育纳入师德师风教育的范畴,强化教师清正廉洁的思想作风,教师在整个教育过程中以身作则、作出表率作用,从而带动学生积极效仿,产生良好的示范作用。在对学生进行廉政教育方面,2003 年 10 月,联合国大会通过《联合国反腐败公约》,将廉洁教育纳入"中小学和大学课程在内的公共教育"。日本积极响应这一公约,在大、中、小学都开设了反腐教育课程。日本的这一做法值得借鉴,廉政教育要从小灌输,并且贯穿整个教育阶段,把廉洁教育作为思想道德教育的主要内容,使廉洁奉公成为每个人内心坚守的价值观。在教育廉政建设过程中,教师具有双重身份。教师既要接受廉政教育,加强师德师风建设,又要对学生进行廉政教育。因此,加强教师的廉政教育、加强教师的师德师风理念显得尤为重要。

二、完善监督惩治制度

日本及欧美发达国家在对待涉及教育廉政领域的个案时，有一整套较为成熟的机制，主要包括以下方面：

（1）投诉的受理，包括受理体系、投诉处理和对投诉人和投诉对象的处理。

（2）调查，专门的调查机构、调查体制和方式。

（3）认定，除正常流程外，被投诉人也可以进行申述。

（4）处理措施，主要包括停职、终止或返还经费、限制出版等；严重时，上级主管部门或主要负责人员连带责任。

建立健全的监管机制非常重要，日本的监管机制包括两部分：一是公益通报制度，任何人都可以向相关机构检举揭发教师的不良行为，机构内设有专职调查人员，负责每一件检举事件；二是内部告发制度，是指相关系统内部的人揭露腐败行为。"大分教育腐败案"以及安倍政府的"加计学园腐败案"都是由系统内部人员检举和告发。

研究日本廉政机制的构建有助于认识如何将反腐倡廉活动规范化、制度化和长期化，以上举措都可以为我国廉政制度的建立提供参考。制定一系列完备的监督惩治制度，是法制健全的表现，有利于教育廉政的广泛实施。

三、加强廉政文化建设

我国自古以来就非常重视廉洁，出现了许多脍炙人口的文章诗句和耳熟能详的廉洁人物。中国共产党更是把廉政建设作为党和国家的重要工作之一。习近平总书记指出，研究我国反腐倡廉历史，了解我国古代廉政文化，考察我国历史上反腐倡廉的成败得失，可以给人启迪，有利于我们运用历史智慧推进反腐倡廉建设。日本在教育廉政文化建设方面的成功经验对我们具有很强的借鉴意义。对一个国家而言，要加强廉政建设，不仅要建立教育廉政文化制度，而且更要大力加强廉政文化建设。在立足本民族传统文化的基础上，加强廉政文化建设，让清正廉洁成为信仰层面的自觉行为。

廉政文化既要依靠制度的完善，也与社会文化密不可分。一方面要建立完善的法律制度，惩治预防腐败现象，做到立法先行。必须坚持依法反腐，加快反腐败立法的步伐,加大反腐败执法的力度,以法治反腐为推动力,深化反腐机构改革;另一方面还需要从本国优秀传统文化汲取养料。文化与法律制度不同,它所起到的作用是通过塑造人们内在的精神信念,使人们自我约束,从而达到教育廉政的目的。只有将制度与文化有机地统一,才能建立起全方位、立体性的制度体系,营造出风清气正的文化氛围。

结　论

党的十八大以来,以习近平同志为核心的党中央推进反腐败斗争,拉开了全党从严治党的序幕,制定了一系列加强反腐倡廉的制度规定,廉政文化建设的重要作用日益凸显。新形势下,教育系统也需要积极借鉴国内外的优秀反腐经验,特别是与我国有着相似传统文化的日本,它们的教育廉政建设经验值得我们学习和借鉴。

当然,我国的廉政建设必定根据我国的实际情况,不能生搬硬套,必须与我国特定的政治文化联系起来,制订符合我国现状的独特的廉政制度和文化建设,并且配套科学合理的监管机制,让权力在阳光下运行。中国共产党根据不同时期的反腐败斗争和廉政建设的需要,提出了一系列反腐败廉政思想。在革命、建设时期毛泽东提出了“勤俭节约,反对贪污浪费”“建设廉洁政治”“两个务必”“执政党监督”等廉政思想;改革开放时期,邓小平提出“一手抓改革开放,一手抓惩治腐败”“教育与法律双管齐下”等思想或战略;江泽民提出“治国必先治党,治党务必从严”“惩治腐败,要作为一个系统工程来抓”“坚持标本兼治,综合治理的方针”等廉政思想;胡锦涛首次提出“廉政文化”概念,并指出要“建立健全教育、制度、监督并重的惩治和预防腐败体系”。中国共产党扎实的反腐败斗争实践和先进的廉政思想,为一体推进“三不腐”奠定了文化、思想、制度、教育、方法等方面的基础。

日本的廉政建设告诉我们除了制度的制定及保障以外,还要在廉政文化建设方面下功夫。需要将制度与文化相结合,汲取传统文化中的精髓,使广大教育系统人员形成廉洁奉公、为全体国民服务的思想宗旨。在此基础之上,附加以制度的约束,提高腐败行为的代价,这样才能形成一个完整的廉政建设体系,使得教育系统人员不想腐、不愿腐、不敢腐,从而营造整个教育领域风清气正的廉政文化氛围。

参考文献

［1］曹文泽:《教之以廉:基于国内外比较的教育廉政文化研究》,北京:北京大学出版社,2017 年。

［2］逄春雪:《从腐败大案看日本的反腐败举措》,《人民法院报》2018 年 1 月 26 日,第 8 版。

［3］何增科:《日本反腐败的举措》,《党建》2006 年第 5 期,第 46 页。

［4］黄秋平:《论加强高校教师的廉洁教育》,《湖南人文科技学院学报》2009 年第 5 期,第 92—93 页。

［5］李广民:《战后日本反腐败司法措施探析》,《太平洋学报》2007 年第 7 期,第 10—15 页。

［6］文部科学省「研究活動における不正行為への対応等」、https://www.mext.go.jp/a_menu/jinzai/fusei/index.htm。

［7］申险峰、周洁、宋振美:《日本廉政制度与文化研究》,北京:中国法制出版社,2017 年。

［8］王箫轲、任慕:《日本廉政制度建设及其对中国的启示》,北京:世界知识出版社,2020 年。

［9］王兆璟、林楠:《国际视野中的教师腐败问题及其治理》,《社会科学战线》2008 年版第 9 期,第 217—221 页。

［10］徐国冲:《法治反腐:日本模式与中国路径》,《理论与改革》2020 年第 6 期,第 93—105 页。

图书在版编目(CIP)数据

日本经济研究.第三辑 / 陈子雷主编 .— 上海 ：
上海社会科学院出版社，2024
ISBN 978 - 7 - 5520 - 4321 - 1

Ⅰ．①日… Ⅱ．①陈… Ⅲ．①经济—研究—
日本 Ⅳ．①F131.3

中国国家版本馆 CIP 数据核字(2024)第 045143 号

日本经济研究(第三辑)

主　　编：陈子雷
责任编辑：应韶荃　赵秋蕙
封面设计：右序设计
出版发行：上海社会科学院出版社
　　　　　上海顺昌路 622 号　邮编 200025
　　　　　电话总机 021 - 63315947　销售热线 021 - 53063735
　　　　　https://cbs. sass. org. cn　E-mail：sassp@sassp. cn
照　　排：南京前锦排版服务有限公司
印　　刷：上海龙腾印务有限公司
开　　本：710 毫米×1010 毫米　1/16
印　　张：17.75
字　　数：288 千
版　　次：2024 年 2 月第 1 版　2024 年 2 月第 1 次印刷

ISBN 978 - 7 - 5520 - 4321 - 1/F · 759　　　　　定价：90.00 元